本书受陕西师范大学优秀学术著作出版基金、
国家社科基金青年项目资助出版

韩香 著

两汉迄五代中亚胡人的来华及活动

中国社会科学出版社

图书在版编目（CIP）数据

两汉迄五代中亚胡人的来华及活动／韩香著. —北京：中国社会科学
出版社，2016.5

ISBN 978 – 7 – 5161 – 6817 – 2

Ⅰ.①两… Ⅱ.①韩… Ⅲ.①古代民族—民族历史—研究—中亚
Ⅳ.①K308.3

中国版本图书馆 CIP 数据核字（2015）第 193883 号

出 版 人	赵剑英	
责任编辑	顾世宝	
责任校对	张　慧	
责任印制	戴　宽	

出　　版	中国社会科学出版社	
社　　址	北京鼓楼西大街甲 158 号	
邮　　编	100720	
网　　址	http://www.csspw.cn	
发 行 部	010 – 84083685	
门 市 部	010 – 84029450	
经　　销	新华书店及其他书店	

印　　刷	北京明恒达印务有限公司	
装　　订	廊坊市广阳区广增装订厂	
版　　次	2016 年 5 月第 1 版	
印　　次	2016 年 5 月第 1 次印刷	

开　　本	710 × 1000　1/16	
印　　张	17.25	
插　　页	2	
字　　数	276 千字	
定　　价	66.00 元	

目　　录

上编　两汉魏晋南北朝时期中亚胡人的来华及活动

下编　隋唐五代时期中亚胡人的来华及活动

绪　　论

一　选题意义

两汉迄五代，是中西陆路交通（陆上丝绸之路）开通、发展及达到鼎盛并开始趋于衰落的时期，中国与西方各国的联系日益密切，其中与中亚的交往处于十分突出的位置。中亚地区是中西陆路交通（丝绸之路）最主要的环节，地理位置十分重要。同时中亚又处于古代几大文明的中间地带，深受周围印度、中国、两河流域及希腊罗马等文明的交互影响，几大文明汇合并激荡于此，从而产生富有特色的中亚文明，反过来又对周围诸国文明产生影响。这种特殊的文化地理环境，使得该地区的人们担负起传播东西方文明的角色，他们活跃于欧亚大陆的各个地区，由于东方丝国的优势地位，其与中国的交往更多。两汉迄五代，大批的中亚胡人循陆上丝绸之路来到中国。他们中间，既有负有政治使命的使者、质子、官员，亦有从事贸易的商胡、贩客；既有多才多艺的伎乐、匠人，也有从事文化传播的僧徒、信士等，这些人的到来，给当时的中国社会带来一股清新的空气，并注入了新鲜的血液，他们的活动也对当时的中国的政治、经济、文化及社会生活等方面产生了一定的影响，两汉及唐代的都城长安、洛阳等"胡风"盛行，在很大程度上与这些人的活动有关。在中国古代史及中国民族史上，这都是一个非常值得关注的历史及文化现象。同时这些人的活动，也构成了中国历史的一部分，因而探讨两汉迄五代中亚人的来华及活动问题就具有重要的学术价值。

关于这个问题，目前国内学术界较多地关注隋唐时期中亚昭武九姓即粟特人的问题，成果令人瞩目。如荣新江著的《中古中国与外来文明》（三联书店 2001 年版）、《中古中国与粟特文明》（三联书店 2014 年版），荣新江、张志清主编的《从撒马尔罕到长安——粟特人在中国的文化遗迹》（北京图书馆出版社 2004 年版），蔡鸿生著的《唐代九姓胡与突厥文化》（中华书局 1998 年版），姜伯勤著的《敦煌吐鲁番文书与丝绸之路》（文物出版社 1994 年版），陈海涛、刘惠琴著的《来自文明十字路口的民族——唐代入华粟特人研究》（商务印书馆 2006 年版），毕波著的《中古中国的粟特胡人——以长安为中心》（中国人民大学出版社 2011 年版）等，还有许多相关的研究论文，这些论著或着眼于九姓胡在中国的聚落及他们的汉化问题，或着眼于九姓胡在东方的发展及与唐朝的关系、九姓胡在传播东西文化方面的作用等。对于他们来华后所从事的各种职业及活动，学界更多地是关注长安，而不是其他地区。特别是对两汉魏晋南北朝时期这些人的活动情况更是关注不多，而这一时期恰恰是中亚胡人入华的前奏及开始向中国内地发展的重要阶段，而且近几年在西安等地陆续出土北朝时粟特胡人墓葬，也为我们研究这一时期粟特人的入华活动提供了新的资料。此外，对同属于古代中亚范围的阿富汗、巴基斯坦及其他中亚地区胡人的来华及活动情况，学术界更是没有给予足够的重视。而国外学术界如日本、法国、美国、英国等国的学者在这个问题上也是更多关注粟特人东迁活动及其与中国的关系等，多为专题论著[1]，在时代上没有脱离北朝隋

---

① 桑原骘藏：《隋唐时代来往中国之西域人》，《师大月刊》1935 年第 22 卷；羽田明：《ソグト人の东方活动》，《岩波讲座・世界历史・6》，东京，1971；吉田丰：《ソダド语研究文献目录（1979—1984）》，《西南アジア研究》No. 23，1984 年；吉田丰：《ソダド语杂录（III）》，《内陆アジア言语的研究》V，1989 年；池田温：《8 世纪中叶における敦煌のソゾド人聚落》，《ユーラシア文化研究》第 1 号，1965 年，又见辛德勇译《八世纪中叶敦煌的粟特人聚落》，《日本学者研究中国史论著选译》第九卷《民族交通》，中华书局 1993 年版。荒川正晴：《唐帝国とソグト人の交易活动》，《东洋史研究》第 56 卷第 3 号，平成九年十二月，1997 年；W. B. Henning, "The Date of the Sogdian Ancient Letters", *Bulletin of the School of Oriental and African Studies*, XII, 1948. Edwin G. Pulleyblank, "A Sogdian Colony in Inner Mongolia", *T'oung Pao*, Vol. 41, 1952. A. Forte, *The Hostage An Shigao and his Offspring. An Iranian Family in China* (Italian School of East Asian Stduies Occasional Papers 6), Kyoto: Italian School of East Asian Studies, 1995. Nicholas Sims-willams, "The Sodian Merchant in China and India", *Cina e Iran Allessandro Magno Alla Dinastia Tang*, Edited by Alfredo Cadonna & Lionollo Lanciotti, Firenze: Leos Olschki Editore, 1996.

唐这个范畴。因而从目前来看，全面探讨两汉迄五代中亚胡人的来华及活动，还未有人做过专门的研究。本书主要通过对两汉迄五代中亚胡人入华活动的探讨，揭示这一群体在中西交往与交流中所处的重要地位及他们的活动对中国历史发展的影响，从而说明开放和交流是一个民族或国家发展的动力。

二　研究综述

关于两汉迄五代中亚胡人的来华及活动，学界亦有不少相关研究成果。对于两汉迄五代来华胡人总体进行研究的有苏庆彬的《两汉迄五代入居中国之蕃人氏族研究——两汉至五代蕃姓录》（香港新亚研究所 1967年版），主要利用传统文献，从姓氏学的角度收集了两汉至五代来华的蕃人姓氏及世系，对来华的中亚胡人亦有涉及，但过于简略。此外还有沈福伟的《中西文化交流史》（上海人民出版社 2006 年版），也曾对这一时期来华胡人交流问题进行论述。关于具体情况，我们分阶段进行回顾。

（一）两汉时期

关于两汉时期中亚胡人来华及活动研究的论著相对较少。对于汉和西域中亚诸国的交往方面，有余太山《两汉魏晋南北朝与西域关系史研究》（中国社会科学出版社 1995 年版），从文献考证角度探讨西域中亚诸国与汉的关系。安作璋《两汉与西域关系史》（山东人民出版社 1959 年版）、石云涛《早期中西交通与交流史稿》（学苑出版社 2004 年版）等对这一时期中亚诸国与汉交往情况亦有所提及。此外日本学者白鸟库吉著，傅勤家译《康居粟特考》（商务印书馆 1936 年版）、张德芳《悬泉汉简中若干西域史料考论》（载荣新江、李孝聪主编《中外关系史：新史料与新问题》，科学出版社 2004 年版）、余英时著，邬文玲等译《汉代贸易与扩张——汉胡经济关系研究》（台北联经出版事业公司 2008 年版）、丘进《中国与罗马——汉代中西关系研究》（黄山书社 2008 年版）等涉及中亚康居、大宛、大月氏、犁轩等国情况，也有一定的参考价值。

对于两汉时期东来中亚人活动情况，相关研究有林梅村《两京新记——汉长安城所见中西文化交流》（载氏著《古道西风——考古新发现所见中西文化交流》，三联书店 2000 年版）、王素《悬泉汉简所见康居史料考释》（载荣新江、李孝聪主编《中外关系史：新史料与新问题》）、王静《中国古代中央客馆制度研究》（黑龙江教育出版社 2002 年版）等探讨了中亚诸国质子、使者来华情况及汉接待、安置等问题。夏鼐《外国字铭文的汉代（？）铜饼》《西安汉城故址出土一批带铭文的铅饼》（《夏鼐文集》下册，社会科学文献出版社 2000 年版）、林梅村《贵霜大月氏人流寓中国考》（载氏著《西域文明：考古、民族、语言和宗教新论》，东方出版社 1995 年版）等则探讨了贵霜大月氏人流寓中国的原因及活动等问题。

　　关于东汉时期中亚译经僧来华活动情况，马雍《东汉后期中亚人来华考》（《新疆大学学报》1984 年第 2 期，又收氏著《西域史地文物丛考》，文物出版社 1990 年版）对此做过详细考证与论述，较为全面与具体；至于安息僧来华活动，李铁匠《安世高身世辨析》（《江西大学学报》1989 年第 1 期）、王邦维《安息僧与早期中国佛教》（载叶奕良编《伊朗学在中国论集》，北京大学出版社 1993 年版）、荣新江《富安敦〈质子安世高及其后裔〉》（载氏著《中古中国与外来文明》，三联书店 2001 年版），及 A. Forte, *The Hostage An Shigao and his Offspring. An Iranian Family in China*（Italian School of East Asian Stduies Occasional Papers 6, Kyoto：Italian School of East Asian Studies, 1995）等，对安息僧来华译经情况进行过深入探讨。至于这一时期西域中亚僧人入华背景及佛教传播方面，荣新江《陆路还是海路？——佛教传入汉代中国的途径与流行区域研究》（载氏著《中国中古史研究十论》（复旦大学出版社 2005 年版）、汤用彤《汉魏两晋南北朝佛教史》（中华书局 1983 年版）、吴焯《佛教东传与中国佛教艺术》（浙江人民出版社 1991 年版）等均有较为深入讨论。

（二）魏晋南北朝时期

　　余太山《两汉魏晋南北朝与西域关系史研究》（中国社会科学出版社 1995 年版）对魏晋南北朝时期西域与中原政权政治往来进行了较为细致的梳理。周伟洲《中国中世纪西北民族关系史》（广西师范大学出版社 2007 年版）、唐长孺《南北朝期间西域与南朝的陆道交通》（载氏著《魏晋南北朝史论拾遗》，中华书局 1983 年版）、金维诺《〈职贡图〉的时代与作者——读画札记》（《文物》1960 年第 7 期）、钱伯泉《〈职贡图〉与南北朝时期的西域》（《新疆社会科学》1988 年第 3 期）等从政治、经济、文化、历史地理、考古等角度探讨了这一时期西域与中原诸政权的关系。马雍《西域史地文物丛考》（文物出版社 1990 年版）、冯承钧编，陆峻岭增订《西域地名》（中华书局 1982 年版）、余太山《两汉魏晋南北朝正史西域传要注》（中华书局 2005 年版）、马小鹤《米国钵息德城考》（载《中亚学刊》第二辑，中华书局 1987 年版）等对西域诸国的地理位置与交通情况等进行了分析考证。

关于这一时期入仕内地各政权的胡人情况，荣新江《中古中国与外来文明》（三联书店 2001 年版）所收录的《西域粟特移民聚落考》、《北朝隋唐粟特人之迁徙及其聚落》两篇文章，对粟特人的分布、聚落活动等做了较为细致的研究；其后，作者又发表《西域粟特移民聚落补考》（《西域研究》2005 年第 6 期）、《北朝隋唐粟特人的迁徙及聚落补考》（《欧亚学刊》第 6 辑，中华书局 2007 年版），此二文后收入作者《中古中国与粟特文明》（三联书店 2014 年版）一书中，对此问题做了进一步补充。毕波《中古中国的粟特胡人——以长安为中心》（中国人民大学出版社 2011 年版）以长安为中心，有相当篇幅论述了北齐、北周时期粟特胡人的活动及其汉化情况。吴玉贵《凉州粟特胡人安氏家族研究》（载荣新江主编《唐研究》第 3 卷，北京大学出版社 1997 年版）、罗丰《固原南郊隋唐墓地》（文物出版社 1996 年版）、罗丰《胡汉之间——丝绸之路与西北历史考古》（文物出版社 2004 年版）等对这一时期河西、宁夏等地胡人活动情况做了深入探讨。针对近年来西安、太原等地相继发现北朝时期粟特胡人的墓葬，学界对此也做了不少研究。如王维坤《论西安北周粟特人墓和罽宾人墓的葬制和特点》（《考古》2008 年第 10 期）、程林泉、张翔宇、山下将司《北周康业墓志考略》（《文物》2008 年第 6 期）、程林泉《西安北周李诞墓的考古发现与研究》（载西北大学考古系、西北大学文化遗产与考古学研究中心编《西部考古》第 1 辑，三秦出版社 2006 年版）。山西省考古研究所等编《太原隋虞弘墓》（文物出版社 2005 年版），陕西省考古研究所等编《西安北周安伽墓》（文物出版社 2003 年版）、林梅村《稽胡史迹考——太原新出土隋代虞弘墓的几个问题》（《中国史研究》2002 年第 1 期）、罗丰《一件关于柔然民族的重要史料——隋〈虞弘墓志〉考》(《文物》2002 年第 6 期)、周伟洲《隋虞弘墓志释证》(载荣新江、李孝聪主编《中外关系史：新史料与新问题》,科学出版社 2004 年版)、葛承雍《袄教圣火艺术的新发现——隋代安备墓文物初探》(《美术研究》2009 年第 3 期)等,对这些新出入华粟特人墓葬从族属、活动及汉化等方面进行了比较深入细致的研究。

关于这一时期中亚商贾活动情况有毕波《粟特文古信札的汉译与注释》(《文史》2004 年第 2 辑)、W. B. Henning, "The Date of the Sogdian Ancient Letters" (*Bulletin of the School of Oriental and African Studies*, XII, 1948)、马长寿《碑铭所见前秦至隋初的关中部族》(中华书局 1985 年版)、王万盈《北魏时期的周边贸易述论》(载《北朝研究》第二辑,北京燕山出版社 2001 年版)、王青《汉魏六朝文学中所见的西域商贸》(《西域研究》2003 年第 2 期),这些文章从不同时期、不同方面讨论了这一阶段中亚商贾的一些活动情况。

魏晋南北朝时期中亚译经僧在中国内地比较活跃,但学界相关论著并不多见。汤用彤《汉魏南北朝佛教史》(上册)(中华书局 1983 年版)比较全面地介绍了这一时期佛教在中国传播情况,也述及一些西域僧人活动情况。荷兰学者许理和著,李四龙等译《佛教征服中国》(江苏人民出版社 2003 年版)、陈勇《佛教在魏晋南北朝的传播——据僧人出生地加以研究》(《南方论刊》2007 年第 2 期)等也或多或少涉及这方面的情况。

(三) 隋唐时期

关于这一时期的西域胡人活动情况,学界研究成果较多。如向达《唐代长安与西域文明》(河北教育出版社 2001 年版)、韩香《隋唐长安与中亚文明》(中国社会科学出版社 2006 年版)等对唐代长安中亚胡人的活动及文化交流等方面进行了研究。荣新江《中古中国与外来文明》(三联书店 2001 年版)、蔡鸿生《唐代九姓胡与突厥文化》(中华书局 1998 年版)、陈海涛、刘惠琴《来自文明十字路口的民族——唐代入华粟特人研究》(商务印书馆 2006 年版)、毕波《中古中国的粟特人——以长安为中心》(中国人民大学出版社 2011 年版),对入华的中亚粟特胡人的聚落分布、活动、文化传播及汉化等方面进行深入探讨。

具体而言，关于隋唐和中亚诸国政治交往问题，有日本学者长泽和俊著，钟美珠译《丝绸之路史研究》（天津古籍出版社 1990 年版）、周伟洲《中国中世西北民族关系研究》（西北大学出版社 1992 年版）、刘统《唐代羁縻府州研究》（西北大学出版社 1998 年版）、曾问吾《中国经营西域史》（商务印书馆 1936 年版）、日本学者山田信夫《ベルシャと唐》（载《东西文明の交流》第 2 卷，平凡社 1971 年版）、陈国灿《唐乾陵石人像及其衔名研究》（载《文物集刊》第 2 辑，文物出版社 1980 年版）、冯承钧《西域地名》（中华书局 1982 年版）、周伟洲《略论碎叶城的地理位置及其作为安西四镇之一的历史事实》（载《新疆历史论文集》，新疆人民出版社 1978 年版）、郭平梁《突骑施苏禄传补阙》（《新疆社会科学》1988 年第 4 期）、马小鹤《七一二年的粟特》（《新疆大学学报》1986 年第 1 期）等，从政治、文化、考古、历史地理、文献等角度探讨隋唐与中亚之间密切的联系。

关于来华西域胡人的分布情况，有张广达《唐代六胡州等地的昭武九姓》（《北京大学学报》1986 年第 2 期）、周伟洲《康代六胡州与"康侍宾之乱"》（《民族研究》1988 年第 3 期）、姜伯勤《敦煌吐鲁番文书与丝绸之路》（文物出版社 1994 年版）、伯希和著，冯承钧译《沙州都督府图经及蒲昌海之康居聚落》（载《西域南海史地考证译丛》第七编，中华书局 1957 年版）、A. Stein, *Serindia*, IV, （Oxford 1921, pl. XXXVIII）; S. konow, "Where was the Saka Language reduced to writing", （*Acta Orientalia*, X, 1932）、荣新江《西域粟特移民聚落考》（载《中古中国与外来文明》，三联书店 1997 年版）、《西域粟特移民聚落补考》（载《中古中国与粟特文明》，三联书店 2014 年版）、H. W. Bailey, *Khotanese Texts*, VII（Cambideg Press, 1985）; N. Sims-Williams, "The Sogdian Fragments of the British Library"（*Indo-Iranian Journal*, 18, 1976）、吉田丰《ソダド语杂录（III）》（《内陆アジア言语的研究》V, 1989 年）、池田温《8 世纪中叶におゐ敦煌のソダド聚落》（《ユーラシア文化研究》第 1 号，1965 年）、荣新江《北朝隋唐粟特人之迁徙及其聚落》（载氏著《中古中国与外来文明》，三联书店 2001 年版）、《北朝隋唐粟特人迁徙及聚落补考》（载氏著《中古中国与粟特文明》，三联书店 2014 年版）、刘铭恕《洛阳出土的西域人墓志》（载洛阳市地方史志编纂委员会办公室编《洛阳——
丝绸之路的起点》，中州古籍出版社 1992 年版）、李健超《唐代长安洛阳
的西域人》（《西北历史研究》1988 年号）、罗丰《固原南郊隋唐墓地》
（文物出版社 1996 年版）、朱雷《跋敦煌所出〈唐景云二年张君义勋告〉》
（《中国古代史论丛》1982 年第 3 辑）、林悟殊《波斯拜火教与古代中国》
（台北新文丰出版社 1995 年版）、王育龙《唐长安城东出土的康令晖等墓
志跋》（载荣新江主编《唐研究》第 6 卷）主要论述了隋唐时期西域、河
西走廊、固原、长安、洛阳一带胡人的分布及聚落问题。姚崇新《中古
时期巴蜀地区的粟特人踪迹》（载朱玉麒主编《西域文史》第 2 辑）、荣
新江《魏晋南北朝时期流寓南方的粟特人》（载韩昇主编《古代中国：社
会转型与多元文化》，上海人民出版社 2007 年版）主要探讨了西域胡人
在巴蜀、江淮等地区活动情况。

关于隋唐时期西域胡人在中原地区的职业活动情况，进行总体论述的
有陈寅恪《论唐代之蕃将与府兵》（载《金明馆丛稿初编》，三联书店
2001 年版）、章群《唐代蕃将研究》（台北联经出版事业公司 1986 年
版）、《唐代蕃将研究续编》（台北联经出版事业公司 1990 年版），罗列了
大量蕃将姓名与其功勋，其中有不少中亚胡人。而以个人为主进行研究的
有魏光《何文哲墓志考略》（《西北史地》1983 年第 3 期）、李鸿宾《唐
宫廷内外胡人侍卫——从何文哲墓谈起》（《中央民族大学学报》1996 年
第 6 期）、阎文儒《米继芬碑铭墓志考释》（《西北民族研究》1989 年第 2
期）、陕西省文物管理委员会《西安发现晚唐祆教徒的汉、婆罗钵文合壁
墓志——唐苏谅妻马氏墓志》（《考古》1964 年第 10 期）、伊藤义教《西
安出土汉婆合壁婆文语言学的试释》（《考古学报》1964 年第 2 期）、刘
迎胜《唐苏谅妻马氏汉巴列维文墓志再研究》（《考古学报》1990 年第 3
期）、赵振华，朱亮《安菩墓志初探》（《中原文物》1982 年第 3 期）、昭
陵博物馆《唐安元寿夫妇墓发掘简报》（《文物》1988 年第 12 期）、荣新
江《安禄山的种族与信仰》（载北京大学中国传统文化研究中心编《北京
大学百年国学文粹·史学卷》，北京大学出版社 1998 年版）、荣新江《一
个入仕唐朝的波斯景教家族》（载氏著《中古中国与外来文明》，三联书
店 2001 年版）、张广达《唐代中外文化汇聚和晚清的中西文化冲突》
（《中国社会科学》1986 年第 3 期）、陈垣《火祆教入中国考》（《陈垣学

术论集》第一集，中华书局 1980 年版）等，这些论著主要以长安为中心展开研究。

（四）五代时期

五代时期西域胡人来华并不多见，主要是一些隋唐及以前来华的西域中亚胡人后裔。相关研究有徐庭云《内迁中原以前的沙陀及其族源》（《中央民族学院学报》1993 年第 6 期）、芮传明《五代时期中原地区粟特人活动探讨》（《史林》1992 年第 3 期）、Edwin G. Pulleyblank，"A Sogdian Colony in Inner Mongolia"（*T'oung Pao*，Vol. 41，1952）、森部丰著，温晋根译《唐后期至五代的粟特人》（载荣新江、华澜、张志清主编《粟特人在中国——历史、考古、语言的新探索》，中华书局 2005 年版）、樊文礼《唐末五代代北集团》（中国文联出版社 2000 年版）、姚崇新《中古时期西南地区的粟特、波斯人踪迹》（载氏著《中古艺术宗教与西域历史论稿》，商务印书馆 2011 年版），对入仕五代政权内外的中亚粟特后裔及其活动情况有所涉及。关于归义军政权中粟特人情况有荣新江《敦煌归义军曹氏统治者为粟特后裔说》（《历史研究》2001 年第 1 期）、冯培红《敦煌曹氏族属与曹氏归义军政权》（《历史研究》2001 年第 1 期），郑炳林，王尚达《吐蕃统治下的敦煌粟特人》、郑炳林《唐五代敦煌粟特人与归义军政权》、陆庆夫《唐宋间敦煌粟特人之汉化》、陆庆夫，郑炳林《唐五代敦煌的社与粟特人聚落》（以上四篇文章均收入郑炳林主编《敦煌归义军史专题研究》，兰州大学出版社 1997 年版）、荣新江《归义军史研究——唐宋时代敦煌历史考索》（上海古籍出版社 1996 年版）等，对归义军时期特别是曹氏归义军时期粟特人的活动等进行了探讨。

三　本书框架

本书分成上、下两编。

上编分成两个部分。第一部分主要论述了两汉时期中亚人的东来及活动。指出随着汉和葱岭以西各国交往的密切，中亚诸国人士开始陆续来到中国。他们中间既有来华的质子、贡使及官员，亦有不少的中亚贾胡、艺人及传教僧。这些人的到来不但为汉文化增添了新的血液，也在一定程度上促进了早期中西交通与交流的发展，为今后中亚胡人大规模来华奠定了基础。

第二部分主要论述了魏晋南北朝时期中亚人的入华及活动。虽然这一时期国内政权动荡起伏，民族间的迁徙频繁，与西域及中亚诸国间的交通也时通时断，但并没有妨碍这一时期中西间的交流。三国时期的曹魏政权、十六国时期的前秦政权、南北朝时期的北魏政权都同中亚有过较为密切的往来。这一时期中亚胡人的来华活动也持续进行，有相当一部分入仕于当时内地各政权，参与其政治经济等活动。而该时期大量中亚贾胡则活跃于丝路沿线及中原等地，有的就长期定居下来，成为中央及地方各政权管理和倚重的对象。更为重要的是这一时期中亚译经僧的活动也广泛开展，他们既有来自陆路的，也有不少来自海路，其活动范围广泛，足迹也渐渐向各地蔓延，同时随着与西行求法僧合作，译经活动达到了一个新的高潮。

下编也分成两个部分。第一部分以隋唐时期为主。首先论述了隋唐与中亚诸国的交往与胡人入华活动。指出随着隋唐对西域经营的深入及中西丝绸之路的畅通，这一时期中亚诸国人的入华活动达到了一个新的高潮。同前时期相较，隋唐时期入华的中亚诸国人多集中于丝绸之路沿线一带，尤以长安、洛阳为突出，除此之外，其活动范围与足迹也散布至北方、河北、江南及巴蜀等地，几乎覆盖大半个中国。在论述这一时期中亚胡人的职业活动方面，主要以长安为中心，集中探讨唐代都城中亚胡人的职业阶层与活动舞台，指出隋唐时期中亚诸国胡人广泛活跃于长安各阶层之间，他们为官作将，出入于朝堂内外；经商兴贩，活跃于坊市之间；吟唱弹弄，风行于宫廷与街巷；讲经布法，游走传布于各大寺庙之间，从而形成一个特殊的胡人集团，也构成当时长安社会中一道独特的风景。

第二部分主要探讨了五代时期中亚胡人在内地的活动。指出五代时期中亚胡人特别是粟特人更多的是以沙陀的名称活跃于政治舞台。他们既有在五代政权服务的上层人士，也有活跃于地方及边关的将士。他们的存在，影响了五代的政治进程。除此之外，对十国政权内的波斯人的情况，以及归义军政权时期中亚胡人后裔的活动情况也作了探讨。

　　本书的难点在于如何在两汉迄五代这样一个大的时间跨度内，把握住中亚胡人的入华脉络，并勾勒出他们的活动轨迹，从而使读者全面而清晰地了解这一时期中亚胡人的入华活动情况，以及他们的活动对中国历史发展的影响。

　　本书的主要目的就是通过对两汉迄五代中亚胡人入华活动的探讨，揭示这一胡人群体在中西交往与交流中所处的重要地位及他们的活动对中国历史发展的影响，从而说明开放和交流是一个民族或国家发展的动力。

四　需要说明的问题

　　本书所论述的中亚诸国，主要指葱岭以西的亚洲中部地区（包括波斯、吐火罗等地），一般所谓狭义的"西域"（今新疆地区），不包括在内。本书所提及的中亚胡人也主要指葱岭以西的各国胡人①。具体指操印欧语系东伊朗语支语言的粟特人及操其他伊朗语支语言的胡人，如吐火罗人、波斯人甚至罗马人。

　　具体而言，两汉迄五代不同时期中亚诸国的地域范围大致相同，但不同时期有不同的称呼。两汉时期的中亚诸国指大宛、康居、奄蔡、大月氏、身毒、安息、大秦、条支等。魏晋时期主要交往的中亚国家有大月氏、康居、大宛等。南北朝时期康居主要指粟特，大宛指破洛那等，同时这一时期该地区又出现许多不同名称的国家，如者舌、悉万斤、悉居半、罽宾、普岚、迷密、乌苌、苏突阇、末国、胡密丹等，有时还包括西天竺和北天竺的一部分，这些国家当时都属于中亚诸国的范围。隋唐时期的中亚诸国主要包括以阿姆河、锡尔河流域为中心的粟特地区，即中亚昭武九姓各国，同时也包括波斯、吐火罗、拔汗那、勃律、俱密、护密、乌苌、陀拔斯单、罽宾等，地域范围涉及中西亚及黑海、地中海等地区。

　　自唐代中后期至五代，来华之中亚诸国胡人逐渐定居并汉化，所以唐

---

　　①　有学者根据隋唐时期的不同族属等对胡人称呼进行研究，指出隋唐时期，广义的胡人是指西北地区所有的外蕃人，而狭义的胡人主要指伊朗系统的胡人，具体来说，狭义的胡人主要指的是操伊朗语的波斯胡、粟特胡、西域胡。而且进一步认为胡人更狭窄的意思是指粟特人。参见荣新江《何谓胡人——隋唐时期胡人族属的自认与他认》，载樊英峰主编《乾陵文化研究——丝路胡人与唐代文化交流学术讨论会论文集》（四），三秦出版社 2008 年版，第 7 页。

末五代所谓的中亚胡人，特别是粟特人，多指唐及唐以前来华的中亚胡人
的后裔。尽管这些人多沙陀化或汉化，但其姓氏及政治文化属性等方面还
多少保留有中亚胡人的特征，所以在唐末五代我们仍把它们作为一个胡人
群体来研究。

上 编

两汉魏晋南北朝时期
中亚胡人的来华及活动

第 一 章

两汉时期中亚胡人的来华及活动

中原与中亚①的物质文化交流，早在张骞通西域之前就开始了。殷墟妇好墓出土的大量商代和阗玉石②，中亚阿尔泰巴泽雷克（Pazyryk）大墓发现的公元前 5 至前 4 世纪的中国铜镜和丝织品③，另外张骞在大夏时所看到的出产于蜀地的竹杖④，都表明中原与西方的民间商业活动远远早于张骞出使西域。但自张骞"凿空"之后，中原与中亚官方的正式交往才开始，随着同葱岭以西交往的密切，两汉时期大量的中亚胡人来到中国，开启了中西交流史上新的一页。

第一节　汉和葱岭以西诸国的交往

汉和葱岭以西的正式交往当始自张骞之"凿空"。所谓"凿空"，司马贞《史记索隐》注云："谓西域险阨，本无道路，今凿空而通之也。"⑤可见张骞出使西域是中西交通史上具有划时代意义的大事。

战国后期至汉初，匈奴日益强大，"东败东胡，西破月氏，南逼河套"，从而称雄漠北。汉初六十年国力尚未恢复，对匈奴只能采取妥协政策，与匈奴和亲，每年向匈奴赠送大批缯絮财物，但匈奴仍不时侵扰汉

---

① 这里所说的中亚是指葱岭以西，包括波斯地区，一般所谓狭义的"西域"（今新疆地区），不包括在内。
② 中国社会科学院考古所编：《殷墟玉器》，文物出版社 1982 年版，第 11 页。
③ 沈福伟：《中西文化交流史》，上海人民出版社 2006 年版，第 17—19 页。
④ 《史记》卷 123《大宛列传》，中华书局 1982 年版，第 3166 页。《汉书》卷 61《张骞传》，中华书局 1997 年版，第 2689 页。
⑤ 《史记》卷 123《大宛列传》注引司马贞《索隐》，第 3170 页。

边，掳掠汉朝的边民及财富。汉武帝刘彻（前140—前87年在位）即位后，开始发动对匈奴的反击。武帝建元三年（前138），汉武帝派张骞出使西域，目的是联络被匈奴人从河西赶走而定居在阿姆河一带的大月氏，与汉联合共击匈奴。张骞一行一百多人出陇西赴大月氏，经过匈奴控制的河西地区时被匈奴所获，被扣11年，后乘机逃脱，辗转到了大宛，后经康居，抵达大月氏。《史记·大宛列传》载张骞经宛都，宛王"为发导译，抵康居，康居传至大月氏"①。当时大月氏已立新王，吞并了大夏，安居乐业，加上距中原太远，无意进攻匈奴。张骞不得要领，于武帝元朔三年（前126）返回长安。张骞虽然没有搬来大月氏的兵，却全面了解了西域的政治和历史地理情况。

武帝元狩四年（前119）张骞第二次出使西域，这次欲联络居于伊犁河流域的乌孙，招引其返回河西故地，以"断匈奴右臂"。这一次的使团有三百多人，"多持节副使"，至乌孙，因乌孙畏惧匈奴，且离汉远，不知汉之虚实，"王不能专制"，不愿远徙。张骞于是分遣副使往大宛、康居、大月氏、大夏、安息、身毒及旁诸国，张骞归国，乌孙"发导译送骞还"，又遣数十人随张骞使汉，"因令窥汉，知其广大"②。而张骞所派副使回国时也带回了许多所到国的使者。

张骞西行，不仅达到了"断匈奴右臂"的目的，而且开通了与西域的丝绸之路，使得汉和中亚、西亚、南亚诸王国之间建立了直接的政治与贸易往来关系，"于是西北国始通于汉矣"③。此后随着李广利伐大宛，取天马，及宣帝神爵二年（前60）汉在西域设立西域都护府，控制了塔里木盆地，汉与西方的联系更加密切。"西北外国使，更来更去"，汉朝则西去"使者相望于道，诸使外国一辈大者数百，少者百余人……汉率一岁中使多者十余人，少者五六辈。远者八九岁，近者数岁而返"。④ 汉和西域一带的交往达到了一个高潮，这和张骞的开拓之功是不能分开的。

当时汉和中亚各国的交通是从长安经河西走廊的武威、张掖、酒泉、安西到敦煌，敦煌郡龙勒县有玉门、阳关，由此西行有南北二道。《汉

---

① 《史记》卷123《大宛列传》，第3158页。
② 同上书，第3169页。
③ 《汉书》卷61《张骞传》，第2693页。
④ 《史记》卷123《大宛列传》，第3173、3170页。

书·西域志》载："自玉门、阳关出西域有两道。从鄯善傍南山北，波河西行至莎车，为南道；南道西逾葱岭则出大月氏、安息。自车师前王庭随北山，波河西行至疏勒，为北道；北道西逾葱岭则出大宛、康居、奄蔡焉。"①

随着中西交通的畅通，汉和葱岭以西国家的关系有了进一步的发展，当时和汉发生交往的国家有大宛、康居、奄蔡、大月氏、安息、条支、身毒、犁轩（大秦）等。

大宛：《史记·大宛列传》载："自大宛以西自安息，国虽颇异言，然大同俗，相知言。其人皆深眼，多须髯，善市贾，争分铢。"可知自大宛以西人种文化上大同小异。汉和葱岭以西交往，最直接的就是大宛。大宛地处中西交通要道，"北则康居，西则大月氏，西南大夏，东北则乌孙，东则扜弥、于阗"，是中亚的一个大国，其地即今中亚费尔干纳一带。张骞第一次出使西域，经过大宛，得到大宛王的帮助，至大月氏。张骞第二次出使乌孙时，也曾派副使到大宛。大宛民以农业定居为主，兼从事畜牧业，其地"有蒲陶（葡萄）酒，多善马，马汗血，其先天子马也"。汉使从大宛归国时，带回许多农作物种子，在中原繁殖，著名的如葡萄、苜蓿等②。

汉武帝闻大宛产名马汗血马，号为"天马"，"使壮士车令等持千金及金马以请宛王贰师城善马"，大宛因汉绝远，不予，并攻杀汉使，取其财物，于是汉武帝兴兵伐大宛。经过几年艰苦卓绝的征战，汉军尽管损失严重，但于武帝太初四年（前101）最终获胜，得到大宛良马，汉军"取其善马数十匹，中马以下牡牝三千余匹"，并与之结盟而去。大宛之战，大大提高了汉朝的威信，"诸所过小国闻宛破，皆使其子弟从军入献，见天子，因以为质焉"③，中亚各国皆遣使贡献，班固即云："自贰师将军伐大宛之后，西域震惧，多遣使来贡献。"④ 东汉时期大宛除一度依附莎车外，一直与汉保持着友好往来及通商关系，到西晋时仍向朝廷献汗血马。

---

① 《汉书》卷96上《西域传》，第3872页。
② 《史记》卷123《大宛列传》载："宛左右以蒲陶为酒，富人藏酒至万余石，久者数十岁不败。俗嗜酒，马嗜苜蓿，汉使取其实来，于是天子始种苜蓿、蒲陶肥饶地"，第3173页。
③ 《史记》卷123《大宛列传》，第3178页。
④ 《汉书》卷96上《西域传》，第3873页。

大宛大概有时又作渠搜。《拾遗记》载元狩六年（前117），"渠搜国献网衣一袭。帝焚于九达之道，恐后人征求，以物奢费，烧之，烟如金石之气"①。有学者认为此渠搜即大宛。②

康居、奄蔡：康居"与大宛邻国"，张骞第一次出使西域时，经过大宛，大宛王发导译将其送至康居，由康居再至大月氏。张骞第二次出使西域至乌孙时，也曾派副使出使康居。此后康居和汉建立了经常的往来。此时康居为中亚大国，"有户十二万，口六十万，胜兵十二万人"③，汉代康居已由锡尔河以北的游牧地区扩展到锡尔河以南即索格底亚那地方，也即汉魏以后的粟弋、粟特国④。

《汉书·西域传》："成帝时（前32—前6），康居遣子侍汉，贡献。然自以绝远，独骄谩，不肯与诸国相望。"⑤ 因康居始终轻侮汉使，西域都护派员到康居，其席位在乌孙使者之下，都护郭舜建议和康居断交，然汉出于通贡、重致远人的目的，接受了康居侍子，此后康居"终羁縻而未绝"。

《梁书·康绚传》亦载："初汉置都护，尽臣西域，康居亦遣侍子，待于河西，因留为黔首，其后即以康为姓。"⑥ 康绚即康居侍子的后代。

东汉和帝永元元年（89），窦宪击败北匈奴，永元三年（91），复置西域都护，以班超为都护，进一步加强了西域同中原之间的联系。康居大约在这时期又开始和汉保持官方联系。章帝建初三年（78），班超曾率疏勒、康居、于阗、拘弥兵攻姑墨城，班超为此上书："今拘弥、莎车、疏勒、月氏、乌孙、康居复愿归附。"⑦

奄蔡国在康居西北，东汉时称阿兰、聊国，属康居，与康居同俗。汉丝绸之路北道西逾葱岭则可至康居、奄蔡。

---

① （晋）王嘉撰，（南朝梁）萧绮录，齐治平校注：《拾遗记》卷5，中华书局1981年版，第123页。

② 张星烺编注，朱杰勤校订：《中西交通史料汇编》第三册，中华书局2003年版，第1292页。

③ 《汉书》卷96上《西域传》，第3892页。

④ ［日］白鸟库吉著，傅勤家译：《康居粟特考》，文史小丛书，商务印书馆1936年版，第23页。

⑤ 《汉书》卷96上《西域传》，第3892—3893页。

⑥ 《梁书》卷18《康绚传》，中华书局1997年版，第290页。

⑦ 《后汉书》卷47《班超传》，中华书局1996年版，第1575页。

大月氏：大月氏在汉代又称大夏。月支本是活动在中国河西的一个部落，即"敦煌祁连间"，后为匈奴所迫，迁至塞地。公元前 130 年左右，大月氏为乌孙所破，从塞地西徙，占据了阿姆河以北的广大地区，并征服了吐火罗所建大夏王国，"遂迁于大夏，分其国为休密、双靡、贵霜、肸顿、都密，凡五部翕侯"。大夏故地成为大月氏的国土。故汉人称之为大夏。公元 1 世纪最终建立了以大月氏为首的贵霜政权，"后百余岁，贵霜翕侯丘就却攻灭四翕侯，自立为王，国号贵霜"[①]，将领土扩展到了兴都库什山以南。至贵霜王迦腻色迦（Kanishka，约 100—126 年在位）时期，贵霜帝国达到其势力颠峰，当时的索格底亚那、花剌子模、大宛（今费尔干纳一带）均归其统治，领土亦伸入印度旁遮普、信德一带。并曾一度越过葱岭入侵于阗、莎车和疏勒。而汉本其故号，仍称之为大月氏。

关于西汉和大月氏的交往史载不多。《拾遗记》曾记武帝太初二年（前 103），"大月氏国贡双头鸡，四足一尾，鸣则俱鸣"[②]，后武帝以为不祥，送还西域。近年在敦煌汉悬泉遗址出土了大量汉代简牍，其中有一些涉及西汉中后期与大月氏使者来往的情况。如简 V92DXT1411②：35 载："甘露二年三月丙午，使主客郎中臣超，承制诏侍御史曰口都内令霸副侯忠使送大月氏诸国客……"简 V92DXT1210③：132 记元帝永光元年（前 43）四月，"使大月氏副右将军史柏圣忠将大月氏双靡翖侯使者万若山副使苏赣皆奉献言事……"简 I91DXT0309③：97 载："客大月氏、大宛、疎（疏）勒、于阗、莎车、渠勒、精绝、扜弥王使者十八人，贵人口人。"[③] 可见西汉中后期大月氏和汉使者来往还是比较频繁的。

大月氏同中国的交往主要发生在东汉时期。明帝永平十七年（74）班超复设西域都护，平通汉道，大月氏（贵霜）表示愿意归附汉朝，并助讨龟兹。章帝建初九年（84），疏勒王忠反叛，并联合康居，班超以大量锦帛赠贵霜王，"超乃使使多赍锦帛遗月氏王，令晓示康居王"。在月

---

①　《后汉书》卷 88《西域传》，第 2921 页。

②　（晋）王嘉撰，（南朝梁）萧绮录，齐治平校注：《拾遗记》卷 5，第 122 页。

③　张德芳：《悬泉汉简中若干西域史料考论》，载荣新江、李孝聪主编《中外关系史：新史料与新问题》，科学出版社 2004 年版，第 137—138 页；胡平生、张德芳编撰：《敦煌悬泉汉简释粹》，上海古籍出版社 2001 年版，第 133 页。

氏王斡旋下，康居退兵，"执忠以归其国，乌即城遂降于超"。①

　　章帝章和元年（87）匈奴立莎车王贤子不居征为莎车王，不久又立其弟齐黎为莎车王。章和二年（88）西域长史班超遣西域诸国军，得到月氏的援军，击破莎车，使莎车归属于汉。后月氏又助汉击车师有功，遣使向汉"贡奉珍宝、符拔、师子，因求汉公主"，为班超所拒，引起月氏怨恨。永元二年（90），"月氏遣其副王谢将兵七万攻超，超众少，皆大恐"，班超劝慰军士曰："月氏兵虽多，然数千里踰葱岭来，非有运输，何足忧邪？但当收谷坚守，彼饥穷自降，不过数十日决矣"。果然谢既攻打班超不下，又抄掠无所得，只好派骑兵持金银珠玉去贿赂龟兹，班超设兵伏击月氏兵，尽杀之，并"持其使首以示谢"，于是谢惊服，遣使请罪，退兵，"月氏由是大震，岁奉贡献"。②

　　东汉安帝元初年间（114—119），疏勒王遣舅臣磐至月氏为质子，"月氏王亲爱之"，后在月氏扶助下，返国为王，因而臣磐与月氏关系相当密切。汉顺帝时，臣磐多次向汉贡物，如阳嘉二年（133），"臣磐复献师子、封牛"③，所献之物大多来自大月氏等地。

　　1965 年，西安西北汉代长安城内出土了一只陶罐，内有带铭文的铅饼共 13 枚。1973 年，陕西省扶风县姜嫄又出土了两枚这样的铅饼，夏鼐先生结合这个遗址中出土的其他文物，认为"其上限不会早于西汉晚期，下限不会晚于东汉晚期"④。近来，我国学者林梅村认为，这些铜饼和铅饼上的铭文应当是用草体希腊文拼写的中古伊朗语。他指出公元 1 世纪前期，贵霜王朝建立，公元 2 世纪中叶以后，贵霜内乱不已，境内的大月氏人大量地流亡东方，进入东汉避难。我国出土的这些铭有草体希腊文的铜饼与铅饼，很可能就是流寓到中国的贵霜大月氏人在三辅（以西安为中心的陕西中部地区）及其西邻地区频繁活动留下的遗物。⑤

---

①　《后汉书》卷 47《班超传》，第 1579 页。

②　同上书，第 1580 页。

③　《后汉书》卷 88《西域传》，第 2927 页。

④　夏鼐：《外国字铭文的汉代（？）铜饼》，《西安汉城故址出土一批带铭文的铅饼》，《夏鼐文集》下册，社会科学文献出版社 2000 年版，第 3—11 页。

⑤　林梅村：《贵霜大月氏人流寓中国考》，《西域文明：考古、民族、语言和宗教新论》，东方出版社 1995 年版，第 33—67 页。

　　身毒：又称天竺，即今印度。当时"从月氏、高附国以西，南至西海，东至磐起国，皆身毒之地……其时皆属月氏……西与大秦通，有大秦珍物"①。中国与印度之间的民间商业往来至迟在开通西域之前的汉朝初年就已经开始了。张骞在大夏所见经印度输入该地的蜀布、邛竹杖即可说明蜀地民间商人早已运蜀货至印度，这些蜀货再通过印度转销至大夏。由此可推测，在汉朝初年就存在着一条从四川经云南到缅甸的贸易通道。② 张骞二次通西域时，曾遣副使访问身毒，大概身毒也派使回访。另外从此时期开始，汉和印度的贸易往来有了进一步的发展。斯坦因在汉代玉门关遗址的一处烽火台中发现一块带有婆罗谜文字（Brahmi）的丝绸残片，他认为该丝绸是在西汉末年由中国内地制造的。③ 这是汉与身毒之间有丝绸贸易往来的一个明证。

　　东汉时期，汉和身毒之间的有官方往来记载。汉和帝统治时期（89—105 年），身毒"数遣使贡献"④。此后由于西域各国政治动荡，身毒使者只能改从海道和中国南方的日南互通使节，"后西域反叛，乃绝。至桓帝延熹二年、四年，频从日南徼外来献"⑤。

　　一般认为，从汉明帝时起，佛教从印度传入中国。"世传明帝梦见金人，长大，顶有光明，以问群臣。或曰：'西方有神，名曰佛，其形长丈六尺而黄金色。'帝于是遣使天竺问佛道法，遂于中国图画形像焉。楚王英始信其术，中国因此颇有奉其道者。后桓帝好神，数祀佛图、老子，百姓稍有奉者，后遂转盛。"⑥ 一般认为这是佛教传入中国最早而且最可靠的记载。

　　安息：即中亚帕提亚王朝（Parthia），其建立者为阿尔萨西斯（Arsaces），约于公元前247 年，建立了一个以尼萨（今土库曼斯坦共和国的阿什哈巴德附近）为中心的独立王国，即阿尔萨息斯王朝，中国史书称安息，即今伊朗地区。公元前2 世纪中期（前174—前136 年），米特里

---

　　① 《后汉书》卷88《西域传》，第2921 页。
　　② ［美］余英时著，邬文玲等译：《汉代贸易与扩张——汉胡经济关系研究》，台湾联经出版事业公司2008 年版，第144 页。
　　③ A. Stein, *Serindia*, 3vols, Oxford：Clarendon Press, 1921, pp. 701 – 704.
　　④ 《后汉书》卷88《西域传》，第2922 页。
　　⑤ 同上。
　　⑥ 同上书，第2022 页。

达特斯（Mithridates）当位，安息王朝达到极盛期，开拓了东越兴都库什山到达印度河流域，西及幼发拉底河的广大地区。张骞第二次出使西域，其副使曾到达安息国都番兜城，受到隆重接待。史载："汉使至安息，安息王令将二万骑迎于东界，东界去王都数千里。行比至，过数十城。"其接待规格是相当高的。在张骞的副使归国时，安息王亦派使"随汉使来观汉广大，以大鸟卵及黎轩善眩人献于汉。及宛西小国驩潜、大益，宛东姑师、扜罙、苏薤之属，皆随汉使献见天子。天子大悦"。① 此后双方使节及商贾络绎不绝。

东汉时，安息继续与汉通好。《后汉书》载东汉章帝章和元年（87），安息遣使献狮子、符拔。和帝永元十三年（101），"安息王满屈复献狮子及条支大鸟，时谓之安息雀"②。《后汉书·和帝纪》亦记此事。李贤注引《东观记》曰："时安息遣使献大爵、狮子，（班）超遣子勇随入塞。"③ 可知这次安息来使是由班超之子陪同进京的。

而中国与西方（大秦）间的丝绸等贸易，也基本为安息所控制和垄断。《后汉书》载："其王（大秦王）常欲通使于汉，而安息欲以汉缯彩与之（大秦）交市，故遮阂不得自达。"④ 此外，汉和帝永元九年（97），西域都护班超遣甘英使大秦，"抵条支。临大海欲渡，而安息西界船人谓英曰：'海水广大，往来者善风三月乃得渡，若遇迟风，亦有二岁者，故入海人皆赍三岁粮。海中善使人思土恋慕，数有死亡者。'英闻之乃止"⑤。学界一般认为这是安息为垄断丝绸贸易，故意阻止甘英西使的一个计策。

一般来说，在中国与罗马的丝绸贸易中，安息人更多地是起了中间人的作用，而不是消费者的作用，安息通过垄断中西丝绸等贸易而获益甚丰。

大秦：又称黎鞬、犁轩，亦称云海西国。过去多指罗马帝国。现在一

---

①　《史记》卷123《大宛列传》，第3173页。

②　《后汉书》卷88《西域传》，第2918页。

③　《后汉书》卷47《班超传》李贤注引《东观记》，第1584页；（东汉）刘珍等撰，吴树平校注：《东观汉记校注》卷16《班超传》，中华书局2008年版，第679页。

④　《后汉书》卷88《西域传》，第2919—2920页。

⑤　同上书，第2918页。

般认为指其东部埃及的亚历山大里亚。"其人民皆长大平正，有类中国，故谓之大秦"，其地"多金银奇宝，有夜光璧、明月珠、骇鸡犀、珊瑚、虎魄、琉璃、琅玕、朱丹、青碧。刺金缕绣，织成金缕罽、杂色绫。作黄金塗、火烷布……凡外国诸珍异皆出焉"。①

大秦（罗马）和中国的商业往来，早在张骞通西域之前就开始了，当时中国的丝绸大量转运到西方世界。在古代罗马，丝绸制的服装成为当时贵族们的高雅时髦的装束。不过这些贸易在当时主要是通过活动在里海等地的游牧民族（即大月氏、斯基泰）之手完成的。东汉时由于丝绸贸易的需要，罗马积极探索与中国的交往之路，但一直遭到安息的阻碍。"其王（大秦王）常欲通使于汉，而安息欲以汉缯彩与之（大秦）交市，故遮阂不得自达。"《魏略》亦云大秦"常欲通使于中国，而安息图其利，不能得过"②。但民间的商业往来仍在进行，而且罗马商人在建立与汉代中国之间的商业往来方面表现出了极大的热情。

汉和帝永元九年（97），班超派甘英出使大秦。至条支时，被安息人婉言拦阻。甘英寻找大秦应是出于外交方面的考虑，而不是商业上的考虑。直到汉桓帝延熹九年（166），"大秦王安敦（Marcus Aurelius）遣使自日南徼外献象牙、犀角、玳瑁，始乃一通焉"③。该记载不见罗马史籍，学界多认为这是罗马商人冒使节之名而来。可知东汉以来大秦和中国的往来多走海路，其中日南（今越南中部）成为罗马商人等登陆的一个贸易大港。永宁元年（120），掸国（今缅甸东北）王雍由调遣使诣阙（洛阳）朝献，"献乐及幻人，能变化吐火，自支解，易牛马头。又善跳丸，数乃至千。自言我海西人。海西即达大秦也，掸国西南通大秦"④。可以说，至少在东汉时期，如果中国与罗马帝国之间有间接的经济交往，也是通过海路进行的。⑤ 其中日南港在东汉时愈来愈成为汉王朝海外贸易的窗口。

---

① 《后汉书》卷88《西域传》，第2919页。
② 《三国志》卷30《乌丸鲜卑列传》注引鱼豢《魏略·西戎传》，中华书局1982年版，第861页。
③ 《后汉书》卷88《西域传》，第2920页。
④ 《后汉书》卷86《南蛮西南夷列传》，第2851页。
⑤ ［美］余英时著，邬文玲等译：《汉代贸易与扩张——汉胡经济关系研究》，第166页。

条支：是汉代中国人对安提阿克（Antioch）的省译。西汉时的条支是指公元前30年罗马并吞叙利亚以前西亚的安提阿克王都，在地中海滨的安提阿克。东汉时期的条支则是波斯湾头两河出口处的安提阿克城。①

西汉时汉使最西到达乌弋山离，《汉书》云至乌弋山离"绝远，汉使希至……至乌弋山离，南道极矣"。当时只知道从乌弋山离"行可百余日，乃至条支。国临西海，暑湿，田稻。有大鸟，卵入甕。人众甚多，往往有小君长，安息役属之，以为外国。善眩。安息长老传闻条支有弱水、西王母，亦未尝见也"。②《后汉书·西域传》亦云："前世汉使皆自乌弋以还，莫有至条支者。"东汉时期和条支的交往开始有所发展。汉和帝时班超派甘英出使大秦，甘英抵达条支，后误信安息海商的劝阻而止于条支，并由此知道"条支国城在山上，周回四十余里，临西海，海水曲环其南及东北，三面路绝，唯西北隅通陆道"③，由此陆道可至大秦。条支以产大鸟（鸵鸟）闻名。前引《后汉书》载东汉和帝永元十三年（101），"安息王满屈复献狮子及条支大鸟，时谓之安息雀"。班固《西都赋》亦云上林苑有"黄支之犀，条支之鸟"④。该条支大鸟即鸵鸟，通过安息之手而至中国。

第二节　东来的中亚诸国质子及使者

《史记·大宛列传》载："是时上（武帝）方数巡狩海上，乃悉从外国客。大都多人则过之……行赏赐，酒池肉林，令外国客遍观各仓库府藏之积，见汉之广大，倾骇之。"⑤ 这些"外国客"有不少是来自中亚的各国质子及使者。《后汉书·西域传》亦载："西域风土之载，前古未闻也……汉世张骞……班超……终能立功西遐，羁服外域。自兵威之所肃

---

① 沈福伟：《中西文化交流史》，第43页。
② 《汉书》卷96上《西域传》，第3888页。
③ 《后汉书》卷88《西域传》，第2918页。
④ （南朝梁）萧统编，（唐）李善注：《文选》卷1《西都赋》，中华书局1977年版，第24页。
⑤ 《史记》卷123《大宛列传》，第3173页。

服，财赂之所怀诱，莫不献方奇，纳爱质，露顶肘行，东向而朝天子。"① 可见两汉时期东来的中亚诸国质子及使者是相当多的。

张骞通西域后，大批中亚的使者及使团来到长安、洛阳，出入于宫廷之间。《三辅黄图》载："（汉）武帝穿池得黑土，帝问东方朔，东方朔曰：'西域胡人知。'乃问胡人，胡人曰：'劫烧之余灰也。'"② 成帝时，行幸长杨宫，随从胡客在长扬宫"大校猎。宿茝阳宫，赐从官"③。《汉书·宣帝纪》载甘露三年（前51）春，宣帝在甘泉宫召见南匈奴呼韩邪单于，"上登长平阪，诏单于毋谒。其左右当户之群皆列观，蛮夷君长王侯迎者数万人，夹道陈"④。可见当时旅居长安蛮夷君长人数之多，而且在宫廷之中有不少西域胡人，其中当有不少中亚诸国质子及使节。

西汉长安城内设有专门接待域外来客的馆舍，称"蛮夷邸"。《三辅黄图》卷六云："蛮夷邸，在长安城内藁街。"本注："藁街，街名。蛮夷邸在此街，若今鸿胪馆。"⑤ 有学者认为藁街指长安城的直城门大街。⑥ 蛮夷邸主要用来安置入京朝贡的四夷，其中应有不少中亚诸国人。这些人或是通聘纳贡，或是入朝为质，地位较高。

当时来京师长安通贡纳聘的中亚诸国主要有大宛、康居、大夏、大月氏、乌孙、安息等。自乌孙通使联姻于汉之后，大宛因饶汉物，频频遣使并"遣子入侍，质于汉"⑦。

康居因所在绝远，"不属都护"，但慑于汉军威望，也于汉元帝初元四年（前45），"遣使奉献，因求侍子"，愿为内附。成帝（前32—前6在位）时，康居遣子侍汉，贡献。因始终轻侮汉使，西域都护郭舜曾建议和康居断交，然汉考虑通贡、"重致远人"的目的，接受了康居侍子。

---

① 《后汉书》卷88《西域传》，第2931页。

② 陈直校证：《三辅黄图校证》卷4"池沼"条，陕西人民出版社1980年版，第95—96页。

③ 《汉书》卷10《成帝纪》，第326页。

④ 《汉书》卷8《宣帝纪》，第271页。

⑤ 《三辅黄图校证》卷6"杂录"条，第154页。

⑥ 王仲殊：《汉代考古学概说》，中华书局1984年版，第5页；林梅村：《西京新记——汉长安城所见中西文化交流》，《古道西风——考古新发现所见中西文化交流》，三联书店2000年版，第171—172页。王静则认为藁街在长安城北出西头第一横门之内，参见王静《中国古代中央客馆制度研究》，黑龙江教育出版社2002年版，第24—25页。

⑦ 《汉书》卷96上《西域传》，第3895页。

此后康居"终羁縻而未绝"①。敦煌悬泉汉简 II90DXT0215④：17 曾记汉成帝阳朔四年（前 21）"送康居王质子乘……如律令"②，可知汉成帝时，康居向汉遣送质子，汉则给与质子乘传一类优待。

大月氏亦频遣使者来汉，如前述《拾遗记》载"（武帝）太初二年（前 103）贡双头鸡，四足一尾，鸣则俱鸣"。前述悬泉汉简里有不少大月氏遣使及汉送大月氏使节的记载。

随着汉帝国势力的发展，当时来长安的西域中亚上层人士数量日益增多。这些人不但受到汉廷重视，也经常参加朝廷的一些重大活动。例如祭陵，这在当时也是一项重要的外交活动。王先谦《续汉志集解》引蔡邕《独断》云："天子以正月五日毕供，后上原陵，以次周遍，公卿百官皆从……匈奴朝者、西国侍子皆会。"③ 这些西国侍子中应有不少中亚诸国侍子。

东汉时，西域诸国继续遣子入侍。东汉光武帝建武二十一年（45），西域十八国曾遣子入侍，但光武帝"以中国初定，北边未服，皆还其侍子"。当这批侍子返抵敦煌时，西域诸国纷纷请求将侍子留居于敦煌，得到光武帝的准许。后来这些侍子因"久留敦煌，愁思，皆亡归"④。

和帝永元六年（94），班超发龟兹、鄯善等八国兵七万人及汉吏士贾客一千四百人，再次击破焉耆，斩其王，焉耆、危须、尉犁皆降，"自是西域降服，纳质者五十余国"，而且"条支、安息诸国，至于海濒四万里外，皆重译贡献……于是远国蒙奇、兜勒皆来归附，遣使贡献"⑤。所记虽有些夸张，但多少反映出西域侍子来华在这一时期达到高峰。

大月氏在东汉永元年间为班超所败之后，更是"岁奉贡献"。前述汉长安城发现希腊铭文的铅饼，虽有学者认为是贵霜难民及其后裔留下的，但也不能排除来自贡使之手的可能。

身毒在东汉和帝时，"数遣使来贡献"。汉末由于西域政局动荡，多

---

① 《汉书》卷 96 上《西域传》，第 3893 页。

② 王素：《悬泉汉简所见康居史料考释》，载《中外关系史：新史料与新问题》，第 158 页。

③ （清）王先谦：《续汉志集解》卷 4《礼仪志》，上海古籍出版社 2006 年版，第 516 页。

④ 《后汉书》卷 88《西域传》，第 2924 页。

⑤ 同上书，第 2910 页。

走海路即从日南等地来华贡献。

安息作为丝绸之路西端大国，凭借其强大实力及地理优势，控制并垄断丝绸西运贸易。其与中国的交往更为主动。自张骞之后，终两汉之世，通使不绝。如前所述，西汉时，安息使者曾随张骞副使一起来长安"观汉地，以大鸟卵及黎轩善眩人献于汉"；东汉时更是在章帝、和帝时遣使献狮子、符拔及条支大鸟等。

终两汉之世，东来的中亚诸国使者质子人数不少，这些人构成来华中亚人的上层，出入宫廷及上流社会，并参与皇帝的巡幸、祭天及校猎等活动。这也从另一个方面说明汉的势力当时远达葱岭以西，和西域中亚的官方联系得到进一步发展。

第三节　流寓中原的中亚商贾及艺人

《后汉书·西域传》论曰："汉世，张骞怀致远之略，班超奋封侯之志，终能立功西遐，羁服外域……立屯田于膏腴之野，列邮置于要害之路。驰命走驿，不绝于时月；商胡贩客，日款于塞下。"① 这里的"商胡贩客"，当指来自西域的胡商。

关于西汉时期流寓中原的胡商情况，史载不详，据《汉书·西域传》载："自是之后，明珠、文甲、通犀、翠羽之珍盈于后，蒲梢、龙文、鱼目、汗血之马充于黄门，钜象、狮子、猛犬、大雀之群食于外囿，殊方异物，四面而至。"② 这里所谓的殊方异物，除了一部分为四夷贡使所进献，也不少是西域胡商冒贡使之名而贩来的。

汉成帝时西域都护郭舜言道："康居骄黠，讫不肯拜使者，都护吏至其国，坐之乌孙诸使下……故为无所省以夸旁国。以此度之，何故遣子入侍？其欲贾市为好，辞之诈也。"③ 另外成帝时，杜钦也曾向大将军王凤云："（罽宾）今悔过来，而无亲属贵人，奉献者皆行贾贱人，欲通货市买，以献为名。"④ 可知当时打着"西域使者"旗号来访长安的

---

① 《后汉书》卷88《西域传》，第2931页。
② 《汉书》卷96下《西域传》，第3928页。
③ 《汉书》卷96上《西域传》，第3892—3893页。
④ 同上书，第3886页。

西域人有许多并不是什么使节，而是一些假借使者名义来长安的西域胡商。

东汉时期，胡商依旧"日款于塞下"。《后汉书·李恂传》云："（李恂）后复征拜谒者，使持节领西域副校尉。西域殷富，多珍宝，诸国侍子及都使贾胡数遗恂奴婢、宛马、金银、香罽之属，一无所受"，这里提到的"督使贾胡"，李贤注曰："督使，主蕃国之使也。贾胡，胡之商贾也。"① 这些贿赂李恂的"贾胡"们，很可能有"款于塞下"，在汉边地经商的。② 这些人因利益所致，往往辄至辄留，因为常有以之为喻的。如东汉大将马援因进军迟缓而失利，遭到耿舒指责："伏波类西域贾胡，到一处辄止。"③

东汉定都洛阳，这里与长安一样成为西域中亚胡商的活动场所。《东观汉记》载：光武帝死后，长安城"西域贾胡供起帷帐设祭，（京兆）尹车过帐，胡牵车令拜"④。看来在东汉初，长安一带的商胡还为数不少。《后汉书·南匈奴传》记洛阳有"胡桃宫"，顺帝汉安二年（143），汉护送新立呼兰若尸逐就单于归南庭，并"诏太常、大鸿胪与诸国侍子于广阳城门外祖会，飨赐作乐，角抵百戏，顺帝幸胡桃宫临观之"⑤。这里提到的广阳城门外大概是东汉为胡商在洛阳活动所提供的场所。另外《后汉书·梁冀传》载梁冀起兔园于河南城西，"尝有西域贾胡，不知禁忌，误杀一兔。转相告言，坐死者十余人"⑥，从另一个侧面说明西域胡商在洛阳的活跃。

大概东汉时期至洛阳的西域胡人甚众，有人专门对他们从相貌上进行分辨。汉末繁钦《三胡赋》云："莎车之胡，黄目深精，员耳狭颐。康居之胡，焦头折頞，高辅陷□，眼无黑眸，颊无余肉。罽宾之胡，面象炙猬，顶如持囊，隅目赤眦，洞頞仰鼻。"⑦ 看来东汉时中原民众对西域胡

---

① 《后汉书》卷51《李恂传》，第1683—1684页。
② 王子今：《汉代的"商胡"、"贾胡"、"酒家胡"》，《晋阳学刊》2011年第1期。又载氏著《秦汉边疆与民族问题》，中国人民大学出版社2011年版，第371页。
③ 《后汉书》卷24《马援传》，第844页。
④ 《东观汉纪校注》卷10《杨正传》，第386页。
⑤ 《后汉书》卷89《南匈奴传》，第2963页。
⑥ 《后汉书》卷34《梁冀传》，第1182页。
⑦ （清）严可均辑，许振生审订：《全后汉文》卷93，商务印书馆1999年版，第943页。

人的认识程度有了进一步提升。

两汉时期，随同中亚胡商一起来的，还有一些艺人。汉代流行百戏，除角抵外，还有各种杂技幻术，如戴杆、走索、倒立、扛鼎、寻橦、跳丸、弄剑、吞刀、吐火及鱼龙变化、戏狮博兽等。《史记·大宛列传》载："是时上方数寻狩海上，乃悉从外国客，大都多人则过之，散财帛以赏赐，厚具以饶给之。以览示汉富厚焉。于是大角抵，出奇戏诸怪物，多聚观者，行赏赐，酒池肉林，令外国客遍观各仓库府藏之积，见汉之广大，倾骇之。及加其眩者之功，而角抵奇戏岁增变，其盛益兴，自此始。"① 这些杂艺的发展与西域杂技魔术的传入有关，也和这些西域杂技艺人的到来有关。有不少大秦幻人来到长安、洛阳，为汉代百戏增添奇异色彩。前引《史记·大宛列传》云汉武帝时，安息国以"大鸟卵及黎轩善眩人献于汉"。索隐韦昭注：眩人"变化惑人也"，按《魏略》云："犁靬（轩）多奇幻，口中吹火，自缚自解。"② 《汉书·张骞传》颜师古注云眩"即今之吞刀吐火，植瓜种树，屠人截马之术皆是也。本从西域来"③。《通典·边防》亦云："前汉武帝时，遣使至安息，安息献犁轩幻人二，皆蹙眉峭鼻，乱发拳鬓，长四尺五寸。"④ 可以看出他们具有明显的欧洲人特征，也说明来自西域的杂技魔术及艺人们很受当时人们的欢迎。

汉安帝永宁元年（120），"掸国王雍由调复遣使诣阙朝贺，献乐及幻人，能变化吐火，自支解，易牛头马。又善跳丸，数乃至千。自言我海西人也。海西即大秦也，掸国西南通大秦"⑤。这些大秦幻人显然经海路来到中国。其中跳丸也称弄丸、飞丸等，即表演者连续快速抛接若干弹丸，有时也抛接短剑，称弄剑。在汉代的画像石上，就有跳丸、弄剑场面，有一人同时飞四短剑和两丸的。可见这些杂技魔术等亦从宫廷流向民间，在当时社会上大为流行，其始作俑者当然是来自大秦等地的幻人。张衡《西京赋》记述平乐观角抵、百戏的盛况："跳丸剑之挥霍，走索上而相

---

① 《史记》卷123《大宛列传》，第3173页。
② 《史记》卷123《大宛列传》及注，第3173页。
③ 《汉书》卷61《张骞传》颜师古注，第2699页。
④ （唐）杜佑：《通典》卷193《边防九》"大秦"条，中华书局1984年版，第1041页。
⑤ 《后汉书》卷86《西南夷传》，第2851页。

逢……程角抵之妙戏……奇幻倐忽，易貌分形。吞刀取火，云雾杳冥"①，所谓的吞刀、吐火，易貌分形，应是出自西域的幻术，而"眩者之工，岁增变"，显然这些幻术传到中国已推陈出新了。河南南阳王寨汉画像石的百戏图，有跳丸、弄剑、吐火者②；山东微山画像石有跳丸图，有的还刻有吐火、弄蛇、戴竿的③；山东沂南汉墓画像石亦有刻掷丸、顶杆、鱼龙曼衍的④。这些杂艺之人并非都来自大秦等地，但肯定是受到宫廷中来自大秦的幻人影响，笔者推测当时来华的胡商等人中，也存在一些民间艺人。因汉人"加其眩者之功"，从而使得这种杂艺从朝堂走向民间，促进了汉代百戏的发展。

《后汉书·五行志》云："灵帝好胡服、胡帐、胡床、胡坐、胡饭、胡空侯、胡笛、胡舞，京都贵戚皆竟为之。"这种胡化风气的流行，和两汉时期大量的西域胡商及艺人的东来有关，虽然史籍所载不详，但可以想见当时盛况。

第四节　东汉后期中亚译经僧的东来及活动

佛教自公元前 6 世纪在印度创立以来，发展很快。到阿育王时代（前 268—前 232 年）已成为印度国教，并向周围传播。约公元前 2 世纪，佛教开始在中亚一带流行。

学界一般认为，佛教最初传入中国内地当在西汉末年。《魏略》载西汉哀帝元寿元年（前 2），"博士弟子景卢受大月氏王使伊存口授《浮屠经》"⑤。这里提到的大月氏即贵霜王朝，当时佛教在该地已比较昌盛，伊存就是当时贵霜王丘就却派来的佛教信使。自 20 世纪 90 年代以来，在阿

---

①　（汉）张衡：《西京赋》，载（唐）欧阳询撰，汪绍楹校《艺文类聚》卷 61 "居处部一"，上海古籍出版社 1982 年版，第 1100 页。

②　王建中、闪修山：《南阳两汉画像石》，文物出版社 1990 年版，图版 105；《南阳县王寨汉画像石墓》，《中原文物》1982 年第 1 期。

③　马汉国主编：《微山汉画像石选集》，文物出版社 2003 年版，第 56 页，图版 14；第 66 页，图版 19；第 192 页，图版 82；第 198 页，图版 85。

④　蒋英炬主编：《中国画像石全集》第一卷《山东汉画像石》，山东美术出版社 2000 年版，第 66 页，图版 203。

⑤　《三国志》卷 30《魏书·乌丸鲜卑列传》引《魏略·西戎传》，第 859 页。

富汗地区陆续发现属公元 1 世纪早期的佉卢文健陀罗语佛教文献，可知佛教最初应是从西北印度大月氏（今阿富汗和巴基斯坦）经陆路传入中国的。① 不过，佛教在西汉没有得到进一步的发展。

东汉时，佛教开始在宫廷及上层统治者中流行。东汉初年，楚王刘英信奉佛教，"晚节更喜黄老，学为浮屠，斋戒祭祀"，得到明帝支持。另有记载明帝永平十一年（68），明帝夜梦金人，飞入殿庭。乃问群臣，遂遣使天竺问佛道法。② 一般认为这是佛教传入中国之始的记载。

不过，当时多数中国人对佛教并不十分注意，知道佛教的人，往往也只是把佛教看作当时众多的方术之一，并未予以特别的重视。③ 至桓、灵之际，佛教得到统治者进一步的提倡。史载："桓帝好神，数祀浮图、老子，百姓稍有奉者，后遂转盛。"④

东汉末期，随着佛教在中国内地的进一步发展，大量的西域译经僧来到中国译经传教。汤用彤先生指出："佛教东渐，首由西域之大月氏、康居、安息诸国，其交通多由陆路，似无可疑。"⑤ 洛阳成为当时佛教经典翻译与传播的一个中心。当时除天竺国僧外，也有不少中亚僧侣，他们分别来自大月氏、安息、康居等地。这些人大多以国为姓，与汉地信徒和沙门合作翻译佛经。

东汉后期来华的大月氏人有支娄迦谶、支曜、支谦、支亮等；康居人有康巨、康孟祥等；安息人有安玄、安清（世高）等。

月氏人

支娄迦谶：亦称支谶，"本月氏人"。汉灵帝时，游于洛阳，并"以光和、中平之间，传译梵文，出《般若道行》、《般舟》、《首楞严》等三

---

① 荣新江：《陆路还是海路？——佛教传入汉代中国的途径与流行区域研究》，《中国中古史研究十论》，复旦大学出版社 2005 年版，第 37—43 页。

② 《后汉书·西域传》云："始传明帝梦见金人，长大，顶有光明，以问群臣。或曰：'西方有神，名曰佛，其形长丈六尺而黄金色'帝于是遣使天竺问佛道法，遂于中国画图形像焉"，第 2922 页。

③ 汤用彤：《汉魏两晋南北朝佛教史》上册，中华书局 1983 年版，第 38 页；Wu Hung, "Buddhist Elements in Early Chinese Art（2nd and 3nd Centuries A. D.）", *Artibus Asiae*, 47. 3 - 4, 1986, pp. 263 - 352.；吴焯：《佛教东传与中国佛教艺术》，浙江人民出版社 1991 年版，第 108—112 页。

④ 《后汉书》卷 88《西域传》，第 2922 页。

⑤ 汤用彤：《汉魏两晋南北朝佛教史》上册，第 59 页。

经，又有《阿阇世王》、《宝积》等十余经"。《高僧传》云其译文"凡此诸经，皆审得本旨，了不加饰"①，表明其译文忠实于原文，是典型的直译风格。有学者称此为中国翻译文体上的大进步。②

支曜：据《高僧传·支娄迦谶传》云："又有沙门支曜、康巨、康孟祥等，并以汉灵、献之间，有慧学之誉，驰于京洛。曜译《成具定意经》、《小本起》等。"③支曜显然和支娄迦谶一样，为汉灵帝时期来华的月氏人。

支谦：《高僧传·康僧会传》："先有优婆塞支谦，字恭明，一名越，本月氏人，来游汉境。初，汉桓、灵之世，有支谶译出众经。有支亮字纪明，资学于谶，谦又受业于亮，博览经籍，莫不精究。世间伎艺，多所综习。遍学异书，通六国语。其为人细长黑瘦，眼多白而睛黄，时人为之语曰：'支郎眼中黄，形躯虽细是智囊。'汉献末乱，避地东吴。孙权闻其才慧，召见悦之，拜为博士，使辅导东宫，与韦曜诸人共尽匡宜。但生自外域，故《吴志》不载。谦以大教虽行，而经多梵文，未尽翻译，已妙善方言，乃收集众本，译为汉语。从吴黄武元年至建兴中，所出《维摩》、《大般泥洹》、《法句》、《瑞应本起》等四十九经，曲得圣义，辞旨文雅。又从《无量寿》中本起，制菩萨、连句、梵呗三契。并注《了本生死经》等，皆行于世。"④

关于此，《出三藏记集·合首楞言经记》亦载："又有支越，字恭明，亦月氏人也，其父亦汉灵帝之世来献中国。越在汉生，似不及见谶也。又支亮字纪明，资学于谶，故越得授业于亮焉。"⑤此支越即支谦，既然其父于汉灵帝时来中国，可知支谦为汉末三国时人，不过其主要活动在三国时期。《佛祖统纪》云："黄初五年（224），月氏国优婆塞支谦来洛

---

① （南朝梁）释慧皎撰，汤用彤校注：《高僧传》卷1《译经》上，中华书局1992年版，第10页。又《佛祖统纪》载：支谶以汉桓帝建和元年至洛阳，译《般舟》等经二十一部。（宋）志磐：《佛祖统纪》卷35，载〔日〕高楠顺次郎编《大正新修大藏经》第49册，史传部一，日本大正一切经刊行会1934年版，第330页。
② 丘进：《中国与罗马——汉代中西关系研究》，黄山书社2008年版，第184页。
③ 《高僧传》卷1《支娄迦谶传》，第11页。
④ 《高僧传》卷1《康僧会传》，第15页。
⑤ （南朝梁）释僧祐撰，苏晋仁等点校：《出三藏记集》卷7，中华书局2003年版，第270页。

阳……后避地归吴。"① 有学者认为支谦乃是一位博览多才，兼通六国语言的学者。同时因其"妙善方言，乃收集众本，译为汉语"，可知他以多种文本来进行汉译，其中当包括中亚文字译本在内，此与前述诸人专译梵本者不同。②

支亮：前引《高僧传·康僧会传》："有支亮字纪明，资学于谶，谦又受业于亮……"③ 可知支亮要早于支谦，应活动于东汉桓、灵间。

康居人

康巨、康孟详：前引《高僧传·支娄迦谶传》云："又沙门康巨、康孟详等，并以汉灵、献之间，有慧学之誉，驰于京洛……巨译《问地狱事经》，并言直理旨，不加润饰。孟详译《中本起》及《修行本起》。先是沙门昙果于迦维罗卫国得梵本，孟详共竺大力译为汉文。"④ 康居国人来华，大抵以康为姓，此沙门康巨、康孟详应为中亚康居国人，他们大概于汉灵帝、献帝之时来到洛阳等地。据《开元释教录》载：康巨，西城（域）人，于灵帝中平四年（187）译《问地狱事经》于洛阳；而康孟详，其先康居人，以献帝兴平元年（194）至建安四年（199）于洛阳译《游四衢》等六部经。⑤

释昙谛先人：《高僧传·释昙谛传》云："释昙谛姓康，其先康居人。"汉灵帝时移附中国。献帝末乱，移止吴兴。谛父彤，尝为冀州别驾。母黄氏……（谛）至年十岁出家，学不从师，悟自天发……晚入吴虎丘寺，讲《礼》、《易》、《春秋》各七遍，《法华》、《大品》、《维摩》各十五遍……以宋元嘉末卒于山，春秋六十有余。⑥ 可知释昙谛先人为汉灵帝时来华的康居侨民，其先人或是经商、或是出使，抑或是避难来到中国。他们来华后活动地不详，汉献帝末年，该家族移居吴兴。释昙谛晚年在苏州虎丘寺讲《礼记》、《周易》、《春秋》、《法华》等。昙谛卒于宋元嘉末（453），距其家庭移居吴兴已有两百多年。昙谛之母黄氏显然是汉

---

① 《佛祖统纪》卷35，载《大正新修大藏经》第49册，第331页。
② 马雍：《东汉后期中亚人来华考》，《新疆大学学报》1984年第2期。后收入氏著《西域史地文物丛考》，文物出版社1990年版，第46—50页。
③ 《高僧传》卷1《康僧会传》，第15页。
④ 《高僧传》卷1《支娄迦谶传》，第11页。
⑤ （唐）智升：《开元释教录》，载《大正新修大藏经》第55册，第483页。
⑥ 《高僧传》卷7，第278—279页。

族妇女，可见这家康居胡人已与汉族通婚，甚至不止一代，其血统、文化、习俗殆均已汉化。①

安息人

安清（安世高）：这是东汉时期来华的中亚人中最著名的人物，原是安息王子。据《高僧传·安清传》载："安清，字世高，安息国王正后之太子也。幼以孝行见称，加又志业聪敏，剋意好学，外国典籍及七曜五行，医方异术，乃至鸟兽之声，无不综达……故隽异之声，早被西域。高虽在居家而奉戒精峻。王薨，便嗣父位。乃深惟苦空，厌离形器。行服既毕，遂让国于叔，出家修道。博晓经藏，尤精阿毗昙学，讽持禅经，略尽其妙。既而游方宏化，遍历诸国。以汉桓之初，始到中夏。才悟机敏，一闻能达，至止未久，即通习华言。于是宣译众经，改胡为汉……其先后所出经论，凡三十九部……高游化中国，宣经事毕，值灵帝之末，关洛扰乱，乃振锡江南……便达豫章……复到广州……遂达会稽。至便入市，正值市中有乱相打者，误著高头，应时殒命……高既王种，西域宾旅，皆呼为安侯，至今犹为号焉。天竺国自称书为天书，语为天语，音训诡蹇，与汉殊异。先后传译，多至谬滥。唯高所出，为群译之首。"② 可知安世高本是安息国王子，而且在其父安息王死后，已经继承了王位。然而其兴趣在于研究佛学，遂将王位传给其叔，出家修道。后游历诸国，约在汉桓帝初年（147 或 148），来到中国洛阳一带，其后半生便在中国度过。因其聪敏好学，来华不久，即通习汉语，于是"宣译众经，改胡为汉"，先后所译经论达三十九部。安世高在汉灵帝末年遍游中国南方，如浔阳、豫章（今江西南昌）、广州、会稽（今浙江绍兴）等地。后在灵帝中平年间，不幸在会稽闹市中，遭人误打，死于非命。

康僧会《佛说大安般守意经序》曾云："有菩萨名安清，字世高。安息王嫡后之子。让国于叔，驰避本土。翔而后集，遂处京师。"③《出三藏记集·安世高传》亦记此事，云安世高于汉桓帝建和二年（148），游化

---

①　马雍：《东汉后期中亚人来华考》，第 25 页。

②　《高僧传》卷 1《安清传》，第 4—6 页。

③　（魏）康僧会：《佛说大安般守意经》序，载《大正新修大藏经》第 15 册，第 163 页。

至中国。后宣译群经，改梵本为汉语，计 35 部。① 有人说他译经共 95 部②，现存 54 部。鉴于当时的佛经翻译还属于开创时期，安世高译经的经名和部数，很难有准确详细的记载。

关于安世高的身世，最初一般认为其为安息国王科斯老（Chosroes，90—105）之子，嗣位后让国于叔父沃拉加色斯二世（Volagases Ⅱ）。③ 其后也有不少学者认为安世高多半是来自与贵霜毗邻的马尔吉亚那（Margiana）地区的译经师，也即安息东界的木鹿的高僧。④ 意大利学者富安敦教授研究认为安世高不仅是一个僧人，而且是安息国的质子，其直系后裔即北魏的安同，唐朝的安兴贵、安修仁一家，甚至安禄山也和这个家族有亲属关系。⑤ 不过其观点并没有得到中国学术界的认同。⑥

安世高传译梵典，不需转解，道安对其评价是："世高出经，贵本不饰。天竺古文，文通尚质。"⑦《高僧传》云其经论"义理明晰，文字允正，辨而不华，质而不野"。又云当时"先后传译，多至谬滥。唯高所出，为群译之首。安公以为若及面禀，不异见圣。列代明德，咸赞而思焉"，对其评价很高。安世高的翻译遍及大小乘诸经典，南朝道安等为之注释。其影响之大，推动了以后两晋南北朝佛教的发展。⑧ 他被认为是东汉最成功的佛教翻译家。

另外，安世高在南方巡游一事，说明汉代南方广州等地也有安息人的活动。⑨

---

① 《出三藏记集》卷 13《安世高传》，第 508 页。

② （唐）智升：《开元释教录》，载《大正新修大藏经》第 55 册，第 481 页。

③ 马雍：《东汉后期中亚人来华考》，第 19—21 页。

④ 张广达：《论隋唐时期中原与西域文化交流的几个特点》，《北京大学学报》1985 年第 4 期；李铁匠：《安世高身世辨析》，《江西大学学报》1989 年第 1 期；王邦维：《安息僧与早期中国佛教》，载叶奕良编《伊朗学在中国》，北京大学出版社 1993 年版，第 84—92 页。

⑤ A. forte, *The Hostage An Shigao and his Offspring. An Iranian Family in China* (Italian School of East Asian Stduies O ccasional Papers 6), Kyoto: Italian School of East Asian Studies, 1995, X + 152pp. 富安敦：《质子安世高及其后裔——一个伊朗家族在中国》。

⑥ 荣新江：《富安敦〈质子安世高及其后裔〉》，《中古中国与外来文明》，三联书店 2001 年版，第 427—440 页。

⑦ 《出三藏记集》卷 62《大十二门经序第九》，第 254 页。

⑧ 沈福伟：《中西文化交流史》，第 75 页

⑨ 王邦维：《安息僧与早期中国佛教》，载叶奕良编《伊朗学在中国》，北京大学出版社 1993 年版，第 84—92 页。

　　安玄：据《高僧传·支娄迦谶传》载："时有优婆塞安玄，安息国人……博颂群经，多所通习。亦以汉灵之末，游贾洛阳，以功号曰骑都尉。性虚靖温恭，常以法事为己任，渐解汉言，志宣经典，常与沙门讲论道义，世所谓都尉者也。玄与沙门严佛调共出《法镜经》，玄口译梵文，佛调笔受，理得音正，尽经微旨，郢匠之美，见述后代。"① 《出三藏记集》同记此事。安玄亦是汉灵帝时期来华的安息人，当时可能因经商而来，后因功至骑都尉。其精通梵文，在通习汉文之后，与沙门严佛调合作译经。

　　由上可知，东汉后期中亚人来华达到一个高峰，尤以桓灵时期为集中。这其中既有政治因素，也和佛教在中国的传播与发展有密切的关系。佛教自创立以后，便致力于向周边发展，迦腻色伽时代（公元 2 世纪中叶），佛教从西北印度和东部阿富汗发展到北面的巴克特里亚和粟特地区。这里文明发达，希腊文化影响深远，在这一地区发现许多早期（2 世纪）佛寺遗址，为康居和安息僧最早到达中国提供了解释。② 同时考虑到佛教传播主要走西北陆路，在当时的交通条件下，文化的传播往往是通过间接、断续的方式进行，佛教也是如此。因此两汉时期，佛教传播多是经中亚一带辗转而来，这也是当时来华译经传教者多为中亚人的原因。东汉后期，随着大量中亚僧侣前赴后继的到来，尤其是在安世高来华时，中国的中亚侨民已为数不少。《高僧传》谓"西域宾旅，皆呼为安侯"。这些人既对佛教在中原的传播发展起了推动作用，也为汉代中西交通与交往的发展作出了贡献。

　　总之，两汉时期中亚诸国人开始陆续来到中国。他们中间既有来华的质子、贡使及官员，亦有不少的中亚胡商、艺人及传教僧。西汉武帝开通西域，自此不少西域诸国的使节、侍子及官员等来到中国，历经王莽及东汉，绵延不绝。至于西域胡商，有相当一部分是冒贡使之名而来，出入宫廷及民间，以朝贡名义进行贸易，另外一部分就是民间贸易胡商，他们活

---

① 《高僧传》卷 1《支楼迦谶传》，第 10—11 页。
② 荣新江：《陆路还是海路？——佛教传入汉代中国的途径与流行区域研究》，《中国中古史研究十论》，复旦大学出版社 2005 年版，第 27 页。

跃在丝绸之路沿线及长安洛阳一带，促进了汉代经济的繁荣。而来华的传教译经僧，则主要集中在东汉中后期，他们也是随着佛教在中国的发展而出现的。这些人的到来不但为汉文化增添了新的血液，也在一定程度上促进了中西交通与交流的发展，为此后中亚胡人大规模来华奠定了基础。

第 二 章

魏晋南北朝时期中亚胡人的来华及活动

随着汉代中西交通的开展，中西间的交流达到一个高潮，大量的中亚人来华，主要活动在两京地区。魏晋以降，国内政权动荡起伏，民族间的迁徙频繁，与中亚间的交通也时通时断，但这并没有妨碍这一时期的中西间的交流，各政权尽力争取与西域的联系，中亚人来华活动也持续进行，他们的足迹也渐渐向中原各地蔓延。

第一节 魏晋十六国时期中亚的贡使活动

东汉末年，群雄割据，西域与内地的关系基本断绝。建安十三年（208）赤壁之战后，三国鼎立的局面逐渐形成，雄踞北方的曹魏政权努力恢复与西域的交往。曹魏正式建立前夕，即文帝延康元年（220，此年十一月改元黄初），西域的焉耆、于阗王遣使曹魏；魏文帝黄初三年（222）二月，鄯善、龟兹、于阗又遣使朝献，"是后西域遂通，置戊己校尉"[1]。像康居、月氏等中亚大国亦遣使朝贡。如明帝太和三年（229），"大月氏王波调遣使奉献，以调为亲魏大月氏王"[2]。元帝曹奂咸熙二年（265）闰十月，"康居、大宛献名马，归于相国府，以显怀万国致远之勋"[3]。

据《三国志·魏书》载："魏兴，西域虽不能尽至，其大国龟兹、于阗、康居、乌孙、疏勒、月氏、鄯善、车师之属，无岁不奉朝贡，略如汉

---

① 《三国志》卷2《魏书·文帝纪》，中华书局1982年版，第79页。
② 《三国志》卷3《魏书·明帝纪》，第97页。
③ 《三国志》卷4《魏书·三少帝传》，第154页。

氏故事。"① 此说大概为魏初情形，但"无岁不奉朝贡"，似与史籍记载不符。有学者认为史籍不载，也许不是疏漏，而是来者不过疏属或胡商的缘故。② 《三国志·魏书·崔林传》记载："龟兹王遣侍子来朝，朝廷嘉其远至，褒赏其王甚厚。余国各遣子来朝，间使连属，林恐所遣或非真的，权取疏属贾胡，因通使命，利得印绶，而道路护送，所损滋多。"③ "恐所遣或非真的"，说明当时商贾冒贡使之名来朝，是很普遍的现象。

值的一提的是，此时期中西交通也得到进一步发展。汉时，从玉门关入西域有二道。三国时，有三道从玉门关西北出，据《魏略·西戎传》载："从玉门关西出，经婼羌转西，越葱岭，经悬度，入大月氏，为南道。从玉门关西出，发都护井，回三陇沙北头，经居卢仓，从沙井西转西北，过龙堆，到故楼兰，转西诣龟兹，至葱岭，为中道。从玉门关西北出，经横坑，辟三陇沙及龙堆，出五船北，到车师界戊己校尉治所高昌，转西与中道合龟兹，为新道。"④ 一般认为《魏略·西戎传》所谓"新道"，应是《汉书·西域传》所谓北道。不过该书亦提到所谓北新道，"北新道西行，至东且弥国、西且弥国，单桓国、毕陆国，蒲陆国、乌贪国，皆并属车师后部王"⑤。一般认为此北新道应为"新道"之延伸，即"新道"至高昌、交河城后，复自交河城抵车师后王庭；从后王庭西行，可赴天山以北诸国。⑥ 由此可知三国时期中西交通还是有了进一步的发展，在西域境内开始从天山以南向天山以北发展。

西晋建立后不久，即结束了自东汉末年以来的分裂割据局面，统一了全国。而整个西北地区，包括西域，均处于西晋的统一管辖之下。西晋统治者基本上沿用曹魏旧制对西域进行统治，也积极发展与西域诸国的关系。当时中亚许多国家与西晋政权保持着官方联系。

大宛和西晋联系最为密切。晋武帝泰始六年（270）九月，"大宛献

---

① 《三国志》卷30《魏书·乌丸鲜卑东夷传》，第840页。
② 余太山：《两汉魏晋南北朝与西域关系史研究》，中国社会科学出版社1995年版，第105页。
③ 《三国志》卷24《魏书·崔林传》，第680页。
④ 《三国志》卷30《魏书·乌丸鲜卑列传》注引鱼豢《魏略·西戎传》，第859页。
⑤ 《三国志》卷30《魏书·乌丸鲜卑列传》，第862页。
⑥ 余太山：《两汉魏晋南北朝与西域关系史研究》，第230页。

汗血马"①。西晋武帝太康六年（285），"武帝遣使杨颢拜其王蓝痩为大宛王。蓝痩卒，其子摩之立，遣使贡汗血马"②。

位于大宛西北的康居国，于西晋泰始中遣使来朝，"其王那鼻遣使上封事，并献善马"③。西晋太康八年（287），"南夷扶南、西域康居国各遣使来献"④。

大秦国此时也遣使朝贡。太康五年（284）十二月，"林邑、大秦国各遣使来献"⑤。

康居、大宛等国朝晋，和他们朝魏一样，恐怕主要是为了贸易。因而有学者认为与其说是当时中原王朝的影响远及葱岭之西，不如说是两汉经营西域的余威尚在。⑥ 虽然如此，我们仍可以看出西晋太康年间，是西晋与西域交往最频繁的时期，大宛、康居甚至大秦等都遣使朝晋。太康之后，中原爆发长达十六年的"八王之乱"，西晋王朝走向崩溃，与西域的交往再次中断。

西晋之后，进入东晋十六国时期，尽管此时期南北政权分裂，政权更迭，但和西域的往来一直时断时续地进行，当时和西域发生关系的，主要有前凉、后凉、前秦、西凉、北凉诸政权，涉及中亚诸国的，主要是前凉、前秦政权，其中尤以前秦苻坚时期为盛。

淝水之战前，前秦苻坚控制着北方，并平定凉州、据有高昌，控制鄯善和车师前部，这时候西域诸国朝献者众，尤以大宛等为勤。

约在晋孝武帝太元三年（378），苻坚以梁熙为持节、西中郎将、凉州刺史，领护西羌校尉，镇姑臧（今甘肃武威一带），梁熙"遣使西域，称扬坚之威德，并以缯彩赐诸国王，于是朝献者十有余国。大宛献天马千驹，皆汗血、朱鬣、五色、凤膺、麟身，及诸珍异五百种"⑦，苻坚命大

----

① 《晋书》卷3《武帝纪》，中华书局1998年版，第60页。
② 《晋书》卷97《四夷传》"大宛国"条，第2544页。
③ 《晋书》卷97《四夷传》，第2544页；《册府元龟》卷968《外臣部·朝贡一》，中华书局1980年版，第11380页。
④ 《晋书》卷3《武帝纪》，第78页；《册府元龟》卷968《外臣部·朝贡一》，第11380页。
⑤ 《晋书》卷3《武帝纪》，第75页。
⑥ 余太山：《两汉魏晋南北朝与西域关系史研究》，第114页。
⑦ 《晋书》卷113《苻坚载记》，第2900页。

臣作《止马诗》而遣返之，以示怀远之德。晋孝武帝太元六年（381），"鄯善王、车师前部王来朝，大宛献汗血马，肃慎贡楛矢，天竺献火浣布，康居、于阗及海东诸国，凡六十有二王，皆遣使贡其方物"①。《太平御览》引车频《秦书》称："苻坚时，四夷宾服，凑集关中，四方种人，皆奇貌异色。晋人为之题目，谓胡人为侧鼻，东夷为方面阔额，北狄为匡脚面，南蛮为肿蹄，方方以类名也。"② 记述的就是这时期盛况。淝水之战后，苻秦政权无暇顾及西域，被征服的西域役属于吕凉政权，这时期没有和中亚诸国往来记载。

前凉政权自张轨（301—314 年在位）开始，经过张寔（314—320 年在位）、张茂（320—324 年在位）、张骏（324—346 年在位），以张重华（346—353 年在位）时期势力最盛。不过与西域发生直接联系的主要是在张骏当政时期。《晋书·张骏传》载："自轨据凉州，属天下之乱，所在征伐，军无宁岁。至骏，境内渐平。又使其将杨宣率众越流沙，伐龟兹、鄯善，西域并降"，同传记西域长史李柏请击叛将赵贞一事之前有记载："西域诸国献汗血马、火浣布、封牛、孔雀、巨象及诸珍异二百余品"。③ 有学者认为如此大规模的来献最可能发生在太宁三年（325），即张骏即位之翌年，诸珍异或皆为贺礼。④

此外，《晋书·石勒载记》又载："凉州牧张骏遣长史马铣奉图送高昌、于阗、鄯善、大宛使，献其方物。"⑤ 其事约在咸和五年（330）十二月，此年，石勒即皇帝位，张骏称臣于石勒，故奉图送款。可知前凉和中亚的大宛等国交往较密。

十六国时期，尽管前凉、后凉、西凉、北凉等政权也曾努力经营西域，双方之间也产生一定的交往，但远不如前秦时期，尤其是与中亚诸国的交往，主要发生在前秦、前凉时期。

---

① 《晋书》卷 113《苻坚载记》，第 2904 页。《资治通鉴》载六十二国贡方物在太元六年（381），车师前王及鄯善王来朝在七年九月，见《资治通鉴》卷 104《晋纪》"孝武帝太元六年"、"孝武帝太元七年"条，第 3298、3300 页。

② （宋）李昉等：《太平御览》（四）卷 363 引车频《秦书》，上海古籍出版社 2008 年版，第 331 页。

③ 《晋书》卷 86《张骏传》，第 2237、2235 页。

④ 余太山：《两汉魏晋南北朝与西域关系史研究》，第 123 页。

⑤ 《晋书》卷 105《石勒载记》，第 2747 页。

第二节　南北朝各政权与中亚诸国的交往

　　南北朝时期，南北政权对峙，但无论是南朝还是北朝，都积极发展和西域的关系，因而这一时期也是中原与西域交往比较密切的时期。其中尤以北魏时期为甚。《洛阳伽蓝记》云，"自葱岭以西，至于大秦，百国千城，莫不款附。商胡贩客，日奔塞下，所谓尽天地之区矣"①，记载的就是这一时期的盛况。

　　北魏时期：中原与西域的交通在北魏时出现了高潮。东晋太元十一年（386），鲜卑拓跋部首领乘前秦苻坚淝水之战战败之机，恢复代国，建元登国，史家以此为北魏立国之始，天兴元年（398），改国号"代"为"魏"，并迁都平城。北魏建国后，北魏太祖道武帝拓跋珪一方面采取"息众课农"，兴屯田，分农稼，离散诸部，分土定居等一系列措施，使部落联盟向封建国家转化，一方面积极征服临近诸族，并向西北扩展，与后秦、夏国、北凉等征战。太延五年（439），北魏最后灭北凉。此后除西域及吐谷浑外，西北大部分地区直接归北魏统治，也就是说，北魏基本上统一了整个北方。②

　　不过，拓跋魏的西域经营实始于魏世祖太武帝时。《魏书·西域传》序云："太祖初，经营中原，未暇及于四表，既而西戎之贡不至，有司奏依汉氏故事，请通西域，可以振威德于荒外，又可致奇货于天府。太祖曰：'汉氏不保境安人，乃远开西域，使海内虚耗，何利之有……'遂不从。历太宗世，竟不招纳。"③"西戎之贡不至"，主要是因为拓跋魏未能控制河西，而太祖、太宗又无暇西顾，没有引起西域诸国重视。"竟不招纳"，不仅表明拓跋氏力有所不逮，而且说明太祖、太宗看不到经营西域的意义。④

　　自北魏太武帝拓跋焘太延元年（435），中西交通出现了新的局面。

---

　　① （北魏）杨衒之著，范祥雍校注：《洛阳伽蓝记》卷3《城南》，上海古籍出版社1982年版，第161页。

　　② 周伟洲：《中国中世纪西北民族关系史》，广西师范大学出版社2007年版，第119页。

　　③ 《魏书》卷102《西域传》序，中华书局1997年版，第2259页。

　　④ 余太山：《两汉魏晋南北朝与西域关系史研究》，第151页。

《魏书·西域传》序称："太延中，魏德益以远闻，西域龟兹、疏勒、乌孙、悦般、渴盘陀、鄯善、焉耆、车师、粟特诸国始遣使来献。世祖以西域汉世虽通，有求则卑辞而来，无欲则骄慢王命，此其自知绝远，大兵不可至故也。若报使往来，终无所益，欲不遣使。有司奏九国不惮遐崄，远贡方物，当与其进，安可豫抑后来，乃从之。于是始遣行人王恩生、许纲等西使，恩生出流沙，为蠕蠕所执，竟不果达。又遣散骑侍郎董琬、高明等多赍锦帛，出鄯善，招扶九国，厚赐之。"①

上书所云太延中龟兹、疏勒、粟特等九国始遣使来献，应指太延三年（437）。《魏书·世祖纪》云该年三月癸巳，"龟兹、悦般、焉耆、车师、粟特、疏勒、乌孙、渴盘陀、鄯善诸国各遣使贡献"。不过，《魏书·世祖纪》亦载：太延元年（435）二月庚子，"焉耆、车师诸国各遣使朝献"；六月丙午，"鄯善国并遣使贡献"；八月丙戌"粟特国遣使朝献"。②可知太延三年（437），西域九国遣使朝献并非初始，而是太延元年（435）就开始了，其中包括中亚粟特国。

至于世祖派王恩生、许纲等西使，时间也应在太延元年（435）。据《魏书·世祖纪》载：太延元年（435）五月庚申，"遣使者二十辈使西域"③，这大概是拓跋魏使西域之始。不过，由于其时柔然将西域视为禁脔，不欲北魏染指，王恩生等为在半路上为柔然所执，许纲病死，未能到达目的地，遂又有董琬、高明等的续使。《魏书·世祖纪》云：太延二年（436）八月丁亥"遣使六辈使西域"④，可知董琬、高明之遣很可能在太延二年（436）八月，亦即粟特国来献之后⑤。

董琬、高明走鄯善路，成功到达西域，"招抚九国，厚赐之"。这是魏晋南北朝时期一次重要的西使行动。《魏书·西域传》载：董琬等人"北行至乌孙国，其王得朝廷所赐，拜受甚悦，谓琬曰：'传闻破洛那、者舍皆思魏德，欲称臣致贡，但患其路无由耳。今使君等既到此，可往二国，副其慕仰之诚。'琬于是自向破洛那，遣明使者舍。乌孙王为发导译

---

① 《魏书》卷102《西域传》，第2259—2260页。
② 《魏书》卷4上《世祖纪》，第88、84、85页。
③ 同上书，第85页。
④ 同上书，第87页。
⑤ 余太山：《两汉魏晋南北朝与西域关系史研究》，第152页。

达二国，琬等宣诏慰赐之。已而琬、明东还，乌孙、破洛那之属遣使与琬俱来贡献者十有六国"①。《魏书·世祖纪》亦云太延三年（437）十一月甲申"破洛那、者舍国各遣使朝献，奉汗血马"②。这里提到的破洛那即大宛，今费尔干纳盆地一带，者舍，即故康居国，今塔什干，俱为葱岭以西国家。

此后，一直到太平真君六年（445），北魏与中亚诸国基本上保持正常通使关系（详见附表）。"自后相继而来，不间于岁，国使亦数十辈矣。"③ 这时期中亚诸国如康居、悉居半、破洛那、者舍等国纷纷向北魏遣使朝贡，北魏亦派使者出使西域诸国，其中董琬等到过者舍、破洛那等国。另外在北魏时期，粟特、悉万斤、迷密国等第一次见于史籍，它们均为两汉时康居国所在地。如《魏书·西域传》载："粟特国，在葱岭之西，古之奄蔡，一名温那沙。居于大泽，在康居西北，去代一万六千里……其国商人先多诣凉土贩货，及克故臧，悉见虏。高宗初，粟特王遣使请赎之，诏听焉。自后无使朝献。"④

北魏太平真君六年（445）后，北魏与西域诸国的交通达到一个高潮。太平真君六年，太武帝命万度归征鄯善，迫使鄯善国投降；九年（448），以韩拔领护西戎校尉、鄯善王，镇鄯善。同时命万度归西征，与柔然争夺焉耆，万度归攻克焉耆和龟兹，命唐和镇守焉耆。太平真君十年（449），北魏伐柔然，柔然渠帅绵他拔等率部落千余家归降北魏，柔然吐贺真单于远遁。从这时起一直到孝文帝太和年间（477—499），北魏与西域诸国的通贡关系处于兴盛时期。期间，中亚诸国遣使北魏者不但多且持续集中（见附表），除之前的粟特、破洛那、者舍等外，还有吐乎罗、大月氏、安息、罽宾、普岚、浮图沙国、波斯、悉万斤、乌苌、居常、西天竺、迷密国、忸密、苏突阇、比地、伽秀沙尼等。尤其是北魏与西方大国波斯、拜占廷、南天竺等建立了正式的外交关系，双方使节往来频繁。与此同时，北魏也频遣使出使西域，约魏世祖太平真君年间（440—451），

---

① 《魏书》卷102《西域传》，第2260页。
② 《魏书》卷4上《世祖记》，第88页。
③ 《魏书》卷102《西域传》，第2260页。
④ 同上书，第2270页。

北魏遣使使西域，远至天竺、罽宾①，文成帝太安元年（455），北魏使者韩羊皮出使波斯②；当时还有出使迷密的谷魏龙③等，出使嚈哒的高徽④等。

太武帝之后，北魏主要通过报使往来"致奇货"。《魏书·邢峦传》云："逮景明之初，承升平之业，四疆清晏，远迩来同，于是蕃贡继路，商贾交入，诸所献贸，倍多于常。虽加以节约，犹岁损万计，珍货常有余，国用恒不足，若不裁其分限，便恐无以支岁。自今非为要须者，请皆不受。"⑤

高宗以后，孝文帝时，由于魏军撤出西域，柔然卷土重来，再度称霸西域，北魏与西域交通受阻，但其政治影响仍在，这一时期，有神龟元年（518）洛阳人宋云、沙门惠生等一行出使西域，并取佛经。宋云一行从洛阳经青海吐谷浑，至西域鄯善、且末、于阗、朅盘陀（今新疆帕米尔），最后到达北印度之乌苌国（今巴基斯坦西北边境斯瓦特县）、乾陀罗国（今巴基斯坦西北白沙瓦一带）。⑥ 除此之外，双方通使关系仍在时断时续地进行，这种情况一直延续到西魏北周之时。

西魏北周时期：北魏之后，进入西魏东魏及北齐北周之时，史载："东西魏时，中国方扰，及于齐周，不闻有事西域。"⑦ 西魏北周政权，存在时间都比较短暂，均没有如北魏一样在西域设立行政机构及驻军，双方通使亦不如北魏频繁，但双方交往也时断时续地进行。如西魏废帝二年（553），波斯"王遣使来献方物"⑧。周武帝保定四年（564），"粟特遣使献方物"；天和二年（567），"突厥、吐谷浑、安息并遣使献方

---

① 《魏书》卷 102《西域传》，第 2261 页。
② 同上书，第 2263 页。
③ 20 世纪七八十年代，巴基斯坦北部岩刻上发现一些古代行旅的汉文题记，其中一处刻有"大魏使谷魏龙今向迷密使去"题记。马雍：《巴基斯坦北部所见"大魏"使者的岩刻题记》，《西域史地文物丛考》，文物出版社 1990 年版，第 129—137 页。
④ 《魏书》卷 32《高湖传》，第 754 页。
⑤ 《魏书》卷 65《邢峦传》，第 1438 页。
⑥ 《洛阳伽蓝记》卷 5《城北》所引《宋云行记》，第 252—342 页。《魏书·西域传》亦载："初，熙平中，肃宗遣王伏子统宋云、沙门法力等使西域，访求佛经。时有沙门慧生者亦与俱行，正光中还"，第 2279 页。
⑦ 《北史》卷 97《西域传》，中华书局 1997 年版，第 3207 页。
⑧ 《周书》卷 50《异域传下》，中华书局 1997 年版，第 920 页。

物"。①

北周后期，丝路形势发生了变化。突厥势力崛起。公元 6 世纪中叶突厥灭柔然，建立突厥汗国。约在公元 558 年前后，突厥西部可汗室点密（Istami）与萨珊波斯王库萨和一世（Khosrau I）联兵灭嚈哒，双方以阿姆河为界，中分其地。后又与波斯争夺丝路控制权，将其势力推进到波斯东境，西域一带大部为西突厥所控制。至隋时西域与中原的朝贡多是在西突厥的控制下进行的。

南朝时期：南朝时期与西域中亚的交往主要在刘宋政权与萧梁政权统治时期。刘宋时期，主要是同高昌沮渠政权保持一定的联系。沮渠无讳、沮渠安周兄弟前后四次遣使刘宋。② 如宋文帝元嘉十九年（442）六月，"以大沮渠无讳为征西大将军，梁州刺史"，元嘉二十一年（444）九月，"以大沮渠安周为征西将军，封河西王"。③ 宋武帝大明三年（459）十月，"以河西王大沮渠安周为征虏将军，凉州刺史"④。这一时期，中亚粟特国曾遣使刘宋。如宋文帝元嘉十八年（441），"肃（粟）特国……并遣使献方物"⑤。《宋书·索虏传》载："粟特大明中遣使献生师子、火烷布、汗血马，道中遇寇，失之"⑥，大概就是指此事。

萧齐政权与西域的往来更加频繁。当时遣使来贡的有龟兹、于阗、滑国（嚈哒）、高昌等，还有波斯、北天竺、呵跋檀国、胡密丹国、末国等葱岭以西诸国（见附表）。又据《梁书·元帝纪》载，梁元帝萧绎撰有《职贡图》一卷。该图宋人摹本残片现藏南京博物院，所残存部分上绘有入贡十二国使臣，每位使臣肖像之后均有题记一则，所述诸国情况与《梁书》相符，但较梁书详细。这十二国中，属西域的有八国：滑国、波斯、龟兹、周古柯、呵跋檀、胡密丹、白题、末国。⑦ 像波斯、呵跋檀、

---

① 《周书》卷 5《武帝纪》，第 70、74 页。

② 唐长孺：《南北朝期间西域与南朝的陆道交通》，《魏晋南北朝史论拾遗》，中华书局 1983 年版，第 168—195 页。

③ 《宋书》卷 5《文帝纪》，中华书局 1996 年版，第 89、92 页。

④ 《宋书》卷 6《孝武帝纪》，第 124 页。

⑤ 《宋书》卷 5《文帝纪》，第 88 页。

⑥ 《宋书》卷 95《索虏传》，第 2357—2358 页。

⑦ 金维诺：《〈职贡图〉的时代与作者——读画札记》，《文物》1960 年第 7 期；钱伯泉：《〈职贡图〉与南北朝时期的西域》，《新疆社会科学》1988 年第 3 期。

胡密丹、白题、末国等都属于葱岭以西中亚诸国。正如萧绎在《职贡图》序所云："瞻其容貌，诉其风俗，如有来朝京辇，不涉汉南，别加访采，以广见闻，名为'贡职图'云尔。"① 由此可见，梁朝与西域诸国有着较为密切的政治交往，贡使往来比较频繁。

萧梁之后，史籍不见有西域诸国通使的记载。

南北朝时期中亚诸国通使朝贡一览表②

国家	年代	通使及朝贡	出处
粟特	太延元年（435）八月丙戌	遣使朝献	《魏书·世祖纪》
	太延三年（437）三月	遣使朝献	同上
	太延五年（439）十一月	与破洛那、悉居半等俱遣使朝献	同上
	太平真君五年（444）十二月	遣使朝贡	同上
	高宗初	粟特王遣使请赎之（被掳于姑臧的粟特商人），诏听焉	《魏书·西域传》
	太安三年（457），正月戊辰	遣使朝贡	《魏书·高宗纪》
	黄兴元年（467）九月壬子	遣使朝献	《魏书·显祖纪》
	延兴四年（474）正月辛巳	遣使朝献	《魏书·高祖纪》
	太和三年（479）十二月	遣使朝贡	《魏书·高祖纪》
	保定四年（564）七月戊午	遣使献方物	《周书·武帝纪》
	元嘉十八年（441）	遣使献方物	《宋书·文帝纪》

---

① （唐）欧阳询撰，汪绍盈校：《艺文类聚》卷55，上海古籍出版社1982年版，第997页。

② 此表主要列出南北朝时期与中原发生通贡关系的葱岭以西诸国，包括北印度一部分。关于葱岭以东及哒、南印度等不包括在内。鉴于史料的复杂，不同时期名称的不同，及相关地域的不确定性，此表应不囊括全部葱岭以西的中亚诸国。

续表

国家	年代	通使及朝贡	出处
破洛那①	太延三年（437）十一月甲申	遣使朝贡，奉汗血马	《魏书·世祖纪》
	太延五年（439）十一月	遣使朝献	同上
	太平真君十年（449）十一月	遣使朝献	同上
	正平元年（451）正月	遣使朝献	同上
	和平六年（465）四月	献汗血马	《魏书·高宗纪》
拔斤	景明三年（502）	与疏勒、罽宾等并遣使朝贡	《魏书·世宗纪》
破洛侯	延昌（512—515）中	与乌孙并因之以献名马	《魏书·高湖传》
不汉	正光三年（522）七月壬子	遣使朝贡	《魏书·肃宗纪》
者舌②	太延三年（437）十一月甲申	遣使朝贡，奉汗血马	《魏书·世祖纪》《魏书·西域传》
遮逸	太延五年（439）	献汗血马	同上
	太平真君八年（447）十二月	与鄯善并遣使朝献	同上
	太安元年（455）六月	遣使朝贡	《魏书·高宗纪》
州逸	太和三年（479）十二月	遣使朝贡	《魏书·高祖纪》
浮图沙国③	太平真君十年（449）	遣使贡献	《魏书·世祖纪》

---

① 破洛那，魏时又作破洛侯、拔斤、不汉等，即《史记》、《汉书》之大宛国，隋唐时又作拔汗那、拔汗等，今中亚乌兹别克斯坦费尔干纳一带。参见冯承钧编，陆峻岭增订《西域地名》，中华书局1982年版，第27页。

② 者舌，魏时有时又作遮逸，或为州逸。隋唐时称为石国、柘枝、赭时。今中亚乌兹别克斯坦塔什干。参见《西域地名》，第93页。

③ 浮图沙国，有学者认为其或即《魏书·西域传》所记载的弗敌沙国，参见余太山《两汉魏晋南北朝与西域关系史研究》，第189页注68。若如此，其地也即唐代的钵创那、拔特山等，即今阿富汗东北的巴达克山。参见《西域地名》，第8页。

续表

国家	年代	通使及朝贡	出处
罽宾①	正平元年（451）正月	遣使朝献	《魏书·世祖纪》
	兴安二年（453）十二月甲午	遣使朝贡	《魏书·高宗纪》
	景明三年（502）	与疏勒等并遣使朝贡	《魏书·世宗纪》
	永平元年（508）七月辛卯	与高车等并遣使朝贡	《魏书·世宗纪》
	熙平二年（517）正月癸丑	与地伏罗并遣使朝献	《魏书·世宗纪》
	七月乙丑	与地伏罗并遣使朝献	《魏书·世宗纪》
迷密②	正平元年（451）正月	遣使朝献	《魏书·世祖纪》《魏书·西域传》
居常③ 车多罗	太安五年（459）五月	遣使朝献	《魏书·高宗纪》
	和平元年（460）五月	献驯象三	同上
	太和元年（477）九月庚子	遣使朝贡	《魏书·高祖纪》
普岚④	太安二年（456）十一月	与嚈哒并遣使朝献	《魏书·高宗纪》
	和平六年（465）四月	献宝剑	《魏书·高宗纪》
	皇兴元年（467）九月壬子	遣使朝贡	《魏书·显祖纪》

---

① 罽宾，《大唐西域记》作迦湿弥逻，《新唐书·西域传》作箇失蜜，或曰迦湿弥逻，即今克什米尔，《西域地名》，第46页。

② 迷密国，应即隋唐时的米国，《大唐西域记》作弭秣贺，《新唐书》称米国或弥末，其地即今撒马尔罕西南一带，《西域地名》，第81—82页；马小鹤：《米国钵息德城考》，《中亚学刊》第二辑，中华书局1987年版，第65页。

③ 居常，又称车多罗，Kushan之音译，即《魏书·西域传》所载大月氏王寄多罗之子所建小月氏国。其地在今兴都库什山以南。余太山：《两汉魏晋南北朝正史西域传要注》，第480—481页注332；余太山：《两汉魏晋南北朝与西域关系史研究》，第190页注75、79。

④ 普岚，有学者认为即《魏书·西域传》之伏卢尼国，当为同名异译。一说为今叙利亚之安条克一带。参见余太山《两汉魏晋南北朝正史西域传要注》，中华书局2005年版，第464—465页。

续表

国家	年代	通使及朝贡	出处
波斯国	和平二年（461）八月戊辰	遣使朝献	《魏书·高宗纪》
	天安元年（466）三月辛亥	遣使朝献	《魏书·显祖纪》
	皇兴二年（468）四月辛丑	遣使朝献	《魏书·献祖纪》
	承明元年（476）二月	遣使朝贡	《魏书·高祖纪》
	正始四年（507）十月辛未	遣使朝献	《魏书·世宗纪》
	熙平二年（517）四月甲午	与疏勒等并遣使朝献	《魏书·肃宗纪》
	神龟元年（518）闰七月丁未	与疏勒等并遣使朝献	《魏书·肃宗纪》
	正光二年（521）闰五月丁巳	与居密并遣使朝贡	同上
	正光三年（522）七月壬子	遣使朝贡	同上
	西魏废帝二年（553）	王遣使来献方物	《周书·异域传》
	中大通二年（530）	遣使献佛牙	《梁书·诸夷传》
	中大通五年（533）八月甲子	遣使献方物	《梁书·武帝纪》
	四月庚子	献方物	同上
吐呼罗国①	和平五年（464）十二月	遣使朝献	《魏书·高宗纪》
曹利②	天安元年（466）十月	遣使朝献	《魏书·显祖纪》
	延兴四年（474）三月丁亥	遣使朝贡	《魏书·高祖纪》
阔悉国③	延兴四年（474）六月乙卯	遣使朝贡	《魏书·高祖纪》

---

① 吐呼罗国，即隋唐时吐火罗国，即葱岭以西，阿姆河流域一带。参见《西域地名》，第97页。

② 曹利，有学者认为此曹利国即《大唐西域记》所载阔烂达逻国，参见余太山《两汉魏晋南北朝与西域关系史研究》，第190页注77。其地为今印度北境之贾朗达尔，《西域地名》，第38页。

③ 即《大唐西域记》所载阔悉多国，其地在今阿富汗库拉姆河（Kuram）流域之南。参见《西域地名》，第51页。

续表

国家	年代	通使及朝贡	出处
悉万斤国①	延兴三年（473）十月	遣使朝献	《魏书·高祖纪》
	承明元年（476）九月癸丑	遣使朝贡	《魏书·高祖纪》
	太和三年（479）十二月	遣使朝贡	同上
	太和四年（480）七月壬子	遣使朝贡	同上
	太和十一年（487）八月辛巳	遣使朝献	同上
	太和十五年（491）三月己西	遣使朝贡	同上
	景明三年（502）	与疏勒、罽宾等并遣使朝贡	《魏书·世宗纪》
	正始四年（507）四月壬寅	遣使朝贡	同上
	永平二年（509）正月丁亥	与胡密、忸密等并遣使朝贡	同上
叠伏罗②	太和元年（477）九月庚子	遣使朝贡	《魏书·高祖纪》
	太和三年（479）十二月	遣使朝使	同上
地伏罗	正始四年（507）三月丙子	遣使朝贡	《魏书·世宗纪》
	永平二年（509）三月癸未	遣使朝贡	同上
	十二月	与波罗诸国并遣使朝贡	同上
	熙平二年（517）正月癸丑	与罽宾并遣使朝贡	《魏书·肃宗纪》
	七月乙丑	与罽宾并遣使朝献	同上
伏罗	永平四年（511）十一月戊申	遣使朝献	《魏书·世宗纪》
叠伏罗国	孝昌二年（526）二月	遣使朝贡	《魏书·肃宗纪》

---

① 《魏书》悉万斤国即《史记》、《汉书》、《魏略》等所记的康居，《隋书》作康国，《大唐西域记》作飒秣建，《新唐书》作康国、萨末鞬，其地即今乌兹别克斯坦撒马尔罕。参见《西域地名》，第81—82页。

② 叠伏罗，《魏书》又称地伏罗、伏罗等，《隋书》作漕国，《大唐西域记》作漕矩吒，《新唐书》作谢颺，或漕矩，又称诃达罗支等，即今阿富汗的加兹尼（Ghazni）。参见《西域地名》，第37页。

续表

国家	年代	通使及朝贡	出处
乌苌①	景明三年（502）	与疏勒等并遣使来贡	《魏书·世宗纪》
	永平三年（510）九月壬寅	与伽秀沙尼诸国并遣使朝献	同上
	永平四年（511）三月卯	与乾达诸国并遣使朝献	同上
	神龟元年（518）闰七月丁未	与波斯等并遣使朝献	《魏书·肃宗纪》
	正光二年（521）五月乙酉	遣使朝贡	同上
不崙② 钵崙	景明三年（502）	与疏勒等并遣使朝贡	《魏书·世宗纪》
	正始四年（507）十二月丁丑	遣使朝贡	同上
陀拔罗③ 陀拔吐罗国	景明三年（502）	与疏勒等并遣使朝贡	《魏书·世宗纪》
	正始四年（507）十一月己酉	与阿与陀诸国并遣使朝献	同上
舍弥④ 舍摩	正始四年（507）六月丁未	遣使朝献	《魏书·世宗纪》
	永平四年（511）九月甲寅	与厌哒等并遣使朝贡	同上
	神龟元年（518）四月辛亥	遣使朝献	《魏书·肃宗纪》

---

① 乌苌，《大唐西域记》作乌仗那，《新唐书》作乌苌种，或越底延。其国在今印度河上游斯瓦特（Swat）地区。参见《西域地名》，第99页。

② 不崙，又作钵论。学者认为即《魏书·西域传》所载波路，参见余太山《两汉魏晋南北朝与西域关系史研究》，第190页注82。《大唐西域记》作钵露罗，又有大小勃律，大勃律或曰布露，即今克什米尔西北部之巴勒提坦（Baltistan）；小勃律在今巴基斯坦东部 Yasin 流域。参见《西域地名》，第16页。

③ 陀拔罗，又作陀拔吐罗国。学者认为其地即《新唐书》所称陀拔斯单，参见余太山《两汉魏晋南北朝与西域关系史研究》，第190页注82。其地在今里海南岸。参见《西域地名》，第90页。

④ 舍弥又作舍摩，《魏书·西域传》作赊弥、折薛莫孙国。《大唐西域记》作商弥，《新唐书》作俱位、商弥，其地在今巴基斯坦北境之马斯图季（Mastuj）。参见《西域地名》，第90页。

续表

国家	年代	通使及朝贡	出处
乾达①	正始四年（507）十二月丁丑	遣使朝贡	《魏书·世宗纪》
	永平四年（511）三月癸卯	与乌苌等遣使朝献	同上
	六月乙亥	与不流沙等并遣使贡献	同上
	十月丁丑	与乌苌等并遣使朝贡	同上
胡密② 胡密丹国	永平二年（509）正月丁亥	与悉万斤诸国并遣使朝贡	《魏书·世宗纪》
	普通元年（520）三月丙戌	使使随滑使来献方物	《梁书·诸夷传》
怛密③	永平二年（509）正月丁亥	与悉万斤诸国并遣使朝贡	《魏书·世宗纪》
伽秀沙尼④	永平三年（510）九月壬寅	与乌苌等并遣使朝献	《魏书·世宗纪》
那竭⑤	永平三年（510）十月戊戌	与高车、龟兹等并遣使朝贡	《魏书·世宗纪》
不流沙⑥	永平四年（511）六月乙亥	与乾达诸国并遣使朝献	《魏书·世宗纪》
	八月辛末	与达舍等国并遣使贡献	同上

---

① 乾达，又作干陀罗，一般认为是 Gandarae 的对音。《魏书·西域传》又作乾陀、乾陀罗。《大唐西域记》作健驮逻，《佛国记》作健陀卫。其地位于今以白沙瓦为中心的喀布尔河中下游地区。参见余太山《两汉魏晋南北朝正史西域传要注》，第496页注428；《西域地名》，第28页。

② 胡密应即《魏书·西域传》之钵和。参见余太山《两汉魏晋南北朝与西域关系史研究》，第190页注89。《梁书·西北诸夷传》作胡密丹，《大唐西域记》作达摩悉铁帝，《新唐书》作护蜜或护密，其地为今阿富汗东北境之瓦汉（Wakhan）。参见《西域地名》，第103页。

③ 怛密，《隋书》作安国，《大唐西域记》作捕喝，《新唐书》作安国，或曰布豁、捕喝。其地在今乌兹别克斯坦布哈拉一带。参见《西域地名》，第15—16页。

④ 伽秀沙尼，《魏书·西域传》作伽色尼。《新唐书》作渴塞，今乌兹别克斯坦塔什干东南之卡散（Kassan）。参见《西域地名》，第44页。

⑤ 那竭，《大唐西域记》作那揭罗曷，其地在今阿富汗东北境之贾拉勒阿巴德。参见《西域地名》，第68页。

⑥ 不流沙，应即《魏书·西域传》所载小月氏国富楼沙。参见余太山《两汉魏晋南北朝与西域关系史研究》，第191页注96。《大唐西域记》作布路沙布逻，今巴基斯坦北境之白沙瓦（Purusapura）市西北。参见《西域地名》，第76页。

续表

国家	年代	通使及朝贡	出处
伽拔但①	延昌四年（515）正月乙巳	遣使朝献	《魏书·肃宗纪》
居密②	正光二年（521）闰五月丁巳	与波斯国并遣使朝贡	《魏书·肃宗纪》
安息（波斯）	天和二年（567）五月壬申	遣使献方物	《周书·武帝纪》
呵跋檀国③	普通元年（520）三月丙戌	使使随滑使来献方物	《梁书·诸夷传》
比地④	永平四年（511）	遣使朝贡	《魏书·世宗纪》
白题	普通三年（522）八月甲子	遣使献方物	《梁书·诸夷传》
苏突阇⑤	永平二年（509）正月丁亥	与胡密等并遣使朝献	《魏书·世宗纪》
末国⑥	普通五年（524）	王安末深盘遣使来贡献	《梁书·武帝纪》

第三节　入仕于中国内地各政权的中亚胡人

魏晋南北朝时期，随着西域人大量的入贡、经商，有不少中亚人定居下来，有相当一部分入仕于当时内地各政权，参与其政治经济等活动，其中尤以北方各政权为突出。

对于魏晋十六国时期胡人入仕内地政权的情况史载不详。但自这个时

---

① 伽拔但，应即《魏书·西域传》之伽不单，《隋书》作曹国，《新唐书》作西曹国，《大唐西域记》作劫布呾那，其地在今撒马尔罕西北之 Kebud。参见《西域地名》，第47页。

② 居密，又作久末陁。《大唐西域记》作拘密支，《新唐书》作俱蜜，其地在今 Karategin 之苏尔哈布河（Surkhab）流域；也有说在今达尔瓦斯（Darwaz）。参见《西域地名》，第56页。

③ 一般认为位于撒马尔罕北、Kodym Tau 山麓、Bulangghyr 河流域。参见余太山《两汉魏晋南北朝正史西域传要注》，第407页注83。

④ 比地，疑即《梁书》之白题。《隋书·安国传》作毕国，《大唐西域记》作伐地，唐言西安国，其地在今乌兹别克斯坦布哈拉西南。参见《西域地名》，第14—15页。

⑤ 苏突阇，《隋书》作苏对沙那，《大唐西域记》作苏堵利瑟那国，《新唐书》曰东曹，或言率都沙那、苏对沙那、劫布坦那等，其地即今塔吉克斯坦之乌腊提尤别（Ura-tupe）。参见《西域地名》，第89页。

⑥ 末国，余太山疑即《后汉书·西域传》之"木鹿"，参见余太山《两汉魏晋南北朝正史西域传要注》，第414页注117。而木鹿，《隋书》作穆国，《新唐书·大食传》作木鹿、末禄，其地即今中亚土库曼斯坦的马里。参见《西域地名》，第65页。

期起，有大量粟特等胡人进入中国北方地区，当时被作为杂胡对待，如羯胡。在北方民族所建立的许多政权中，都有粟特人的活动。① 自十六国时期，北方各政权中往往有带有粟特背景的人名出现。《梁书·康绚传》载："康绚字长明，华山蓝田人也。其先出自康居，初汉置都护，尽臣西域，康居亦遣侍子，待诏于河西，因留为黔首，其后即以康为姓。晋时陇右乱，康氏迁于蓝田。绚曾祖因为苻坚太子詹事。生穆，穆为姚苌河南尹。宋永初中，穆举乡族三千余家入襄阳之岘南。宋为置华山郡蓝田县。"② 此康绚显然为粟特人后裔，其曾祖为前秦苻坚太子詹事，祖康穆则为后秦姚苌河南尹，看来这一家族十六国时期是比较活跃的。另外前秦苻坚时还有将军康盛③，不知是否和康绚曾祖等来自同一个家族。后赵时冉闵部下有降胡粟特康④。后秦时期有北中郎将康宧、康狷⑤，前凉张天赐有奋节将军康妙⑥。后凉吕光时有西平太守康宁⑦。从姓名及活动地域来看，这些人应是来自中亚的康国人或其后裔。

　　进入南北朝以后，西域胡人入仕内地各政权的情形就比较频繁了。如果从地方上看，还是以河西走廊为多。为行文方便，我们下面分地区来论述。

　　酒泉：即肃州。这里是丝绸之路上的一个重要中转站，当有胡人在此活动。北朝时酒泉有胡人安吐根，据《北史·安土根传》载："安吐根，

---

① 唐长孺：《魏晋杂胡考》，《魏晋南北朝史论丛》，河北教育出版社 2002 年版，第 405—407 页。

② 《梁书》卷 18《康绚传》，中华书局 1997 年版，第 290 页。

③ 《晋书》卷 122《吕光载记》载："坚既平山东，士马强盛，遂有图西域之志，乃授（吕）光使持节，都督西讨诸军事，率将军姜飞、彭晃、杜进、盛等总兵七万，铁骑五千，以讨西域"，第 3054 页。

④ 《晋书》卷 107《石季龙载记附冉闵传》载："闵潜于襄国行宫，与十余骑奔邺。降胡粟特康等执冉胤及左仆射刘琦等送于祗"，第 2795 页。

⑤ 《晋书》卷 118《姚兴载记下》载："扬武、安乡侯康宧驱略白鹿原氐胡数百家奔上洛，太守宋林距之"，第 3001 页；《魏书》卷 95《羌姚苌传》载："平众三万余人，皆敛手受执，擒与尚书右仆射狄伯支……建中将军雷星、康官，北中郎将康狷。兴从子伯禽已下四品将军以上，四十余人"，第 2084 页。

⑥ 《晋书》卷 86《张轨附天赐传》载："时苻坚强盛，每攻之，兵无宁岁。天赐甚惧……遥与晋三公盟誓，献书大司马桓温……遣从事中郎韩博，奋节将军康妙奉表，并送盟文"，第 2251 页。

⑦ 《晋书》卷 122《吕光载记》载："光西平太守康宁自称匈奴王，阻兵以叛，光屡遣讨之不捷"，第 3057—3058 页。

安息胡人，曾祖入魏，家于酒泉。吐根魏末充使蠕蠕，因留塞北。天平初，蠕蠕主使至晋阳，吐根密启本蕃情状，神武（高欢）得为之备。蠕蠕果遣兵入掠，无获而返。神武以其忠款，厚加赏赉。其后与蠕蠕和亲，结成婚媾，皆吐根为行人也。吐根性和善，颇有计策，频使入朝，为神武亲待。其在本蕃，为人所谮，奔投神武。文襄（高澄）嗣事，以为假节、凉州刺史、率义侯，稍迁仪同三司，食永昌郡干。皇建中，加开府。"①可知安吐根曾祖于北魏时来中国，家于酒泉。安吐根本人在魏末曾充使柔然（蠕蠕），并留下来，频出事北齐，其后为高欢赏识，投奔北齐，高澄掌权后，被任命为凉州刺史，封率义侯，并加开府，获得很高地位。可以看出安吐根家族在酒泉有一定势力。

该地胡人入仕的还有安诺般槃陀。《周书·突厥传》载突厥首领土门时"部落稍盛，始至塞上市缯絮，愿通中国。大统十一年（545），太祖遣酒泉胡安诺般槃陀使焉。其国皆相庆曰：'今大国使至，我国将兴也。'"这里酒泉胡安诺般槃陀应是粟特胡人，受西魏文帝派遣，出使柔然。安吐根和安诺般槃陀，从姓名上看，似汉化都未深，但均担任重要的使臣职务。粟特胡人担任使臣的现象并非偶然，这一方面说明粟特人由于语言的天份，常常充当不同民族间交往的使者，同时也说明酒泉粟特胡人在北朝颇有影响力。②《安忠敬碑》亦提到唐初功臣安兴贵祖何藏器曾任"周开府仪同三司，宁远将军，肃州刺史"③。

张掖：即甘州，既是酒泉东行的下一站，也是丝绸之路上的又一重镇。因此这里也是西域中亚胡人聚集之地。唐《康敬本墓志》载："君讳敬本，字延宗，康居人也。元封（前110—前105）内遣家张掖郡。酋率望重，播美□西。因地□□，派流不绝。曾祖默，周甘州大中正。祖仁，隋上柱国、左骁卫三川府鹰扬郎将。"④ 由墓志可知康敬本的祖上很早便来到张掖，其曾祖康默在北周时任甘州大中正。此职为左右甘州一方的人物，例由地方世家豪族担当，可见康姓粟特人在张掖势力不弱。⑤ 而近年

① 《北史》卷92《安吐根传》，第3047页。
② 荣新江：《中古中国与外来文明》，三联书店2001年版，第63页。
③ （宋）李昉等编：《文苑英华》卷917《碑》，中华书局1982年版，第4828—4829页。
④ 《唐代墓志汇编》，上海古籍出版社1992年版，第530页。
⑤ 荣新江：《中古中国与外来文明》，第65页。

西安出土的《康业墓志》称其为康国之苗裔，死后被北周皇帝诏赠为甘州刺史①，说明康业曾在甘州活动过，也说明甘州康姓势力之强。另洛阳出土唐《安怀及夫人史氏墓志》载："君讳怀，字道，河西张掖人也。祖隋朝因宦洛阳，遂即家焉。曾祖朝，前周任甘州司马"②，安怀曾祖安朝曾在北周时任甘州司马。固原出土的《史诃耽墓志》亦载史诃耽"曾祖尼，魏摩诃大萨宝、张掖县令"③。可见在北朝时，在张掖一带入仕的中亚粟特人还是很多的，有的出自当地胡姓大族。

武威：又称姑臧、凉州。这里是河西走廊最东头，玄奘称其为"河西都会，襟带西蕃、葱右诸国，商旅往来，无有停绝"④，斯坦因在敦煌发现的粟特古信札中就提到了姑臧。另外《魏书·西域传》载"其（粟特）国商人先多诣凉土贩货，及克故臧，悉见虏。"说明这里曾是中亚粟特胡人的聚集地。在西魏大统十二年（546）至北周保定三年（563），有史宁曾数任凉州刺史。据《周书·史宁传》载：史宁"曾祖豫，仕沮渠氏为临松令。魏平凉州，祖灌随例迁于抚宁镇，因家焉。父遵，初为征虏府铠曹参军，属杜洛周构逆，六镇自相屠陷，遵随率乡里二千家奔恒州。其后恒州为贼所败，遵复归洛阳……及宁著勋，追赠散骑常侍、征西大将军、凉州刺史……（史）宁少以军功，拜别将。迁直阁将军、都督，宿卫禁中"，西魏大统十二年（546），史宁以军功"转凉州刺史"，后加车骑大将军，大都督，凉、西凉二州诸军事。史宁后因平定宕昌叛羌獠甘作乱，镇河阳，因"先在凉州，戎夷服其威惠"，故魏废帝元年（551），"复除凉、甘、瓜三州诸军事，凉州刺史"⑤。史宁于北周武帝保定三年（563）卒于凉州。从史宁活动地域上看，其应为中亚粟特胡人。周、隋之际胡人任凉州刺史的还有康感，据洛阳出土的《康留买墓志》载：康留买"本即西州之茂族，后因锡命，遂为河南人焉。曾祖感，凉州刺史；祖延德，安西都护果毅；父洛，皇朝上柱国"⑥。

---

① 程林泉、张翔宇、［日］山下将司：《北周康业墓志考略》，《文物》2008 年第 6 期。
② 《唐代墓志汇编》，第 845 页。
③ 罗丰编著：《固原南郊隋唐墓地》，文物出版社 1996 年版，第 69 页。
④ （唐）慧立、（唐）彦悰撰：《大慈恩寺三藏法师传》，中华书局 1983 年版，第 11 页。
⑤ 《周书》卷 28《史宁传》，第 465—469 页。
⑥ 《唐代墓志汇编》，第 693—694 页。

北齐时也曾有胡人担任凉州都督。据《康续墓志》载："公讳续，字善，河南人也。昔西周启祚，康王承累圣之基，东晋失国，康国跨全凉之地……曾祖德，齐任凉州都督。祖暹，齐任京畿府大都督。父老，皇朝任左屯卫翊卫。"① 从墓志上看，康续祖上为康国大姓。康续的曾祖康德，在北齐时曾任凉州都督，表明他是广义凉州的粟特首领。② 除此之外，因凉州等地存在着较大的粟特聚落，所以有专门的管理聚落的粟特首领萨宝。这一职位一般由居于河西的安氏、康氏家族成员担任。武威出土的《康阿达墓志》称："公讳阿达，西域康国人也。祖拔达，梁使持节骠骑大将军、开府仪同三司、凉甘瓜三州诸军事、凉州萨宝。"③ 可知康拔达当时是以凉州萨宝的身份接受南朝梁的统治。又《元和姓纂》载："后魏安难陀至孙盘陀罗，代居凉州，为萨宝。生兴贵……修仁。"④ 这里提到的安难陀应出自著名的武威安氏家族⑤，也为当地的粟特聚落首领，其家族历代世袭萨宝之职，统辖当地粟特聚落，相当程度上也左右着凉州政局。2003 年在西安发现的北周《史君墓志》也提到史君在北周时被诏授凉州萨宝。⑥ 看来凉州境内粟特聚落不止一处。⑦ 虽然这几支家族世袭萨宝，但也是经过北魏等政权认可的，所以可以认为是入仕于北朝政权。

除河西走廊外，南北朝时期，也有相当一部分中亚胡人入仕于作为都城的洛阳、长安、邺城等地。

洛阳：洛阳自东汉以来就是西域胡人的集中地，东汉末年"胡风"盛行，便与此有关。至北魏时，洛阳更是成为西域胡人聚集中心，如前引《洛阳伽蓝记》载："自葱岭以西至大秦，百国千城，莫不款附，商胡贩

---

① 《唐代墓志汇编》，第 658 页；吴钢主编：《全唐文补遗》第 3 册，三秦出版社 1996 年版，第 448—449 页。

② 荣新江：《中古中国与外来文明》，第 70 页。

③ 《唐代墓志汇编》，第 124 页。

④ （唐）林宝撰，岑仲勉校记，郁贤皓、陶敏整理：《元和姓纂》第 1 册卷 4 "安姓"条，中华书局 1994 年版，第 500—503 页。《新唐书》卷 75 下《宰相世系表》亦载："后魏有难陀。孙盘婆罗，周、隋间，居凉州武威为萨宝。生兴贵、修仁。至抱玉，赐姓李"，中华书局 1997 年版，第 3445—3446 页。

⑤ 吴玉贵：《凉州粟特胡人安氏家族研究》，载荣新江主编《唐研究》第 3 卷，北京大学出版社 1997 年版，第 321—325 页。

⑥ 西安市文物保护考古所：《西安北周凉州萨宝史君墓发掘简报》，《文物》2008 年第 6 期。

⑦ 荣新江：《北朝隋唐粟特人之迁徙及其聚落补考》，《欧亚学刊》第 6 辑，第 166 页。

客，日奔塞下。"在这里有众多的胡商，也有相当一部分胡人入仕于北魏政权。《魏书》卷30《安同传》记有安同、安原、安颉家族，史载："安同，辽东胡人也。其先祖曰世高，汉时以安息王侍子入洛。历魏至晋，避乱辽东，遂家焉。"安同曾随其父友人公孙眷商贩，"见太祖有济世之才，遂留奉侍"。北魏登国初，魏征兵慕容垂，安同"频使称旨"，"遂见宠异，以为外朝大人，与和跋等出入禁中，迭典庶事"，后太宗即位，"命同与南平公长孙嵩并理民讼……世祖监国，临朝听政，以同为佐辅。太宗征河南，拜同右光禄大夫，世祖出镇北境，同与安定王弥留镇京师。世祖即位，进爵高阳公，拜光禄勋"。安同子有安原，太宗朝因功被赐爵武原侯，加鲁兵将军，据称"原在朝无所比周"。安原弟安颉等"辩慧多策略……太宗初，为内侍长，令察举百僚"。① 可知安同家族数代入仕北魏，并为宫廷宿卫，出入禁中，安同在世祖时为佐辅，其子安颉也曾为内侍长，位高权重。

北齐、北周时期，关于洛阳及其周边的胡人活动情况史载不详。不过2007年河南出土《安备墓志》及其他文物，后为大唐西市博物馆征集，墓志云："君名备，字五相，阳城县龙口乡曹刘里人。其先出于安居耶尼国，上世慕中夏之风，大魏入朝，名沾典客。父知识，齐车骑大将军、直荡都督，千乘县散男。君种类虽胡，入夏世久，与汉不殊……善于白圭之术，蕴而不为；玄高之业，弃而不慕……武平之末，齐许昌王幕府初开，牒为长，兼行参军。一参府寮，备经驱使……遇周统齐，许昌失宠……遂还旧庐，敛志东毕，归田二顷。忽萦疾，医疗无功……时年卅有四，以大隋开皇九年……葬。"② 从墓志可知，安备之先出自安居耶尼国，且为胡种，安备应为中亚安国人。其先祖在北魏时入朝，其父安知识为北齐车骑大将军、直荡都督。根据墓志可知安备生于北齐天保六年（555），华化程度已深，故其种类虽胡，但"与汉不殊"。志文云其善"白圭之术"及"玄高之业"，即善于经商，可以说就是个胡商。至北齐后主武平（570—576年）末，许昌王开幕府，安备被"牒为长，兼行参军"。随着北周代

---

① 《魏书》卷30《安同传》，第712—717页。
② 葛承雍：《祆教圣火艺术的新发现——隋代安备墓文物初探》，《美术研究》2009年第3期；毛阳光：《洛阳新出土隋〈安备墓志〉考释》，《考古文物》2011年第5期。

北齐,安备又回到阳城故居,后染病身亡。此安备显然为以经商入仕的胡人代表。

邺城:在今河北临漳一带。北齐定都邺城后,这里聚集了不少西域中亚胡人。有一部分胡人曾入仕北齐,担任宫廷侍卫、使者、萨宝等职。如齐显祖(即宣帝高洋)时,"常使胡人康虎儿保护太子"①。此胡人康虎儿应是来自中亚康国的胡人。他进入宫廷并被委以宿卫太子的重任,很可能是因为身为胡人所拥有的彪悍外形或勇武特质。② 对北齐政权来说,这也是一个特例。北齐政权内还有不少胡人担任使臣。如《北齐书·后妃传》载:"属周武遭太后丧,诏侍中薛孤、康买等为吊使,又遣商胡赍锦彩三万匹与吊使同往。"从姓氏看,此康买应为中亚康国人。曾在北齐当侍中,并充当吊使,前往长安吊祭北周皇太后。除此之外,还有一些胡人担任萨宝等职。如《康元敬墓志》称:"君讳元敬,字留师,相州安阳人也。原夫吹律命氏,其先肇自康居毕万之后,因从孝文,遂居于邺。祖乐,魏骠骑大将军,又迁徐州诸军事。父仵相,齐九州摩诃大萨宝,寻改授龙骧将军。"康敬本先祖肇自康居毕万之后,可见其为典型的昭武九姓之康国后裔。其祖上随孝文帝迁邺,其父康仵相为齐九州摩诃大萨宝。九州摩诃大萨宝或许是指负责高齐全国胡人政教事务的最高首领,荣新江先生推测康敬本也应是北齐都城的胡人聚落首领,并由此认为在邺城存在着一个萨宝所统治的胡人聚落。③

值得一提的是,当时的北齐宫廷内,除入仕的胡人外,亦有不少胡人歌舞乐工,因其技艺而至封王开府。《隋书·音乐志》云:"然吹笛、弹琵琶、五弦及歌舞之技,自文襄以来,皆所爱好。至河清以后,传习尤盛。后主唯赏胡戎乐,耽爱无已。于是繁手淫声,争新哀怨。故曹妙达、安未弱、安马驹之徒,至有封王开府者,遂服簪缨而为伶人之事。"④ 又《北史·恩幸传》载:"武平时有胡小儿……其曹僧奴、奴子曹妙达,以能弹琵琶,甚被宠遇,俱开府封王……其何朱弱、史丑多之徒十数人,咸

---

① 《资治通鉴》卷 168 "陈文帝天嘉元年"条,第 5196—5197 页。
② 毕波:《中古中国的粟特胡人——以长安为中心》,中国人民大学出版社 2011 年版,第 83 页。
③ 荣新江:《中古中国与外来文明》,第 100—101 页。
④ 《隋书》卷 14《音乐志》,中华书局 1996 年版,第 331 页。

以能舞工歌及善音乐者，亦至仪同开府。"这些胡人因能歌善舞而至开府封王，可见北齐统治者对艺术的喜好。这里所提到的曹僧奴、曹妙达、安未弱、安马驹、何朱弱、史丑多等人，显然是来自中亚的粟特人，因擅长歌舞音乐而获提升，也可以将其列为入仕北朝的胡人的一支代表。

长安及其附近：北周时期中亚胡人以宿卫身份入仕宫廷情形较多。《周书·史宁传》载史宁"少以军功，拜别将。迁直阁将军，都督，宿卫禁中。寻加持节、征东将军，金紫光禄大夫"[1]。其子史祥承袭父业，亦有在北周时宿卫宫廷经历。《隋书·史祥传》云："祥少有文武才干，仕周太子车右中士，袭爵武遂县公……祥少不学军旅，长遇升平，幸以先人绪余，备职宿卫。"[2] 看来当时胡人家族可以世袭宫廷宿卫。同史宁一样，为宫廷宿卫的，还有史万岁，史载其"少英武，善骑射，骁捷若飞。好读兵书……武帝时，释褐侍伯上士。及平齐之役，其父战没，万岁以忠臣子，拜开府仪同三司，袭爵太平县公"[3]。史祥、史万岁相继进入宫廷宿卫，都是因为父辈功绩而门荫入仕，这也从另一个方面说明了北周政权对胡人的倚重。

除宿卫宫廷外，当时活动于长安一带的还有任萨宝等职的胡人。近年来在西安城郊相继发现几座中亚胡人首领墓葬。如 2000 年在西安发现了北周同州萨宝安伽墓[4]；2003 年又发现了北周凉州萨宝史君墓[5]；2004 年，又发现了粟特大天主康业墓[6]；2005 年又发现了北周罽宾胡人李诞墓[7]。这些墓志的发现为我们研究中亚胡人在北周的活动情况提供了珍贵的资料。

这几座墓葬相距不远，都位于今西安市北郊未央区大明宫乡一带。这几座胡人墓葬的发现表明了西安北郊这一带可能是北朝末年西来胡人墓葬

① 《周书》卷 28《史宁传》，第 465 页。
② 《隋书》卷 63《史祥传》，第 1493—1495 页。
③ 《隋书》卷 53《史万岁传》，第 1353 页。
④ 陕西省考古研究所：《西安北周安伽墓》，文物出版社 2003 年版。
⑤ 西安市文物保护考古所：《西安北周凉州萨宝史君墓发掘简报》，《文物》2008 年第 6 期。
⑥ 西安市文物保护考古所：《西安北周康业墓发掘简报》；程林泉、张翔宇、〔日〕山下将司：《北周康业墓志考略》，《文物》2008 年第 6 期。
⑦ 程林泉：《西安北周李诞墓的考古发现与研究》，载西北大学考古系、西北大学文化遗产与考古学研究中心编《西部考古》第 1 辑，三秦出版社 2006 年版，第 391—400 页。

区所在地①，由此也说明北朝时活动于长安的中亚胡人不少。如《安伽墓志》载："君讳伽，字大伽，姑藏昌松人。其先皇帝之苗裔……父突建，冠军将军、眉州刺史……君绩宣朝野……遂除同州萨保……俄除大都督……周大象元年五月遘疾终于家，春秋六十二。其年岁次己亥十月末朔，厝于长安之东，距城七里。"② 可以看出安伽出身于凉州安氏家族，为胡人首领之子，后在北周时被任命为同州萨保，也即同州地区的胡人首领，后来又被授予同州大都督称号。安伽死后葬于长安城东，离史君墓、康业墓等都不远。有学者推测，这或许是北周王朝笼络胡人的一个做法，即把胡人首领都埋葬在京城附近。③

《史君墓志》载："君……史国人也，本居西域……迁于长安……授凉州萨保……大象元年（579）薨于家，年八十六，妻康氏，以其二年岁次庚子正月丁亥朔廿三日己酉，合葬永年（？）县。"④ 史君一家显然来自中亚史国，其妻为康氏，应为胡姓之间的联姻，也即他们此时还保持相互通婚的习俗。另外从史君二子的名为毗沙、维摩，加之其围屏石椁所具有的浓厚的胡人色彩，可知史君一家汉化程度还不深。志文曰其为凉州萨保，但其后来到了长安，并死于该地。其作为凉州萨保最后为何来到长安，对此我们还不清楚。据史君墓的粟特文铭文载："在胡姆丹这里，他本人去世。此后……他妻子也去世。"⑤ 可知在史君去世之前，就已生活在长安。史君作为凉州萨保，一定有不少侍从、亲属随之而来，至少墓志中提到的他的三个儿子，有可能就继续生活在长安了。⑥

《康业墓志》载："君讳业，字元基，其先康居国王之苗裔也。父魏大天主、罗州使君。去魏大统十年（544），车骑大将军、雍州呼药翟门及西国胡豪望等举为大天主……乃降诏许。至大统十六年（550），又奏性行廉平，勤敬职事，请除大天主……以大周保定三年（563）正月薨。天和元年（566）蒙诏以君积代婵联，门传忠孝，授世掌大天主……天和

---

① 王维坤：《论西安北周粟特人墓和罽宾人墓的葬制和特点》，《考古》2008 年第 10 期。

② 陕西省考古研究所：《西安北周安伽墓》，第 61—62 页。

③ 荣新江：《北朝隋唐粟特人之迁徙及其聚落补考》，载《欧亚学刊》第 6 辑，第 171 页。

④ 西安市文物保护考古所：《西安北周凉州萨宝史君墓发掘简报》，《文物》2008 年第 6 期。

⑤ ［日］吉田丰：《西安新出史君墓志的粟特文部分考释》，载荣新江等编《粟特人在中国——历史、考古、语言的新探索》，中华书局 2005 年版，第 29 页。

⑥ 荣新江：《北朝隋唐粟特人之迁徙及其聚落补考》，载《欧亚学刊》第 6 辑，第 171 页。

六年（571）六月五日薨……诏赠甘州刺史也。"可知康业祖先为康居王族，其父为西魏的"大天主"、"罗州使君"。北周天和元年（566），康业袭其父职为"大天主"，天和六年（571）去世，死后追赠"甘州刺史"。据学者研究，此大天主可能与隋唐时期的"祆主（祝）"有关，主要由胡人担任，为世袭官职，大天主的任命是由高级官员推荐，皇帝亲自任命的。① 如康业父第一次为大天主就是由车骑大将军、雍州呼药和西胡豪族来举荐的，第二次是由尚书奏请的。

还有罽宾胡人李诞，从志文上看，李诞"字陁娑，赵国平棘人……祖冯何，世为民酋，考傍期，不预宗基……正光中自罽宾归阙，太祖以君婆罗门种，屡蒙赏。君五十九，保定岁次甲申……薨万季里宅。皇帝授君邯州刺史。长子槃提恐山移谷徙，声谥无闻，敬镌玄石，以传不朽"②，可知李诞为罽宾婆罗门种人，北魏正光年间（520—525），自罽宾来华，因其出身婆罗门贵种，而蒙受北周皇帝赏赐。从其姓字"陁娑"，及其子长子槃提姓名来看，其入华并不算早，汉化未深。李诞生前是否入仕我们并不清楚，其死后被追赠甘州刺史，又改姓李，可见在北周还是有一定地位的。该墓志的发现为我们进一步研究中亚胡人在关中的活动提供了重要资料。

原州：又称平高、高平，今宁夏固原。这里是西魏北周统治者的根据地，在北周、隋、唐时期，由于距离首都长安较近，并且是通往西域的交通干道的必经之地，东西方商人往来不绝，其中的中亚粟特移民值得特别关注。③ 近年来在宁夏固原出土的一批史氏墓葬，为我们提供了中亚史国人在华活动的珍贵材料。虽然这些人主要活动在隋唐时期，不过他们中亦有人曾入仕于北周等政权。《史射勿墓志》称："公讳射勿，字槃陀，平凉平高县人也。其先出自西国。曾祖妙尼、祖波波匿，并仕本国，俱为萨宝。父认愁，蹉跎年发，舛此宦途。公幼而明敏，风情爽悟，超悍盖世，勇力绝人。（北周）保定四年（564），从晋荡公东讨。天和元年（566），从平高公于河东作镇。二年（567）正月蒙受都督。其年二月从郯国公征

① 程林泉、张翔宇、[日] 山下将司：《北周康业墓志考略》，《文物》2008 年第 6 期。
② 程林泉：《西安北周李诞墓的考古发现与研究》，载西北大学考古系等编《西部考古》第 1 辑，三秦出版社 2006 年版，第 393—398 页。
③ 罗丰：《胡汉之间——丝绸之路与西北历史考古》，第 51 页。

玉璧城。建德五年（576），又从申国公击破轵关，大蒙优赏。宣政元年
（578），从上柱国齐王宪掩讨稽胡……"① 虽然史射勿后期主要活动于隋，
蒙授开府仪同三司，敕授骠骑将军等，但北周时期亦建立不少功勋。如从
晋荡公宇文护率军伐齐，从平高公李询坐镇河东，从郯国公征玉璧城，从
申国公击破轵关，从齐王宇文宪征讨稽胡等。同地所出《史索岩墓志》
云："公讳索岩，字元贞，建康飞桥人也。其先从宦，因家原州……曾祖
罗，后魏宁远将军，西平郡公……祖嗣，镇远将军、通直骑散骑常侍，袭
爵西平郡公，鄯、廓二州诸军事、鄯州刺史……父多，周三命三士，旷野
将军、殿中司马、左卫掌设府骠骑将军。"② 史索岩本人活动于隋及唐初，
但其曾祖、祖及父则入仕于北魏及北周政权。

并州：即太原。南北朝时是北方重镇，也是重要的交通枢纽。据洛阳
出土的《翟突婆墓志》云："君讳突婆，字薄贺比多，并州太原人也。父
娑摩诃，大萨宝、薄贺比多。（突婆）春秋七十，大业十一年（615）岁
次乙亥正月十八日疾寝，卒于河南洛阳县崇业乡嘉善里。"③ 翟突婆父翟
娑摩诃曾任大萨宝，这是当地胡人聚落的政教大首领，有学者认为当时在
太原存在着胡人聚落④。1999年在太原市晋源区王郭村发现的隋代《虞弘
墓志》，为我们提供了更多胡人在并州活动情况。据《虞弘墓志》记载：
"公讳弘，字莫潘，鱼国尉纥麟城也。祖□栖，鱼国领民酋长。父君陁，
茹茹国莫贺去汾达官，使魏□□□朔州刺史……茹茹国王，领情未协，志
崇通药，□□□□，年十三，任莫贺佛，衔命波斯、吐谷浑。转莫缘，仍
使齐国……太上控览，砂碛烟尘，授直突都督。□使折旋，歙谐边款，加
轻车将军、直斋、直荡都督，寻迁使持节、都督凉州诸军事、凉州刺史、
射声校尉……武平既鹿丧纲颓，建德遂蚕食关左……乃授使持节、仪同大
将军、广兴县开国伯，邑六百户……大象末，左丞相府，迁领并、代、介
三州乡团，检校萨宝府。开皇，转仪同三司……春秋五十有九，薨于

---

　　① 罗丰：《固原南郊隋唐墓地》，文物出版社1996年版，第17—18页。
　　② 同上书，第45—46页。
　　③ 赵万里：《魏晋南北朝墓志集释》卷9，科学出版社1956年版，图版484。向达：《唐代
长安与西域文明》，第90—91页。
　　④ 荣新江：《中古中国与外来文明》，第96—97页。

府第。"①

关于虞弘族属及相关的"鱼国",学界有不同看法,有学者认为其为西北②及北方地区的小国或少数民族,如稽胡③、柔然④等,亦有学者认为其为大月氏⑤或粟特⑥。考虑到虞弘的祆教背景（检校萨宝府）及衔命波斯、吐谷浑的经历,加之虞弘墓石棺床所具有的明显中亚文化色彩,笔者认为其应为来自中亚的胡人。由志文可知,虞弘祖父是鱼国领民酋长,其父为柔然（茹茹）莫贺去汾达官,后为魏朔州刺史。虞弘十三岁时曾代表茹茹出使波斯、吐谷浑,因功转任莫缘。后出使齐国,并入仕北齐。北周武帝建德间（572—577）,虞弘由齐入周,在北周大象末年（约580）,领并、代、介乡团,检校萨宝府。可知虞弘在父子在南北朝时曾入仕北魏、北齐、北周等政权,尤其是北周大象末年被任命为检校萨宝府职,也就是北周政府任命的的负责管理并、代、介三州胡人聚落的主要官员。⑦ 由此可以推断当时并州等地亦是胡人聚居地,也存在着比较大的胡人聚落,虞弘得以检校萨宝府,与其中亚胡人身份及曾入仕北朝的经历有很大关系。

由以上材料可以看出,魏晋南北朝时期,中亚胡人入仕北方各政权的情形是较多的,他们主要为使臣、宫廷侍卫等,这些人地位较高,因其语言优势及勇武的特点而受到重用。还有一部分人任萨宝等职,管理胡人聚落,并受到北朝政府的任命和管理,这一职位也是北朝官职的一部分。他们入仕于北方各政权,一方面说明当时的中亚胡人活动集中于北方及丝路沿线,另一方面也说明这一时期的中亚胡人来华定居的人数增多,入仕各

---

① 太原市文物考古研究所编:《太原隋虞弘墓》,文物出版社 2005 年版,第 89—93 页。

② 荣新江:《隋及唐初并州的萨宝府与粟特聚落》,《文物》2004 年第 4 期。后收入氏著《中古中国与外来文明》,第 169—179 页。

③ 林梅村:《稽胡史迹考——太原新出土隋代虞弘墓的几个问题》,《中国史研究》2002 年第 1 期。

④ 罗丰:《一件关于柔然民族的重要史料——隋〈虞弘墓志〉考》,《文物》2002 年第 6 期。

⑤ 周伟洲:《隋虞弘墓志释证》,载荣新江、李孝聪主编《中外关系史:新史料与新问题》,科学出版社 2004 年版,第 247—257 页。

⑥ 罗新:《虞弘墓志所见柔然官制》,《北大史学》第 12 辑,2007 年。后收入氏著《中古北族名号研究》,北京大学出版社 2009 年版,第 108—110 页。

⑦ 荣新江:《中古中国与外来文明》,第 171 页。

政权的人数也不少，在政治活动中已渐渐充当比较重要的角色。

第四节　活跃于丝路沿线的中亚商贾

魏晋南北朝时期，虽然政权林立，南北分立，但丝路的贸易活动依然在继续。来自西域的胡商延续两汉以来的传统，始终活跃于丝路沿线，在许多地区都留下他们的足迹。

三国时，河西走廊的敦煌、凉州、武威等地就成为西域胡商的集散地。《三国志·魏书·仓慈传》记载仓慈任敦煌太守时，"常日西域杂胡欲来贡献，而诸豪族多逆断绝，既与贸迁，欺诈侮易，多不得分明。胡常怨望，慈皆劳之。欲诣洛者，为封过所；欲从郡还者，官为平取，辄以府见物与共交市，使吏民护送道路，由是民夷翕然称其德惠"①。可知当时西域商贾有两类，一类以洛阳为目的，直接与宫廷贸易；另一类以敦煌为目的，在敦煌销售货物后便返回。② 西域商贾常因当地豪强大族阻拦不能到达洛阳，而且在敦煌贸易者也往往受到豪强的欺诈，仓慈在任敦煌太守期间，抚恤贫赢，禁止大姓豪族阻挠或巧取豪夺、欺诈侮易前来内地贸易的西域胡商，使其公平交易，因而受到西域胡商及当地百姓的爱戴。仓慈卒后，百姓胡商共举哀，"及西域诸胡闻慈死，悉共会聚于戊己校尉及长吏治下发哀，或有以刀划面，以明血诚，又为立祠，遥共祠之"③。文中提到的"西域杂胡"，应包括来自中亚一带的胡商。敦煌作为丝路要道和进入中原地区的门户，是西域商贾的集中之地。

1907 年斯坦因第二次中亚考察期间在敦煌西北长城烽燧下发现几封粟特古信札。据西方学者的考订，这些信写于公元 4 世纪初，主要为居于姑臧的商人写给其在撒马尔罕的主人的信件，其中提到了粟特商人在长安、洛阳活动的情况，也提到了西晋永嘉年间的洛阳被毁事件。④ 粟特文

---

① 《三国志》卷 16《魏书·仓慈传》，第 512 页。

② 马雍：《东汉后期中亚人来华考》，《新疆大学学报》1984 年第 2 期。后收入氏著《西域史地文物丛考》，文物出版社 1990 年版，第 53 页。

③ 《三国志》卷 16《魏书·仓慈传》，第 513 页。

④ W. B. Henning, "The Date of the Sogdian Ancient Letters", *Bulletin of the School of Oriental and African Studies*, XII, 1948, pp. 602 – 615.

2 号古信札，写于公元 313 年，提到当时粟特人不仅活跃在河西走廊的敦煌、凉州（故藏）、酒泉、金城（今兰州）等地，而且足迹还远至南阳、邺城等地。① 据古信札记载，这些人主要向中国内地销售大麻纺织品、毛毡、胡粉、胡椒等，并在中国购买麝香、丝绸等物。②

凉州亦是河西走廊一个重要的中转地。魏明帝时徐邈任凉州刺史，"上修武威、酒泉盐池以收虏谷，又广开水田，募贫民佃之，家家丰足，仓库盈溢。乃支度州界军用之余，以市金帛犬马，通贡中国之费……西域流通，荒戎入贡，皆邈勋也"③。西晋代魏以后，这里依然得其利。《晋书·食货志》称："西域人入贡，财货流通，皆邈之功也。"④ 凉州在当时显然为河西重镇，它既是中亚胡商来华的必经之地，也是他们的货物中转与集散地。前述粟特古信札就提到了凉州等地，有学者研究指出，凉州（故藏）当时是粟特人的大本营与货物集散地⑤。

至于洛阳一带，很多胡商是冒贡使之名而来的。据《三国志·魏书·崔林传》载："龟兹王遣子来朝，朝廷嘉其远至，褒赏其王甚厚。余国各遣子来朝，间使连属，林恐所遣或非真的，权取疏属贾胡，因通使命，利得印绶，而道路护送，所损滋多。劳所养之民，资无益之事，为夷狄所笑，此曩时之所患也。"⑥ 可知在魏文帝时，西域商贾屡屡冒充使者来魏，很多人的目的地是洛阳，在这里既可以从事宫廷贸易，亦可取利于民间。

十六国时期，由于政权林立，关于西域胡商的贸易史载不多。但前凉、前秦、后凉、西凉、北凉等政权也曾努力经营西域。尽管各个政权对西域的管辖程度有所不同，统治区域也大小不一，但都对于加强西域诸国与内地的政治经济与文化的联系，起了很重要的作用。如前凉张骏时期设

---

① 毕波：《粟特文古信札的汉译与注释》，《文史》2004 年第 2 辑。
② 刘波：《敦煌所处粟特语古信札与两晋之际敦煌姑藏的粟特人》，《敦煌研究》1995 年第 3 期。
③ 《三国志》卷 26《魏书·徐邈传》，第 740 页。
④ 《晋书》卷 26《食货志》，第 785 页。
⑤ 吴玉贵：《凉州粟特胡人安氏家族研究》，《唐研究》第 3 卷，北京大学出版社 1997 年版，第 300—308 页；陈国灿：《魏晋至隋唐河西人的聚居与火袄教》，《西北民族研究》1988 年第 1 期。
⑥ 《三国志》卷 24《魏书·崔林传》，第 680 页。

置的西域长史府（治海头），基本上管辖西域诸城郭国。史载"自轨据凉州，属天下之乱，所在征伐，军无宁岁。至骏，境内渐平。又使其将杨宣率众越流沙，伐龟兹、鄯善，西域并降"，同书又载"西域诸国献汗血马、火浣布、封牛、孔雀、巨象及诸珍异二百余品"。① 前秦时期更是如此，约在晋孝武帝太元三年（378），苻坚以梁熙为持节、西中郎将、凉州刺史，领护西羌校尉，镇姑臧，梁熙"遣使西域，称扬坚之威德，并以缯彩赐诸国王，于是朝献者十有余国。大宛献天马千驹，皆汗血、朱鬣、五色、凤膺、麟身，及诸珍异五百种"②。

　　鉴于西域胡商"利所在，无不至"的特性，这一时期他们应是延续三国以来的传统，依旧活动于丝路沿线各地。前述斯坦因在敦煌发现的粟特古信札，说明西晋时粟特人的足迹已沿着河西走廊至洛阳、邺城等地。另外在陕西泾阳发现的前秦建元三年（376）为三国时邓艾祠所立的《重修邓太尉祠碑》，记载冯翊护军统辖的杂户夷类有"屠各、上郡夫施黑羌、白羌，高凉西羌、卢水、白虏，支胡、粟特、苦水，杂户七千"③，这里的粟特显然指中亚粟特人，这些粟特移民应多为来中原的粟特胡商及其后裔。其中凉州一带胡人比较集中，有不少粟特胡人参与前凉、后凉的政治活动，不过更多的则是粟特胡商。《魏书·西域传》载："其（粟特）国商人先多诣凉土贩货，及克故臧，悉见虏。高宗初，粟特王遣使请赎之，诏听焉。"④ 可知凉州在十六国时期也是胡人重要的聚集地，北魏灭北凉之际，在凉州俘虏大批粟特胡商，后由粟特王派人赎回，可见凉州胡商之多。

　　西晋、十六国时期西域胡商往往承担河西至长安、洛阳甚至到南方的互市业务。梁释僧祐所撰《出三藏记集》所收《渐备经十住胡名并书序》载："元康七年（297）十一月二十一日，沙门法护在长安西寺中出《渐备经》，手执梵本，译为晋言……大品出来，虽数十年，先出诸公，略不综习……不知何以遂逸在凉州，不行于世……此同如慧常等凉州来疏，正

---

① 《晋书》卷86《张骏传》，第2237、2235页。

② 《晋书》卷113《苻坚载记》，第2900页。

③ 马长寿：《碑铭所见前秦至隋初的关中部族》，中华书局1985年版，第12页。

④ 《魏书》卷102《西域传》，中华书局1997年版，第2270页。《北史》亦载："其国商人先多诣凉土贩货，及魏克姑臧，悉见掠。文成初，粟特王遣使请赎之，诏听焉。"《北史》卷97《西域传》，中华书局1997年版，第3221页。

似凉州出，未详其故。或乃护公在长安时，经未留宣，唯持至凉州，未能乃详审。泰元元年（376），岁在丙子，五月二十四日，此经达襄阳。释慧常以酉年，因此经寄互市人康儿，展转至长安。长安安法华遣人送至互市，互市人送达襄阳，付沙门释道安。"① 虽然该序记载的是《渐备经》等由西北到东南的传播经历，也多少透露出中亚粟特胡人在互市业务上扮演的重要角色。朱雷先生据此复原了姑臧、长安、襄阳三地之间由粟特胡人承担往来贸易的情形。前凉的姑臧、前秦之长安、东晋之襄阳，皆有互市机构，由"互市人"进行过境贸易活动，互市人就是各政权之间往来贸易的商人。② 互市人康儿，显然就是一位中亚粟特商人。康儿自凉州"展转"至长安，显然与其经商活动有关，大概是在沿途进行商业贸易活动。荣新江先生进一步指出，除姑臧到长安是由康国商胡康儿传送外，在长安接送并安排到襄阳的佛僧，也是粟特出身的安法华。这不仅表明了粟特商人与粟特僧人之间的关系，也透露出安法华所托的下一位互市人可能也是粟特商人。③ 可知以粟特人为代表的西域胡商在十六国时期活跃于丝路沿线甚至南方等地。

南北朝时期，南北政权对峙，但无论是南朝还是北朝，都积极发展和西域的关系，因而这一时期也是中原与西域交往比较密切的时期。西域胡商的活动也较此前兴盛。

北魏太武帝拓跋焘时，开始经略西域。此时，北魏西北的西秦、夏国灭亡，割据河西的北凉归附，中原与西域的交通畅通。因而太武帝改变过去"经营中原，未暇及于四表"④ 的政策，于太延元年（435）五月，"遣使二十辈使西域"，二年（436），又"遣使六辈使西域"，三年（437），"龟兹、悦般、焉耆、车师、粟特、疏勒、乌孙、渴盘陀、鄯善诸国各遣使朝献"。⑤《魏书·西域传》序称："太延中，魏德益以远闻，

① 《出三藏记集》卷9《渐备经十住胡名并书序》，第333页。
② 朱雷：《东晋十六国时期姑臧、长安、襄阳的"互市"》，《敦煌吐鲁番文书论丛》，甘肃人民出版社2000年版，第327—336页。
③ 荣新江：《魏晋南北朝隋唐时期流寓南方的粟特人》，载韩昇主编《古代中国：社会转型与多元文化》，上海人民出版社2007年版，第143页。
④ 《魏书》卷102《西域传》，第2259页。
⑤ 《魏书》卷4《世祖纪上》，第85、87、88页。

西域龟兹、疏勒、乌孙、悦般、渴盘陀、鄯善、焉耆、车师、粟特诸国始遣使来献"，魏世祖"始遣行人王恩生、许纲等西使，恩生出流沙，为蠕蠕所执，竟不果达。又遣散骑侍郎董琬、高明等多赍锦帛，出鄯善，招抚九国，厚赐之"①。世祖之后，北魏主要通过报使往来"致奇货"，西域诸国使臣"相继而来，不间于岁。国使亦数十辈矣"②。《魏书·邢峦传》云："逮景明之初，承升平之业，四疆清晏，远迩来同，于是蕃贡继路，商贾交入，诸所献贸，倍多于常。虽加以节约，犹岁损万计，珍货常有余，国用恒不足，若不裁其分限，便恐无以支岁。自今非为要须者，请皆不受。"③尽管邢峦等曾提议北魏政府采取限制贾胡"献贸"的政策，但"蕃贡继路，商贾交入"的情形说明这一时期丝路沿线的西域商贾仍然活跃。

北魏孝明帝正光年间（520—525），四方多事，民不堪命。有司奏断百官常给之酒，但却规定"远蕃使客，不在断限"④。北魏统治者对胡商的政策是"不设科禁，买卖任情，贩贵易贱，错居混杂"⑤。之所以这样，是因胡商的往来不但增加了政府的财税收入，而且庞大的胡商队伍所携的奇珍异宝能满足上流社会达官贵人奢侈生活的需求。⑥正如史载，"自魏德既广，西域、东夷贡其珍物，充于王府"⑦，河间王元琛的府第"常会宗室，陈诸宝器，金瓶银瓮百余口，瓯檠盘盒称是。自余酒器，有水晶钵、玛瑙杯、琉璃碗、赤玉卮数十枚。做工奇妙，中土所无，皆从西域而来"⑧。宽松的政策吸引了大量西域商贾进入中原进行贸易，出现了杨衒之在其《洛阳伽蓝记》中所描绘的场面，"自葱岭以西，至于大秦，百国千城，莫不款附。商胡贩客，日奔塞下，所谓尽天地之区矣"。

北魏与西域诸族的互市贸易主要集中在河西走廊及陇西的丝路沿线商业都市，如敦煌、酒泉、武威、张掖、陇西等。这也是沿袭魏晋以来的

---

① 《魏书》卷102《西域传》，第2259—2260页。
② 同上书，第2260页。
③ 《魏书》卷65《邢峦传》，第1438页。
④ 《魏书》卷110《食货志》，第2861页。
⑤ 《魏书》卷60《韩显宗传》，第1341页。
⑥ 王万盈：《北魏时期的周边贸易述论》，载《北朝研究》第二辑，北京燕山出版社2001年版，第60—61页。
⑦ 《魏书》卷110《食货志》，第2858页。
⑧ 《洛阳伽蓝记》卷4，第207页。

传统。

武威：即凉州。魏晋以来一直是西域胡商聚集之所，互市贸易也较兴盛。当时的凉州刺史专此之利，多勒索胡商，以牟暴利。如北魏普泰元年（531）京兆王子推之子元遥为凉州刺史，其人"贪暴无极，欲规府人及商胡富人财物，诈一台府，诳诸豪等云欲加赏，一时屠戮，所有资财牲口，悉没自入"①。可以看出凉州作为一个商业都会，一直是西域胡商的一个聚集地。

张掖：西魏大统十二年（546），韩褒被任命为都督、西凉州刺史，他指出："羌胡之俗，轻贫弱，尚豪富。豪富之家，侵渔小民，同于仆隶。故贫者日削，豪者益富。褒乃悉募贫人，以充兵士，优复其家，赦免徭赋。又调富人财物以振给之。每西域商货至，又先尽贫者市之。于是贫富渐均，户口殷实。"② 从一个侧面反映该地为胡商云集之处，也为西域商品的贸易集散地和主要的互市贸易地。

酒泉：前述该地有胡人安吐根，为"安息胡人，曾祖入魏，家于酒泉。吐根魏末充使蠕蠕，因留塞北。天平初，蠕蠕主使至晋阳，吐根密启本蕃情状，神武（高欢）得为之备。蠕蠕果遣兵入掠，无获而返。神武以其忠款，厚加赏赉"③。安吐根曾祖于北魏时来中国，家于酒泉。安吐根本人在魏末时曾充使柔然（蠕蠕），并留下来，频出使东魏，其后为高欢赏识，投奔东魏，高澄掌权后，被任命为凉州刺史、率义侯等，并加开府，获得很高地位。可以看出安吐根曾身历数个政权，最后仕于东魏，深得高欢、高澄的信任。安吐根曾向北齐胡太后进言曰："臣本商胡，得在诸贵行末。既受蒙恩，岂敢惜死？"④ 可知安吐根为安息胡商出身，其家族曾活跃于酒泉一带。

西域胡商在河西走廊一带的活动也促进了这一地区经济的发展，以致北周时，西域金、银币在河西流通。"河西诸郡或用西域金银之钱，而官不禁"⑤，充分说明南北朝时河西走廊地区胡商活跃情形，以至于西域等

---

① 《魏书》卷 19 上《京兆王推附子元遥传》，第 445 页。
② 《周书》卷 37《韩褒传》，第 661 页。
③ 《北史》卷 92《和士开附安吐根传》，第 3047 页。
④ 《北史》卷 92《和士开传》，第 3045 页。
⑤ 《隋书》卷 24《食货志》，中华书局 1996 年版，第 691 页。

地的钱币可以充当通货之用。

北魏平城（今山西大同）一带，也有不少西域胡商活动于此。魏世祖太延五年（439），北魏灭北凉后，班师之际，"收其城内户口二十余万，仓库珍宝不可称记……冬十月辛酉，车驾东还，徙凉州民三万余家于京师"①，其中应有不少胡商。《魏书·西域传》云："大月氏国，都卢监氏城……世祖时，其国人商贩京师，自云能铸石为五色琉璃。于是采矿山中，于京师铸之。既成，光泽乃美于西方来者……自此中国琉璃遂贱，人不复珍之。"② 可见当时胡商中有不少大月氏人，这些人来到平城后，将玻璃制造技术传入中国。

这些来到内地的西域胡商由于经商发家致富，被当时社会认为是富家子弟，成为社会上一道独特风景。这在北齐社会中表现尤为明显。《北史·恩幸传》载："武平时（570—576）有胡小儿，俱是康阿驮、穆叔儿等富家子弟"，此处康阿驮、穆叔儿从姓氏上看，应属中亚昭武九姓胡人，即粟特人。又《北史·杨愔传》载："太保、平原王隆之与愔邻宅，愔尝见其门外有富胡数人，谓左右曰：'我们前幸无此物。'"③ 这里所谓富家子弟、富胡，应指来自西域中亚的胡商，他们因善于经商而发家致富，而且人数也不少。北齐有权臣和士开，"其先西域商胡"，在其当政后期，"威权转盛，富商大贾，朝夕填门，聚敛货财，不知纪极"④，和士开拉拢的富商大贾应有不少胡商。这些北齐政权辖下的西域胡商大概一部分自北魏而落脚于北齐，另一部分大概由突厥境内由北方进入北齐领土，他们凭借强大的经济实力而结交权贵，拓展自己的商业活动空间。

大概正因为如此，这些胡商也成为北齐政权与北周等交易时所利用的对象。据《北齐书·穆后传》载："武成时，为胡后造真珠裙袴，所费不可计，被火所烧。后主既立穆皇后，复为营之。属周武遭太后丧，诏侍中薛孤、康买等为吊使，又遣商胡赍锦彩三万匹与吊使同往，欲市珍珠为皇后造七宝车，周人不与交易，然而竟造焉。"⑤ 所谓"遣商胡赍锦彩三万

---

① 《魏书》卷4上《世祖记》，第90页。
② 《魏书》卷102《西域传》，第2275页。
③ 《北齐书》卷34《杨愔传》，中华书局1997年版，第457页。
④ 《北史》卷92《和士开传》，第3042、3046页。
⑤ 《北齐书》卷9《穆后传》，第128页。

匹"，足见胡商贸易额之大及北齐政权对西域胡商的倚重。

西域胡商与北齐的来往也往往以"朝贡"形式进行，即西域诸国的朝贡使团往往伴有大批胡商。如西魏废帝二年（553），吐谷浑王夸吕通使北齐，凉州刺史史宁于州西截获吐谷浑使北齐的朝贡使团，"获其仆射乞付触板、将军翟潘密、商胡二百四十人，驼骡六百头，杂采丝绢以万计"①。这里提到的"商胡二百四十人"、"杂采丝绢以万计"，足见胡商人数之多，贸易额之大。

关于北周政权中胡商活动情况，史载不详。当时形势是突厥控制了漠北与西域，而北周因与北齐对峙，只能结好于西域。据《周书·异域传》载："有周承丧乱之后，属战争之日，定四夷表以武功，安三边以权道。赵、魏尚梗，则结姻于北狄；厩库未实，则通好于西戎。由是德刑具举，声名遐洎。卉服毡裘，辐辏于属国；商胡贩客，填委于旗亭。"②《隋书·礼仪志》亦载："后周欲招徕西域，又有拜胡天制，皇帝亲焉，其仪并从夷俗。"③ 由此可知，当时的北周政府在和西域交往方面是颇有一些主动姿态的，这种主动源于其自身的现实需求。④

前述胡太后遣胡商去北周购买珍珠，而珍珠本身就是西域胡商所贸易的大宗，可知北周社会中胡商活动亦很频繁，其中当有不少来自西域及中亚诸国。可资佐证的是《周书·宣帝本纪》载大象元年（579）十二月，宣帝"还宫。御正武殿。集百官及宫人内外命妇，大列妓乐，又纵胡人乞寒，用水浇沃为戏乐"⑤。北周天和三年（568），周武帝迎娶突厥木杆可汗之女阿史那氏为后，当时"西域诸国来媵，于是有龟兹、疏勒、安国、康国之乐。帝大聚长安胡儿，羯人白智通教习，颇杂以新声"⑥。这里大聚的"长安胡儿"，除西域乐工等人外，应有不少来自西域的胡商。

此外《周书·柳庆传》载雍州"有胡家被劫，郡县按察，莫知贼所，附近被囚系者甚多"⑦，可见长安有胡人住户，他们之所以被劫，或许是

---

① 《周书》卷 50《异域下》，第 913 页。
② 《周书》卷 49《异域传》，第 884 页。
③ 《隋书》卷 7《礼仪志二》，第 149 页。
④ 毕波：《中古中国的粟特胡人——以长安为中心》，第 43 页。
⑤ 《周书》卷 7《宣帝纪》，第 122 页。
⑥ （唐）杜佑：《通典》卷 146《乐》，"龟兹乐"条，中华书局 1988 年版，第 763 页。
⑦ 《周书》卷 22《柳庆传》，第 371 页。

因为他们身为商贾而较为富裕①。

南北朝时期，西域胡商不仅活跃于北方丝路沿线一带，而且逐渐向南方扩展。尤其是南朝萧齐、萧梁政权与西域的往来较为频繁②，也使得西域胡商来往于吴蜀之间。

《南齐书·芮芮传》云：建元二年（479）、三年（480）时，柔然"屡遣使贡献貂皮杂物……献狮子皮裤褶，皮如虎皮，色白毛短。时有贾胡在蜀见之，云此非子皮，乃扶拔皮也"③。此处贾胡显然应指西域胡商，可见南齐境内有不少西域胡商活动。

南朝梁时西域胡商，尤其是中亚粟特胡商活跃于蜀汉及吴越一带。《隋书·何妥传》载："父细胡，通商入蜀，遂家郫县，事梁武陵王纪，主知金帛，因致巨富，号为西州大贾。"④郫县在今成都西北。文中提到的"西城"，陈寅恪先生认为乃"西域"之误⑤。何妥父为细胡⑥，可以推知何妥家族应为来自中亚昭武九姓的何国人，也即粟特胡人，他们于萧梁时自西域入蜀经商，家于郫县，因事梁武陵王萧纪，主持商业贸易，成为西州大贾。这说明蜀汉之地梁时当为西域胡人通商及居留之区域。⑦

又《续高僧传·释道仙传》载释道仙"本康居国人，以游贾为业。梁周之际，往来吴蜀，江海上下，集积珠宝，故其所获货货，乃满两船，时或计者云：直钱数十万贯"⑧。文献中提到的康居国在当时应指粟特康国，及中亚昭武九姓之康国人，他们从西域进入吴蜀等地，应是由青海而

---

① 荣新江：《北朝隋唐粟特人之迁徙及其聚落补考》，载《欧亚学刊》第 6 辑，第 1172 页。

② 据史载，西域的高昌、龟兹、于阗、渴磐陀、滑国、波斯等国皆遣使至梁朝朝贡，见《梁书》卷 54《诸夷·西北诸戎传》，第 811—815 页；《册府元龟》卷 968《外臣部·朝贡一》，中华书局 1960 年版，第 11382—11384 页。另外现存南京博物院《职贡图》（宋代摹本）绘有西域诸国朝贡梁朝的图像及文字介绍，说明西域诸国与梁朝存在着密切的经济文化交往。参见金维诺《〈职贡图〉的年代与作者——读画札记》，《文物》1960 年第 7 期。

③ 《南齐书》卷 59《芮芮传》，第 1024 页。

④ 《隋书》卷 75《何妥传》，第 1709 页。

⑤ 陈寅恪先生认为河朔地区聚集大量胡人，其远因为隋季之丧乱，其中因为突厥之败亡，其近因或主因为东突厥之复兴。陈寅恪：《隋唐制度渊源略论稿》，上海古籍出版社 1982 年版，第 79 页。

⑥ 《北史》卷 83《何妥传》记为"细脚胡"，第 2753 页。

⑦ 陈寅恪：《隋唐制度渊源略论稿》，上海古籍出版社 1982 年版，第 80 页。

⑧ （唐）释道仙：《续高僧传》卷 26《释道仙传》，《高僧传合集》，上海古籍出版社 1991 年版，第 327 页。

来。东晋南朝时期，中国南北分裂，西域诸国与东晋南朝的联系，主要走"吐谷浑道"，或者称"河南道"，也即由西域经吐谷浑控制的青海地区，经松潘南下益都，再顺长江而下。[①] 释道仙在皈依佛门之前，显然是一个出身粟特的康国胡商，南朝萧梁时期，他因经商往来于吴蜀之间，也即沿长江流域经商兴贩，积聚大量资财。其来华路线，应是自中亚西域沿吐谷浑道进入巴蜀等地。看来粟特商人在南朝境内亦很活跃。

总之，同两汉时相比，魏晋南北朝时期中亚胡商的活动除两京外，更多地活跃于丝路沿线一带，有的甚至到了南方各地。胡商冒贡使之名而来的现象也屡见不鲜。这些人在经商兴贩的过程中，有的就定居下来，成为中央及地方各政权管理和倚重的对象。魏晋南北朝西域胡商的活动不仅是对两汉胡商活动的继承与发展，更是为隋唐时期西域胡商大规模来华奠定了基础。

第五节　东来的中亚僧人在内地的译经活动

东汉末期，随着佛教在中国内地的传播及发展，大量的西域译经僧来到中国译经传教。洛阳成为当时佛教翻译与传播的一个中心。当时除天竺国僧侣外，也有不少中亚僧侣，他们分别来自大月氏、安息、康居等地。这些人来中国后，大多以国为姓，并与汉地信徒和沙门合作翻译，推动了佛教在中原地区的传播和发展。当时这些传教僧多由西北陆路而来。[②]

魏晋南北朝时期，佛教在中国内地得到进一步的发展，东来的天竺中亚僧侣更是前赴后继，这些人除走西北陆路外，也有不少人自海上丝绸之路来到中国，并广泛开展译经活动。他们的到来及译经活动对促进内地佛教的发展起了重要的作用。值得一提的是，这一时期中亚僧人仍发挥着重要的影响，他们的译经活动对推动大小乘佛教在中国的发展及佛教的中国化，起了重要的作用。

① 陈良伟：《丝绸之路河南道》，中国社会科学出版社2002年版，第93页。
② 关于这个问题，参见马雍《东汉后期中亚人来华考》，《新疆大学学报》1984年第2期。后收入氏著《西域史地文物丛考》，文物出版社1990年版，第46—50页。

一　魏晋时期中亚译经僧的活动

三国时期中亚译经僧的活动可谓是汉末的延续，一方面西域僧人继续前来，以洛阳一带为集中地；另一方面，随着汉末大乱，有不少僧人南下，也相应地促进了南方佛教的发展。三国时佛教重镇，北为洛阳，南为建业。①

三国魏时洛阳有不少西域人。如明帝太和三年（229），大月氏王波调遣使奉献。② 齐王芳继位之年，西域重译献火浣布。③ 至于译经僧，《开元释教录》载魏世译经沙门四人。除中天竺人昙柯迦罗，还有康僧铠、昙无谛、安法贤等④，他们应为来自康居或安息一带的人。

关于康僧铠，《高僧传·昙柯迦罗》云："时又有外国沙门康僧铠者，亦以嘉平之末来至洛阳，译出《郁伽长者》等四部经"⑤。《佛祖统纪》则记为嘉平四年（252），中天竺沙门康僧铠，在白马寺译《无量寿经》。⑥ 此处记康僧铠为中天竺人，但既姓康，或为康居人。

《高僧传》同传又载安息国沙门昙（无）谛，亦善"律学"，魏正元（254—255）中，来游洛阳，出《昙无德羯磨》。⑦ 《开元释教录》亦云："沙门昙无谛，魏云法实，安息国人。善学律藏妙达幽微。以高贵乡公正元元年（254）甲戌届于洛沪，于白马寺译《昙无德羯磨》一部。"⑧ 而安法贤，史载其"为西域人，艺业克深慧解尤峻。振锡游邦自远而至。译罗摩伽等经二部。群录并云魏世。不辩何帝之年"⑨。此安法贤或为安息人，与昙无谛一样，曾在魏朝译经。

在魏朝译经的四位沙门中，昙柯迦罗贡献最大。在昙河迦罗来之前，魏地佛教僧侣并没有按照佛教戒律出家者，昙河迦罗来魏之后，佛教有所

① 汤用彤：《汉魏两晋南北朝佛教史》上册，中华书局1983年版，第87页。
② 《三国志》卷3《魏书·明帝纪》，中华书局1982年版，第97页。
③ 《三国志》卷3《魏书·三少帝纪》，第117页。
④ （唐）智升：《开元释教录》卷1，载《大正新修大藏经》第55册，第486—487页。
⑤ 《高僧传》卷1《译经上·昙柯迦罗传》，第13页。
⑥ 《佛祖统纪》卷35，载《大正新修大藏经》第49册，第332页。
⑦ 《高僧传》卷1《译经上·昙柯迦罗传》，第13页。
⑧ 《开元释教录》卷1，载《大正新修大藏经》第55册，第487页。
⑨ 同上。

发展，除译出大众部戒律《僧祇戒心》，还请天竺僧侣等担任戒师受戒。故"中夏戒律，始自于此"①。康僧铠等虽名气不如昙柯迦罗，但也推动魏朝译经事业的发展。和东汉末来华僧人一样，此时期来华僧人循着前人的足迹，来洛阳一带译经，除天竺人外，其余多来自安息、大月氏、康居等地。

与此同时，由于汉末政局动荡，不少僧人南下避乱，故三国时佛教在南方亦逐渐得到发展。

当时来到南方的著名僧人有支谦，亦名支越，字恭明，原籍月氏，其祖父法度在汉灵帝时，"率国人数百归化，拜率善中郎将"，故支谦生于汉土，似居于洛阳。史载其"十三学胡书，备通六国言"。曾从东汉高僧支谶的弟子支亮就学。东汉末年，汉室乱，避乱至吴，为孙权所闻，拜为博士，使辅导东宫。吴孙权赤乌四年（241），太子登卒，支谦退隐山中，从沙门竺法兰受持五戒。凡所游从，皆沙门而已。后卒于山中。支谦自黄武至建兴中译出《维摩诘》、《大般泥洹》、《法句》等，凡数十卷。史载："越以大教虽行，而经多胡文，莫有解者，既善华戎之语，乃收集众本，译为汉言。"② 可见支谦华化程度较深，译胡为汉，力求文辞华丽，且收集众本，比较其文，以明其义。支愍度云："越才学深彻，内外备通。以季世尚文，时好简略，故其出经，颇从文丽。然其属辞析理。文而不越。约而义显，真可谓深入者也。"③ 有学者认为此盖为佛教玄学化之开端。④

据说支谦还首创了中国佛教唱赞（梵呗），史载其"依《无量寿》、《中本起经》，制《赞菩萨连句梵呗》三契，注《了本生死经》，皆行于世"，此梵呗就是在乐器的伴奏下演唱的诗偈，它被安插在念诵（转读）佛经的过程中。⑤

吴地佛教另一个主要传播者是康僧会。据《高僧传》载："其先康居

① 《高僧传》卷 1《译经上·昙柯迦罗传》，第 13 页。

② 《出三藏记集》卷 13《支谦传》，第 516—517 页。

③ 《出三藏记集》卷 7《合首楞言经记》，第 270 页。

④ 汤用彤：《汉魏两晋南北朝佛教史》上册，第 95 页。

⑤ ［荷］许理和著，李四龙、裴勇等译：《佛教征服中国》，江苏人民出版社 2003 年版，第 51 页。

人也，世居天竺，其父因商贾移于交趾。会年十余岁，二亲并终。至孝服毕出家，励行甚峻……笃志好学。明解三藏，博览六经，天文图纬，多所综涉……时吴地初染大法，风化未全。僧会欲使道振江左，兴立图寺，乃仗锡东游。以吴赤乌十年（248），初达建业。营立茅茨，设像行道。时吴国以初见沙门，睹行未及其道，疑为矫异。有司奏曰：'有胡人入境，自称沙门，容服非恒，事应检察。'权曰：'昔汉明帝梦神，号称为佛。彼之所事，岂非其遗风耶？'即召会诘问，有何灵验……乃置舍利于铁钻槌上，使力者击之，于是钻槌俱陷，舍利无损。权大叹服，即为建塔。以始有佛寺，故号建初寺，因名其地为佛陀里。由是江左大法遂兴……会于建初寺译出众经。所谓《阿难念弥陀经》《镜面王》《察微王》《梵皇经》等。又出《小品》及《六度集》《杂譬喻》等，并妙得经体，文义允正。又传泥洹呗声，清靡哀亮，一代模式。又注《安般守意》《法镜》《道树》等三经，并制经序，辞趣雅便，义旨微密，并见于世。至吴天纪四年（280）四月，皓降晋。九月，会遭疾而终，是岁晋武太康元年（280）也。"① 可知康僧会原籍康居，世居天竺，其父因经商移居交趾。由于这一地区佛教势力兴盛，所以出生商人家庭的康僧会选择皈依佛门，并成为著名法师。他是有史记载的第一个自南而北传播佛教的僧侣。其"明解三藏"，且"博览六经"。吴赤乌十年（247），康僧会至建业，相传他利用佛舍利显神异，说动孙权为其建立佛寺，号"建初寺"，是有史记载江南建寺之始。佛教史籍都将康僧会的传教活动作为江南佛教的开端。康僧会所译经中，现存有《六度集经》，文辞典雅，颇援引中国理论。康僧会对于中国东南部佛教之传布，可谓第一功人，而其来至中国，则经由海道也。②

虽然自汉末起，自南方交趾等地的海路交通有了进一步的发展，如汉桓帝延熹九年（166），大秦王安敦遣使自日南徼外献象牙、犀角、瑇瑁③；延熹二年（159）、四年（161），天竺频从日南徼外来献④；东吴孙

---

① 《高僧传》卷1《译经上·康僧会传》，第14—18页。
② 张星烺：《中西交通史料汇编》第三册，中华书局1978年版，第1318页。
③ 《后汉书》卷88《西域传》，第2920页。
④ 同上书，第2922页。

权时，还遣宣化从事朱应、中郎康泰通南海诸国①，康僧会即来自交趾，不过支谦等是自汉末避乱南方，且二人均生于中土，华化程度很深。所以此时南方佛法并不全系海上交通。② 不过由于康僧会等人的贡献，南方佛教由此兴盛。

有学者认为支谦、康僧会系出西域中亚，而生于中土，华化程度很深，译经尚文雅，通常掇拾中华名辞与理论，羼入译本，故其学均非纯粹西域之佛教。③ 可知三国时期外来译经僧基本上还是遵循东汉末年的传统，多为会译之作。尽管如此，康僧铠等人的贡献还是比较大的，这一时期南方的佛教开始有了一定的发展。

西晋建立后，国家有过几十年短暂的统一。由于司马氏定都洛阳，故西晋的佛教活动以洛阳为中心。晋武帝时期（265—290 年），沿袭曹魏旧制重新确立对西域的管辖。中亚大宛、康居、大秦等国纷遣使朝贡，促进了中西间国际贸易的发展。来自中亚绿洲的传教者和经本大量涌入，导致了一场规模巨大的译经运动。④

当时的长安有月氏人竺法护，他是西晋最有成就的译经家。《高僧传》载：竺法护亦称竺昙摩罗刹（亦作昙摩罗察，梵文 Dharmaraksa），"其先月氏人，本姓支氏，世居敦煌郡。年八岁出家，事外国沙门竺高座为师……笃志好学，万里寻师。是以博览六经，游心七籍……是时晋武之世，寺庙图像，虽崇京邑，而《方等》深经，蕴在葱外，护乃慨然发愤，志弘大道。遂随师至西域，游历诸国"。可知竺法护祖籍月支，本姓支氏，世居敦煌。因事外国沙门竺高座为师，故姓竺。其笃志好学，万里寻师。除诵读佛经外，还博览六经。后随师游历西域各国，学会多种语言，"外国异言三十有六种，书亦如之，护皆遍学，贯综诂训，音译字体，无不备晓。遂大赍梵经，还归中夏。自敦煌至长安，沿路传译，写为晋文"。⑤ 他收集大量胡本佛经回来，自敦煌至长安，沿路传译。西晋末

---

① 《梁书》卷 54《诸夷传》，第 783 页。

② 汤用彤：《汉魏两晋南北朝佛教史》上册，第 88 页。

③ 同上书，第 97 页。

④ ［荷］许理和著，李四龙、裴勇等译：《佛教征服中国》，第 59 页。

⑤ 《高僧传》卷 1《译经上·竺昙摩罗刹（竺法护）传》，第 33 页。《出三藏记集》记竺法护"大赍胡本"，见同书卷 13《竺法护传》，第 518 页。

年，避乱东向，卒于渑池。其一生往来于敦煌、长安间，收僧徒数千。他除在长安译经外，还在敦煌、洛阳、酒泉等地译经。其所译佛经，据《开元释教录》记载为175部、354卷①，多为当时流行于印度本土及西域的早期大乘流派的主要经典。因竺法护对译经事业贡献颇多，故梁僧祐赞曰："经法所以广流中华者，护之力也。"② 竺法护被认为是传布大乘最著之一人。

竺法护传译主要是手持胡经，口敷晋言，笔受者多为汉僧。晋武帝太康五年（284），罽宾文士竺候征若携《修行道地经》至敦煌。月氏法护究天竺语，又畅晋言，于此相值，共演之。③ 太康七年（286）竺法护手持胡经，口宣出《正法华经》二十七品，授优婆塞聂承远、张仕明、张仲政共笔受。④ 晋惠帝永康元年（300），竺法护从罽宾沙门得《贤劫三昧》，手执口宣。时竺法友从洛阳寄来，笔受者赵文龙。⑤ 晋怀帝永嘉二年（308），法护在天水寺手执《普曜经》胡本，口译为晋言，沙门康殊、帛法巨笔受。⑥ 有学者指出："护公于佛教入华以来，译经最多。又其学大彰《方等》玄致，宜世人尊之，位在佛教玄学之首也。"⑦ 竺法护的译经活动也推动了佛教在中国社会的普及。

与竺法护同时期的还有月氏人支法度、安息人安法钦等。《开元录》载：支法度于西晋惠帝永宁元年（301）译《逝童子经》一卷、《善生子经》一卷等四部五卷经。⑧ 此支法度应为月支人。安法钦为安息国人，"学赡众经，幽鉴无滞"，从晋武帝太康二年（281）至惠帝光熙元年（306），在洛阳译《道神足无极变化经》四卷、《阿育王传》七卷。⑨

此外这一时期还有来自罽宾的沙门，名智山，"雅习禅颂，晋永嘉末到达中夏，分卫自资，语必弘道"⑩，建武元年（317）返罽宾。

---

① 《开元录释教录》卷2，载《大正新修大藏经》第55册，第496页。
② 《出三藏记集》卷13《竺法护传》，第518页。
③ 《出三藏记集》卷7《出经后记》，第274页。
④ 《出三藏记集》卷8《正法华经记》，第304页。
⑤ 《出三藏记集》卷7《贤劫经记》，第268页。
⑥ 《出三藏记集》卷7《普曜经记》，第267页。
⑦ 汤用彤：《汉魏两晋南北朝佛教史》上册，第114页。
⑧ 《开元释教录》卷2，载《大正新修大藏经》第55册，第501页。
⑨ 同上书，第497页。
⑩ （南朝梁）宝唱：《比丘尼传》卷1并序，载《大正新修大藏经》第50册，第934页。

除此之外，西晋末东晋初，由于北方战乱，有不少僧人渡江南下。《高僧传》载康僧渊"本西域人也，生于长安。貌虽梵人，语实中国。容止详正，志业弘深……晋成之世，与康法畅、支敏度等俱过江。畅亦有才思，善为往复，著《人物始义论》等……敏度亦聪哲有誉，著传《译经录》，今行于世。渊虽德愈畅、度，而别以清约自处。常乞囚自资，人未之识……琅琊王茂以鼻高眼深戏之，渊曰：'鼻者，面之山。眼者，面之渊。山不高则不灵，渊不深则不清。'时人以为名答。后于豫章山立寺……名僧胜达，响附成群，常以持《心梵经》，空理悠远，故偏加讲说。尚学之徒，往还填委，后卒于寺焉"①。康僧渊大概来自西域康居，通晓汉语。东晋成帝时，与康法畅、支敏度等共同过江。

支敏度家世不祥，大概为月氏人。晋惠帝时，以三国吴支谦所译《首棱严经》为主，附以晋竺法护和竺书兰的两种译本，著《合首楞言经》八卷，又把这三人分别译出的《维摩诘经》合为一部，为《合摩诘经》五卷。② 东晋成帝时，与康僧渊、康法畅等结伴过江。康法畅从姓氏上看，大概为康居人或其后裔。

这一时期在南方亦有不少西域译经僧活动。交州有西域人支疆梁接，又名强梁娄至，"晋言真喜，志情旷放，弘化在怀"，晋武帝太康二年（281）于广州译出《十二游经》一卷。③ 此支疆梁接大概为西域月氏人。可知佛教教义开始在广州等地传播。

三国西晋情况大致相同，当时的译经僧多为华籍胡裔，大概为汉末三国时来华定居者，有大月氏人，也有康居人、安息人，新来华者史载不多，其中有来自罽宾的僧人。其所译经，仍以大乘佛经为主，且以《般若经》所占比重最大，汉族僧人也开始参与译经工作。译经区域也多集中于洛阳、长安。在南方以交、广为主，但并不兴盛。这种情况至东晋时有了改善。

二　东晋十六国时期南北译经活动兴盛

东晋十六时期虽然在政治上动荡纷纭，北方各少数民族也迁徙频繁，

---

① 《高僧传》卷4《义解一·康僧渊传》，第151页。
② 《出三藏记集》卷2，第45页；卷7，第270—271页。
③ 《开元释教录》卷2，载《大正新修大藏经》第55册，第501页。

但在佛教传播上，无论是佛典的翻译还是信仰的普及都得到进一步的发展。从内地西行求法的僧人络绎不绝，外来的译经传教僧也足迹甚广，非常活跃。

这个时期，北方的民族割据政权，大都扶持佛教。自竺法护后，在河西走廊建立的诸凉和西秦等国，译事从未中断，至前秦时期，最为鼎盛。

凉州为河西走廊的交通要冲，西方传教者由陆路东来，往往先至此，使其成为中西交通枢纽。北凉时期沮渠蒙逊领有凉州，蒙逊信佛，故凉州遂为传译中心之一。河西比较著名的译经僧主要有天竺人昙无谶，西域人浮陀跋摩等，所译内容主要有"涅磐"、"大集"等。

前凉时期，月支居士支施仑于东晋宁康元年（373），在凉州诵出《首愣严经》《须赖经》《上金光首经》，"时译者归慈王世子帛延，善晋胡音，延博解群籍，内外兼综"①。这是在前凉最后一位国王，也即凉州刺史张天赐的主持下完成的。

此时佛教亦渗入后赵大单于石勒的宫廷中。当时后赵有西域人佛图澄，西域人，本姓帛，或谓天竺人。从其姓氏看，其祖先应出自龟兹。石勒对其非常敬重，"有事必咨而后行"。石虎即位，迁都于邺，"倾心事澄，有重于勒"，还曾下诏曰："朕生自边壤，忝当期运，君临诸夏。至于飨祀，应兼从本俗。佛是戎神，正所应奉……其夷赵百蛮有舍其淫祀，乐事佛者，悉听为道。"而佛图澄悯念苍生，以方术欣动二石，以报应之说戒其残杀。蒙其益者十有八九，加上统治者的扶持，于是"中州胡晋，略皆奉佛"，据《高僧传》载，来自天竺、康居等的数十名僧，"足涉流沙，诣澄受训"②。佛图澄是中国佛教史上第一个争取封建最高统治者把佛教纳入国家保护之下，利用国家力量帮助佛教发展的僧人③。但这一时期译经活动并不兴盛。

十六国时期的译经活动真正发展是在前秦时期。由于符坚等扶持佛教，而东晋名僧道安此时亦从失陷的襄阳来到长安，在他们的努力和号召下，外来译经僧不断前来长安，中亚和北印度的传教者及经典和思想持续

---

① 《出三藏记集》卷7《首楞严经后记》，第271页。
② 《高僧传》卷9《神异上·佛图澄传》，第345—357页。
③ 任继愈主编：《中国佛教史》第二卷，中国社会科学出版社1985年版，第147页。

涌入。随着前秦政权在长安的建立，长安佛教开始兴盛，并在聚众译经的
基础上形成长安僧团。① 这一时期西域僧人前赴后继东来长安，其中以罽
宾国人为多。

罽宾，即迦湿弥罗，今克什米尔一带。地处印度西北，孤立群山之
中，交通不便。相传在阿育王时，佛化始被斯土。所传为上座部之学，演
而为一切有部。晋时与中原有了进一步来往。竺法护译《贤劫经》（《祐
录》七《贤劫经记》），其原本乃得自罽宾沙门，而高僧佛图澄亦自云：
"再到罽宾，受诲名师，西域咸称得道。"② 及至苻秦统一北方，且于前秦
建元十二年（376）灭了前凉，势力及于西域，与中亚之交通畅达，罽宾
沙门遂群集长安，大出一切有部之经论。因罽宾为小乘教之中枢，由罽宾
传来之佛教，皆小乘教。

当时关中罽宾僧人有沙门耶舍。史载建元十八年（382），有罽宾沙
门耶舍，诵出《鼻奈耶经》。由鸠摩罗佛提写梵文，竺佛念译出，昙景笔
受。道安序曰："又其伴罽宾鼻奈，厥名耶舍，讽《鼻奈经》甚利，即令
出之。"③

僧迦跋澄：又名众现，罽宾人。史载其历寻名师，备习三藏，"博览
众典，特善数经"，善暗诵《阿毗昙毗婆沙》。苻坚建元十七年（381）至
关中。是时秘书郎赵整崇仰大法，尝闻外国宗习《阿毗昙毗婆沙》，而跋
澄讽诵，乃请出之，与道安等集僧宣译。"（僧伽）跋澄口诵经本，外国
沙门昙摩难提笔受为梵文，佛图罗刹宣译，秦沙门敏智笔受为晋本"④，
赵整正义，道安校对，前秦建元十九年（383）译出。僧伽跋澄在前秦乱
后东下。后因返旧乡，暂住京都。于后秦皇初五年（395）秋译出《出曜
经》。

僧迦提婆：也作僧伽提和、僧伽祢婆，本姓瞿昙，罽宾人。史载其
"远求名师，学通三藏。尤善《阿毗昙心》……常诵《三法度论》"⑤。前
秦建元十九年（383）到长安。应法和之请，诵出并参与译经。其所译有

---

①　尚永琪：《鸠摩罗什译经时期的长安僧团》，《学习与探索》2010 年第 1 期。
②　《高僧传》卷 9《神异上·佛图澄传》，第 345 页。
③　（晋）释道安：《鼻奈耶序》，载《大正新修大藏经》第 24 册，第 851 页。
④　《高僧传》卷 1《译经上·僧伽跋澄传》，第 33 页。
⑤　《高僧传》卷 1《译经上·僧伽提婆传》，第 37 页。

《阿毗昙八犍度论》，即《发智论》。道安序曰："以建元十九年，罽宾沙门僧迦禘婆诵此经甚利，来诣长安。比丘释法和请令出之。"① 提婆为译人中一切有部之大家，他在长安首次让中国人了解到一切有部那些博大精深的经典。② 及苻秦溃败，僧伽提婆东止洛阳，渐娴汉语，乃与法和更出此经及尼陀般尼撰之《毗婆沙》。晋太元十六年（391）南下至庐山。

僧迦跋澄、僧迦提婆等人，皆为小乘佛教传导师。罽宾人来华传小乘经者，至前秦苻坚时代达到鼎盛。

这一时期来华的还有与罽宾邻近的兜法勒人法喜，即昙摩难提，史载其为"兜法勒人……博识恰闻，靡所不综，是以国内远近，咸共推服。少而观方，遍历诸国。常谓弘法之体，宜宣布未闻。故远冒流沙，怀宝东入。以苻氏建元中，至于长安。难提学业既优，道声甚盛。苻坚深见礼接。先是中土群经，未有四含。坚臣武威太守赵正欲请出经。时慕容冲已叛，起兵击坚，关中扰动。正慕法情深，忘身为道，乃请安公等于长安城中，集义学僧，请难提译出《中增一二阿含》，并先所出《毗昙心三法度》等，凡一百六十卷。佛念传译，惠嵩笔受。自夏迄秋，绵涉两载，文字方具。及姚苌寇逼关内，人情危阻。难提乃辞还西域，不知所终"③。此兜佉勒即梵语 Tokhara、Tuhara 的译音，也即《魏书》所作吐呼罗，《唐书》所称吐火罗，古代之大夏，汉时臣服于月氏，故列为月氏人，其地在今阿富汗一带。道安死后，僧伽提婆与法和等人东去洛阳，校订和研讲僧伽跋澄和昙摩难提所译经典。后秦姚兴皇初年间（394—399），僧伽提婆过江，先投庐山慧远，后到建康讲经译经。

后秦弘始四年（402），鸠摩罗什自西域来到长安，姚兴待以国师之礼。史载："兴既托意于佛道，公卿以下莫不钦服，沙门自远而至者五千余人……沙门坐禅者恒有千数，州郡化之，事佛者十室而九矣。"④ 可以说佛教在姚兴政权支持下，获得很大的发展。鸠摩罗什到来，被姚兴"请入西明阁逍遥园，译出众经。什率多暗诵，无不究达。转解秦言，音

---

① 《出三藏记集》卷10《阿毗昙序》，第277页。
② ［荷］许理和著，李四龙、裴勇等译：《佛教征服中国》，第275页。
③ 《高僧传》初集卷1《译经上·昙摩难提传》，第34—35页。
④ 《晋书》卷117《姚兴载记上》，第2985页。

译流利。既览旧经，义多乖谬，皆由先译失旨，不与胡本相应。使沙门僧肇、僧略、僧邈等八百余人，咨什受旨"①。当时以其为中心形成了一个庞大的僧团，他们的主要任务是译经、说法和传教。鸠摩罗什到长安译经，是中国译经史、佛教史上的重大事件。当时与鸠摩罗什合作译出说一切有部戒律《十诵律》的佛若多罗、卑摩罗叉及译出法藏部戒律《四分律》的佛陀耶舍，也来自罽宾，而鸠摩罗什年幼时亦随母至罽宾学经，因而其受罽宾一切有部影响甚深。

《十诵律》的前五十八卷是鸠摩罗什先后与罽宾僧弗若多罗、西域僧昙摩流支合译而成。罽宾僧弗若多罗在后秦弘始年间进入关中，受到姚兴礼遇。弘始六年（404），在长安寺中诵出《十诵律》梵本，与鸠摩罗什译为汉文，但译到全律三分之二时去世。② 西域昙摩流支在弘始七年（405）入关，慧远听说他善律学，携此律本，即写信给他，恳请他把《十诵律》译完。此后昙摩流支即与鸠摩罗什合作译完此律。③ 最后的"毗尼经"三卷是罽宾僧卑摩罗叉于鸠摩罗什死后于寿春译出。卑摩罗叉先在龟兹弘阐律藏，闻鸠摩罗什在长安大弘经藏，乃于弘始八年（406）东入长安。鸠摩罗什以师礼待之。卑摩罗叉晚年住寿春，大弘《十诵》，江南人宗之。④

鸠摩罗什在西域时曾从罽宾僧人佛陀耶舍受学，后鸠摩罗什被吕光所执，从姑藏到长安，听说佛陀耶舍已到姑藏，便劝后秦王姚兴派人前去迎请。佛陀耶舍到长安后，曾助鸠摩罗什译《十住经》。弘始十二年（410），又受司隶校尉姚爽之请，译出《四分律》四十五卷；弘始十五年（413），还译出《长阿含经》。⑤ 《四分律》在唐以后成为内地通行的戒律。佛陀耶舍后还西域，至罽宾得《虚空藏经》一卷，通过贾客之手传与凉州诸僧人。

除此之外，还有不少罽宾僧人活动于江南一带。《高僧传》称晋孝武帝在执政之初便邀请汉化了的月氏人支昙仑进京，止建业寺。并"从受

---

① 《出三藏记集》卷14《鸠摩罗什传》，第534页。
② 《高僧传》卷2《译经中·佛若多罗传》，第60—61页。
③ 《高僧传》卷2《译经中·昙摩流支传》，第61—62页。
④ 《高僧传》卷2《译经中·卑摩罗叉传》，第63—64页。
⑤ 《高僧传》卷2《译经中·佛陀耶舍传》，第65—67页；《出三藏记集》卷14《佛陀耶舍传》，537—538页。

五戒，敬以师礼"①。

《高僧传·昙翼传》云：昙翼在江陵，感得佛像，有自蜀地而来的罽宾禅师僧伽难陀识之，谓为阿育王所造。②

东晋安帝义熙年间（405—418），罽宾沙门昙摩耶舍由广州入长安，与天竺沙门昙摩崛多译出《舍利弗阿毗昙》，至义熙十六年（414）译成，共二十二卷。③

两晋时期，中原不少佛教名僧避难渡江，在江南积极开展传教活动。如前述康僧渊，东晋成帝时与康法畅、支敏度等渡江。前述罽宾僧僧伽提婆于后秦姚兴皇初年间（394—399）过江，先投庐山慧远，后到建康讲经译经。东晋太元十六年（391），在庐山为慧远译出《阿毗昙心》四卷、《三法度论》二卷。慧远序云："罽宾沙门僧伽提婆，少玩兹文，味之弥久……会遇来游，因请令译。提婆乃手执胡本，口宣晋言，临文诚惧，一章三复。远亦宝而重之。"④ 东晋隆安元年（397），其在建康译出《中阿含经》六十卷（或云五十八卷）、《增一阿含经》五十一卷⑤，成为一时贯通南北，弘扬毗昙的学者。

《中阿含经》于东晋隆安元年（397—398）由罽宾沙门僧伽罗叉诵出，僧伽提婆译为汉语。"时有西域沙门僧伽罗叉，善诵'四含'，珣请出《中阿含经》，持乃校阅文言，搜括详定。"⑥ 此经由僧伽提婆传译，道慈笔受，慧持校阅。⑦《增一阿含经》亦是此时由提婆译出，道祖笔受。⑧《阿含经》乃小乘教之根本经典，除《杂阿含经》为刘宋时期天竺人求那跋陀罗译出外，其余三部，即僧伽提婆所译的《中阿含经》《增一阿含经》及姚秦时佛陀耶舍所译的《长阿含经》均出于此时期，也均出自罽宾僧人之手。

汉魏间佛教传入中国后，译经之重镇为洛阳，然当西晋竺法护译经时，长安已为要地。符坚统一北方后，武功极盛。后攻取凉州，更是威名

---

① 《高僧传》卷 13《经师·支昙仑传》，第 498 页。
② 《高僧传》卷 5《义解二·释昙翼传》，第 199 页。
③ 《高僧传》卷 1《译经上·昙摩耶舍》，第 41—42 页。
④ 《出三藏记集》卷 10《阿毗昙心序》，第 379 页。
⑤ 《开元释教录》卷 3，载《大正新修大藏经》第 55 册，第 511 页。
⑥ 《高僧传》卷 6《义解三·慧持传》，第 229 页。
⑦ 《出三藏记集》卷 9《中阿含经序》，第 338 页。
⑧ 《开元释教录》卷 3，载《大正新修大藏经》第 55 册，第 505 页。

远震，于阗、康居遣使贡献，大宛来献汗血马。太元七年（382），苻坚命吕光平西域。中西交通畅达，西方远来僧人益多。前秦建元二十年（384），沙门兜法勒来长安，道安曾云："外国乡人，咸皆善之。"① 这些外国乡人尤以罽宾僧人为多，姚秦时更有所增加。其译经活动亦从中原向江南一地发展，此时期江南地区的传经、译经活动逐渐兴盛起来。有学者指出在东晋之世，佛法遂深入中华文化，人民对之益为热烈，此时期因道安、慧远的努力，及僧人西游瞻礼圣迹之热望，人们愈加重视传译与求法。② 故晋末宋初，西行求法运动愈加活跃。

值得一提的是，东晋以前，佛典大都是由外来僧侣或侨民传进内地的。进入东晋以后，陆续有中国僧人西行求法取经，参礼圣迹，前赴后继。有学者认为这些人于梵语、于佛理得实地练习，及其回国后，襄助译事，较以前徒凭西域人之传述者，大为优胜。③

三　南北朝时期中亚译经僧的译经高潮

南北朝时期是中国佛教全面持续高涨时期，也是中国佛教史上产生译人译典最多的时期。不仅西行求法者更加频繁，西来的僧侣也不远万里而至。

南朝与天竺交通多由海路。故南朝传经求法者，多走海路。东晋义熙十三年（417）刘裕攻入长安，聚集在鸠摩罗什周围的僧侣们除至徐州外，多半南下。北魏太平真君五年（446），拓跋焘下"灭佛法诏"，魏境沙门大批南逃。这样散布于全国的僧侣及译人几乎都集中到了江南。

宋齐梁陈四朝的统治者们，大都崇信佛教，使得佛教在南朝得到很大发展。尤其是南朝宋时，译经事业得到蓬勃发展，这也是南北朝时译籍最丰富的朝代。南朝的建康是江南外籍僧侣的活动中心，也是出译籍、出义理的主要基地。建康与中天竺、南天竺和扶南等国的佛教联系尤为密切。此时期来华僧人主要为天竺人，著名的有佛陀跋陀罗，又名觉贤，迦维罗卫人。其游学罽宾，应秦僧智严的邀请来到长安，与鸠摩罗什门下僧众发

---

① 《出三藏记集》卷9《增一阿含经序》，第339页。
② 汤用彤：《汉魏两晋南北朝佛教史》上册，第266页。
③ 同上书，第289页。

生激烈冲突，约在东晋安帝义熙七年（411）被摈出境，与慧观等四十余人南投庐山慧远，着手译经。后为出征至荆州的刘裕罗致，回到建康，住道场寺，前后译出佛典十三部。其与法显及法业、慧严等共同翻译法显带回的梵文经典，译出《摩诃僧祇律》《大般泥洹经》等。①

宋文帝元嘉中译人之最著者为求那跋陀罗。其主要传播大乘学，故世号"摩诃衍"。宋元嘉十二年（435），中天竺求那跋陀罗经师子国到广州登陆，后至建康。宋文帝敕慧观、慧严等接待，并助其着手译经。《开元录》记其所译佛籍五十二部，一百三十四卷。②汉译四部《阿含经》中之《杂阿含经》即为求那跋陀罗所译。

除此之外，当时译经僧人也有不少来自罽宾、康居等地。

同一时期来华的罽宾僧人有昙摩耶舍，史载其为罽宾人，少而好学，年十四即为弗若多罗所知。东晋隆安年间（397—401），初达广州，因善诵毘婆沙律，人咸号为"大毘婆沙"。义熙年间（405—418）至长安，受到姚兴礼遇。其与天竺沙门昙摩掘多共译《舍利弗阿毘昙》，南朝宋元嘉年间（424—453），辞还西域，不知所终。③

宋少帝景平元年（423）七月，罽宾沙门佛驮什至扬州。先是法显于天竺得《弥沙塞律》梵本，未及译而显亡，京师诸僧请佛驮什译出。遂以其年冬十一月，集于龙光寺，译出三十四卷，称为《五分律》，佛驮什执梵文，于阗沙门智胜为译，龙光道生、东安慧严共执笔参正。至明年四月方竟。什后不知所终。④南朝译经最多产阶段即在此时。

罽宾僧求那跋摩，本刹利种，治在罽宾国，累世为王，后弃位入道，洞明经律，妙精禅法，号为三藏法师。泛船至师子国。又至阇婆，其王甚重之。"道化之声，播于遐迩。邻国闻风，皆遣使要请。"时京师名德沙门慧观、慧聪等，以元嘉七年（430）面启文帝，求迎请跋摩。帝敕交州刺史泛舶延至。跋摩先随商舶至广州，帝令资发下京。以元嘉八年（431）正月达建业，敕住祇洹寺，供给隆厚，王公英彦，莫不宗奉。不

---

① 《高僧传》卷 2《译经中·佛陀跋陀罗传》，第 69—73 页。

② 《高僧传》卷 3《译经下·求那跋陀罗传》，第 130—133 页；《开元释教录》卷 5，载《大正新修大藏经》第 55 册，第 528 页。

③ 《高僧传》卷 1《译经上·昙摩耶舍传》，第 41—42 页。

④ 《高僧传》卷 3《译经下·佛驮什传》，第 96 页。

久于此寺开讲《法华》及《十地》。① 大乘戒法，由此传于南方。跋摩在宋京只九月余而迁化，年六十五，有史载其为罽宾王之支胤。② 求那跋摩虽在华短祚，译著不多，但传播了大乘戒法。

同来的罽宾僧还有昙摩蜜多。昙摩密多，意译法秀，罽宾人，史载："罽宾多出圣达，屡值名师。博览群经，特深禅法"，其东游至龟兹、敦煌、凉州，宋元嘉元年（424），辗转入蜀，后到荆州（今湖北江陵），又南下达建康，时"宋文哀皇后及皇太子、公主，莫不设斋桂宫，请戒椒掖，参候之使，旬日相望"。③ 密多乃禅师，译有《禅经》《禅法要》等。卒于宋元嘉十九年（442），春秋六十有八。

此时期也有不少康居人或其后裔活跃在江南一带。主要有：

沙门宝意：梵言阿那摩低，本姓康，康居人，世居天竺。以宋孝武孝建中，来止京师瓦官禅房。恒于寺中树下坐禅，又晓经律，时人亦号三藏。常转侧数百贝子，立知凶吉。善能神咒，以香涂掌，亦见人往事……四远道俗，咸敬而异焉。齐文慧、文宣及梁太祖并敬以师礼焉。永明末，卒于所住。④

释昙谛：姓康，其先康居人，汉灵帝时移附中国。献帝末乱，移止吴兴。谛父肜，尝为冀州别驾……至年十岁出家，学不从师，悟自天发……谛后游览经籍，过目斯记。晚入吴虎丘寺讲《礼》《易》《春秋》各七遍，《法华》《大品》《维摩》各十五遍。又善属文翰，集有六卷，亦行于世。性爱林泉，后还吴兴，入故章昆仑山，闲居涧饮二十余载。以宋元嘉末卒于山，春秋六十余。⑤

释慧明：姓康，康居人，祖世避地于东吴。明少出家，止章安东寺。齐建元中，与沙门共登赤城山石室……齐竟陵文宣王闻风祗挹，频遣三使，殷勤敦请，乃暂出京师。到第，文宣敬以师礼。少时辞还山，苦留不止。于是资给发遣。以建武之末卒于山中，春秋七十。⑥ 慧明始祖避地于

① 《高僧传》卷3《译经下·求那跋摩传》，第105—109页。
② 《出三藏记集》卷14《求那跋摩传》，第543—544页。
③ 《高僧传》卷3《译经下·昙摩蜜多传》，第120—122页；《开元释教录》卷5，载《大正新修大藏经》第55册，第524页。
④ 《高僧传》卷3《译经下·求那跋陀罗传》，第134页。
⑤ 《高僧传》卷7《义解四·释昙谛传》，第379页。
⑥ 《高僧传》卷11《习禅·释慧明传》，第425—426页。

东吴，似亦东汉时来中国，逢汉末之世，避地江左者。①

南朝宋齐之交，佛教的传播开始转向注重理论，看轻传译，译事没有刘宋时期发达。但刘宋之后也出现著名的译经僧，即真谛，梵音"婆罗末陀"；又名亲依，梵音"拘那罗陀"，西天竺优禅尼国人。曾游学扶南，梁大同（535—546）中受命抵梁，真谛于梁大同十二年（546）到南海（今广州），二年后，进入京邑，梁武帝请他译经。此后直到陈太建四年（569），相继译出《十七地经》、《摄大乘论》、《唯识论》等②。其所传为法相唯识之学，是玄奘以前唯识系典籍的一位重要译人③，也是南北朝时期最有学识的外来僧侣。

齐时有僧伽跋陀罗译《善见律》，为广律之一。梁时僧伽婆罗译《解脱道论》，为巴利文《清静道论》之译本，二者均出于锡兰佛典。④ 可知南朝的佛典多来自南海一带。

还有释明达，"姓康氏，其先康居人也。童稚出家，严持斋戒……年及具足，行业弥峻……以梁天监初，来自西戎，至于益部。时巴峡蛮夷，鼓行抄劫。州郡征兵，克期诛讨。达愍其将苦，志存拯拔。独诣贼，登其堡垒。慰喻招引，未狎其情。俄而风雨晦宴，雷霆震击。群贼惊骇，恻而求哀。达乃教具千灯，祈诚三宝……故达化行蜀楚，德服如风之偃仆也……以天监十五年，随始兴王还荆州。冬十二月，终于江陵，春秋五十有五"⑤。释明达显然是出身康居的佛教僧侣，他在梁天监初年，从西域来到益都，成为蜀地沙门，后卒于江陵。

总体来看，南朝译经活动以宋时最为集中。南朝刘宋的译经，实发达于武帝与文帝二朝。武帝刘裕优礼沙门，其子文帝刘义隆则进一步把佛教当成"坐致太平"的工具。故这一时期外来僧人多而集中，译著也大量出现。而此时期不少华籍僧人西行求法，学习梵语及佛理，东归以后，襄助译事，颇为助益。

---

① 张星烺：《中西交通史料汇编》第三册，第1321页。
② 《续高僧传》卷1《拘那罗陀传》，《高僧传合集》，第109—110页；《开元释教录》卷6、卷7，载《大正新修大藏经》第55册，第538、546页。
③ 郭朋：《中国佛教简史》，社会科学文献出版社2012年版，第89页。
④ 《开元释教录》卷6，载《大正新修大藏经》第55册，第535—537页。
⑤ 《续高僧传》卷30《蜀部沙门释明达传》，第366页。

而北方自鸠摩罗什于弘始十五年（413）逝世之后二三十年间，因北魏于太延五年（439）灭北凉，北魏太平真君七年（446）魏太武帝又下诏毁佛，佛教译事、传教活动一度沉寂。魏文帝时，复兴释教。领袖沙门师贤，乃罽宾国王种人。出家后先东游于凉，北凉灭后，徙于平城。太武帝灭佛时还俗行医，文成帝复兴佛法，被任为道人统，与弟子昙曜致力于佛教的恢复和发展。师贤卒后，昙曜代之，改称沙门统，有时称沙门都统。①

北魏孝文帝自平城迁都洛阳，佛教逐渐兴隆，信仰盛于南方。孝文帝、孝宣帝"笃好佛理"，孝文帝诏于少室山阴立少林寺，安居西域沙门跋陀。其本人常于禁中亲讲经论，并为西域来僧建永明寺。② 孝明帝（516—522 年在位）遣慧生等赴西域求经，魏境才真正有了译经的活动。洛阳译经之盛，前代所无。史载："佛法经像，盛于洛阳，异国沙门，咸来辐辏，负锡持经，适兹乐土"，原来洛阳只有十数所庙宇，由于统治者的提倡，当时竟达一千三百余所。而永明寺译场之壮丽，世未曾有，该寺接纳"百国沙门三千余人，西域远者，乃至大秦国，尽天地之西垂"。③可知当时远者来自大秦和南印度，洛阳成为当时佛教最盛的圣地。尽管这一时期来自中亚一带的僧人也活跃于北方，但整个北朝的译事活动还是以天竺僧人为主。

当时译经之僧人，有天竺人昙摩流支、法场、菩提流支、勒那摩提、佛陀扇多、瞿昙般若流支等六人，还有北印度的乌苌国人毗目智仙、那连提黎耶舍，北印度捷达国的阇那崛多，中印度摩伽陀国的阇那耶舍等。④其中译经最多，影响较大的是菩提流支，他于北魏宣武帝永平（508—512）初年来到洛阳，受到宣武帝的礼敬，被安置在永宁寺，成为译经元匠。从永平初年至东魏孝静帝元善见天平年间（534—537），共译出经论三十九部，一百二十七卷。⑤ 其所译的《十地经论》，开创了北方的《地

① 《魏书》卷 114《释老传》，第 3036—3037 页。
② 《魏书》卷 114《释老传》，第 3040—3042 页；《洛阳伽蓝记》卷 4《城西》"永明寺"条，第 235 页。
③ 《洛阳伽蓝记》卷 4《城西》"永明寺"条，第 235—236 页。
④ 《续高僧传》卷 1、卷 2，第 108、113—119 页。《开元释教录》卷 6、卷 7，第 540—545页。
⑤ 《续高僧传》卷 1，108 页。

论》学派。随着北魏分为东西魏，东魏孝静帝都邺，上述译经僧中亦有
不少人在邺译经。北周建立后，长安亦有来自天竺的译经僧，西域来的僧
人亦有不少，他们当中有不少来自康居，但以传业者为多，译经活动并不
突出。例如：

邵硕：本康居国人。大口丑目，状如狂，小儿得侮慢。时时从酒徒入
肆酤饮。后为沙门，号硕公。与宝志大士最善，出入经行，不问夜旦，意
欲为之则去。游益州诸县，皆以滑稽言事，能发人欢笑，因劝以善，家家
喜之。① 此应为北魏献文帝天安丁未年（467）事。②

释智嶷：姓康，"本康居王胤也。国难东归，魏封于襄阳，因累居
之，十余世矣。七岁初学，寻文究竟。无师自悟，敬重佛宗……十三拜
辞，即蒙剃落……二十有四，方受俱足。携帙洛滨，依承慧远，传业
《十地》及以《涅磐》，皆可敷导。后入关中，住静法寺。仁寿置塔，敕
召送舍利于瓜州崇教寺……唐初卒也，年七十余矣"③。释智嶷既为"康
居王胤"，显然来自中亚康国，其家族大概在曹魏时来到襄阳，他出家后
转到关中一带活动。

南北朝时期译经的最大特点是部类多，译者多，译场也多，均超过其
前后时代的总和。但总体来看，译者还是以外来僧为主。在这些外来僧
中，除印度人外，罽宾等中亚僧人也占相当比重，至于康居等地来者，多
华化已深。

四　魏晋南北朝时期中亚译经僧的活动特点及影响

相较于东汉，魏晋南北朝时期中亚译经僧来华活动范围广，人数多，
译事活动频繁，译经宗旨追求信达，务求原旨，同时因为与西行求法僧合
作，译经活动达到一个新的高度。

在来华的西域中亚僧人中，许多僧人首次出现的地方为洛阳、长安、
凉州、敦煌，特别是以洛阳和长安为集中，如康僧铠、昙无谛等便是于汉
末魏时先至洛阳，竺法护则是由敦煌至长安。这与佛教由西域传入的主要

① （元）念常集：《佛祖历代通载》卷9，载《大正新修大藏经》第49册，第540页。
② 张星烺：《中西交通史料汇编》第三册，第1321页。
③ 《续高僧传》卷28《释智嶷传》，《高僧传合集》，第351页。

路线相符。① 自西晋时期，长安已成为译经要地，其地位超过洛阳。不过自三国时起，随着康僧会自交趾来到建业，海路交通开始得到发展。东晋以后的来华僧人中，有不少人首先到了交趾、广州等地，其中以南朝宋时人数最多，这是南北朝时期海路交通发展的结果。故有学者认为佛教传入中国内地，历来有两条通道：一是北沿陆上丝绸之路，二是南沿海上丝绸之路。后者比较稀疏，鲜为人知，到南北朝时期，两条路线都明朗起来。② 总体来看，魏晋南北朝时期，作为南北两个中心的长安和建康，成为佛教兴盛的中心，也是西域僧人比较集中的地区。

西晋以后，随着竺法护在长安开展译经活动，译事活动日益频繁。东晋十六国时，南北方译经活动均得到发展，至南北朝时达到高潮。在来华的译经僧人中，除天竺僧人外，西域僧人也占很大比重，除一些来自或出身于月氏、安息、康居等地外，还有相当一部分来自罽宾的僧人，这在十六国前秦、后秦及南朝宋时最为突出。

在译经风格上，三国时支谦、康僧会译经，往往力求文雅，排斥采用胡音。但自晋以后，译经者开始重视直译，先求信达，再事文雅。西方传来之经典，或系梵文，或系胡语。这时期译经多由西来僧人口诵，然后传译，务求不失原旨，这在鸠摩罗什时期进一步完备。当时西域来僧之所译，亦或先由口诵，再记录写为梵文，嗣乃传译，如僧伽跋澄③。或由一人口传，他人径行译为华文，如弗若多罗④。亦有直接执梵（胡）本而译，如竺法护手持胡经，口宣晋言。不过符、姚二代，西僧来华者，多不娴华语，"传译之责，众咸推念"，即往往依赖竺佛念。随着他们入华渐深，熟稔华语，译经质量有了进一步提高。如僧伽提婆在前秦时来长安曾诵出《阿毗昙心》，此后，随着其东止洛阳，渐娴汉语，便更译此经。晋末以后，随着西行求法人携经归国，及译事参加者增多，译经分工之制渐密，对于译事贡献甚多，译经也更多追求原旨，务求信达。不过总体来

---

① 陈勇：《佛教在魏晋南北朝的传播——据僧人出生地加以研究》，《南方论刊》2007 年第 2 期。

② 杜继文主编：《佛教史》，江苏人民出版社 2006 年版，第 164 页。

③ 《高僧传》卷 1《译经上·僧伽跋澄传》，第 33 页。

④ 《高僧传》卷 2《译经中·弗若多罗传》，第 60—61 页。

看，魏晋南北朝时期，在南北朝的佛经翻译中，外来僧仍占主要地位。①
这种情况至隋唐时期才得以改变。

魏晋南北朝中亚僧人的译经活动，推动了大小乘佛教在中国的发
展，也推动了中国的玄学的发展，他们的活动，为隋唐时期胡僧更大规
模的来华及译经活动更深入的开展与佛教的中国化，起了重要的奠基与
推动作用。

---

① 任继愈主编：《中国佛教史》第三卷，中国社会科学出版社 1988 年版，第 127 页。

下　编

隋唐五代时期中亚胡人的来华及活动

第三章

隋唐与中亚诸国的交往与胡人入华活动

第一节　隋唐对西域的经营及与
中亚诸国的政治交往

西汉张骞出使西域及汉武帝伐大宛，打通了去往西方的道路，从此中原与西域往来频繁。远至康居（今阿姆河以东，楚河、塔拉斯河之西）、大夏、大宛等国均遣使贡物，历经魏晋，绵延不绝。北魏统一北方，社会安定，于是"蕃贡继路，商贾交入，诸所献贸，倍多于常"①。北魏还曾遣使至破洛那（今费尔干纳）、者舌（今塔什干）等国，与中亚地区进行交往。隋唐时期，全国统一，国力强盛，加之统治者锐意经营西域，中国与中亚诸国的关系进入了一个新的阶段。

一　隋代与西域的交往

北周大定元年（581），隋代北周而立，改元开皇，仍都长安。隋文帝杨坚即位后，改变了北周以来"倾府藏以事之（突厥）"②的政策，采用"远交而近攻，离强而合弱"③的策略，分化突厥内部。开皇三年（583），东西突厥正式分裂，西边以阿波、达头为一方，东面以沙钵略及其他小可汗为一方，相持不下。此后隋朝又进一步对东突厥实行离间，使东突厥成为隋之属国，"岁遣朝贡"④。而西突厥则统治了西域及中亚地

---

① 《魏书》卷65《邢峦传》，第1438页。
② 《隋书》卷84《突厥传》，第1865页。
③ 《隋书》卷51《长孙晟传》，第1331页。
④ 《隋书》卷84《突厥传》，第1874页。

区。由于波斯势力已衰弱，西突厥很快便越过阿姆河，势力伸入波斯东境。

至炀帝在位之时（605—616 年），海内晏平，国富民殷。加之炀帝本人是一个好大喜功的帝王，积极从事疆土的开拓，由此开始了对西域的经营，中原与中亚的交往亦重新恢复。炀帝即位之初，即遣侍御史韦节、司隶从事杜行满出使西域诸国，"至罽宾（今克什米尔）得码磲杯；王舍城（今印度比哈尔西南之拉杰吉尔）得佛经；史国（今乌兹别克斯坦之沙赫里夏勃兹）得十舞女、狮子皮、火鼠毛而还"①，至安国"得五色盐而返"②。韦节回来撰《西蕃记》，全书今已散佚，但记述康国之部分，保存于《通典》卷193"康国"条中，详细叙述了康国人的商业、祭祀、对拜火教的崇拜、葬礼等情况。③ 除此之外，炀帝还曾遣使出使波斯，如《隋书·西域传》载："炀帝遣云骑尉李昱使通波斯，寻遣使随昱贡方物。"④ 有学者认为李昱可能是同韦节等一起出使的，这个使团在途中分为两路，一路以韦节为中心南下印度，另一路以李昱为中心赴伊朗地区。⑤

在遣使的同时，炀帝又欲经略四夷，"求大秦之明珠，致条支之鸟卵"⑥，建立如汉武帝时的功勋。他鉴于"西域诸蕃，多至张掖，与中国交市"，遂令裴矩"掌其事"，裴矩知"帝方勤远略"，故对"诸商胡至者，矩诱令言其国俗山川险易，撰《西域图记》三卷，入朝奏之……合四十四国。仍别造地图，穷其要害……故诸国之事罔不遍知"。炀帝闻奏大喜，"每日引矩至御坐，亲问西方之事。矩盛言胡中多诸宝物，吐谷浑易可并吞。帝由是甘心，将通西域，四夷经略，咸以委之"。裴矩受命复往张掖、敦煌等地引至西蕃，"至者十余国"。⑦

大业五年（609），炀帝为扫清通西域之阻隘，击灭吐谷浑，开始了

---

① 《隋书》卷 83《西域传序》，第 1841 页。
② 《隋书》卷 83《西域传》"安国"条，第 1849 页。
③ 《通典》卷 193《边防典》"康国"条，第 1039 页。
④ 《隋书》卷 83《西域传》"波斯"条，第 1857 页。
⑤ ［日］长泽和俊著，钟美珠译：《丝绸之路史研究》，天津古籍出版社 1990 年版，第 515—516 页。
⑥ 《北史》卷 97《西域传》，第 3239 页。
⑦ 《隋书》卷 67《裴矩传》，第 1578—1580 页。

"西巡"。五月，各路大军击灭吐谷浑，于吐谷浑故地设置鄯善、且末、西海、河源四郡，发天下轻罪人徙居，大兴屯田。① 这四郡中鄯善、且末均在西域（今新疆）东境。炀帝又于六月，经大斗拔谷至张掖。裴矩遣使说高昌王麴伯雅、伊吾吐屯设及西域二十七国使来朝见。隋炀帝厚待各国使节，"令武威、张掖士女盛饰纵观，骑乘填咽，周亘数十里，以示中国之盛"②。大业六年（610），隋又于伊吾（今新疆哈密）置伊吾郡。③ 这样，隋朝势力渐渐伸入西域地区。

不过，西域广大地区仍处于西突厥及一度兴起的以契苾、薛延陀为主的铁勒政权控制之下，特别是大业年间射匮继为西突厥大可汗后，势力强盛。史称其"始开土宇，东至金山，西至海（今里海），自玉门以西诸国皆役属之"④。尽管如此，西域诸国仍间或遣使向隋朝贡。据史载，大业年间"西域胡往来相继，所经州县，疲于迎送"⑤。当时来朝贡贸易者达三十余国，隋专门设"西域校尉以应接之"⑥。《隋书》卷83《西域传》所记的有"高昌、吐谷浑、党项、康国、安国、石国、女国、焉耆、龟兹、疏勒、于阗、钹汗、吐火罗、恒怛、米国、史国、曹国、何国、乌那曷、穆国、波斯、漕国、附国"等。其中居葱岭以西，属中亚地区的国家有：康国、安国、石国、钹汗国、吐火罗国、恒怛国（即呋哒国，阿姆河以南地区）、米国、史国、曹国、何国、乌那曷（今巴里黑）、穆国（即木鹿）、波斯等。

这种情况持续时间并不长，几年后，天下大乱，隋很快就灭亡了，经营西域的事业也如昙花一现。这种局面至唐以后才开始改观。

二　唐代前期对西域的经营

唐与中亚诸国的关系随着唐经营西域的深入而变得密切起来。唐高祖武德元年（618），李渊在长安称帝，建立唐朝。贞观四年（630），即唐

---

① 《隋书》卷83《吐谷浑传》，第1845页；《隋书》卷24《食货志》，第687页。
② 《隋书》卷67《裴矩传》，第1580页。
③ （唐）李吉甫撰，贺次君点校：《元和郡县图志》卷40"陇右道下"，中华书局1983年版，第1029页。
④ 《旧唐书》卷194下《突厥传下》，第5181页。
⑤ 《资治通鉴》卷180"隋大业三年"条，第5635页。
⑥ 《隋书》卷83《西域传序》，第1841页。

太宗李世民继位后第四年，唐朝基本上统一全国，经济得到恢复和发展，因而一举灭亡了隋末再次兴起的东突厥，除掉了来自北边的威胁。

此时，西域诸国仍在西突厥的控制之下，通往河西的交通亦被居于青海的吐谷浑阻断。尽管这样，西域诸国仍然与唐有使臣往来。① 贞观四年（630）唐灭东突厥时，隋末又臣属于西突厥的伊吾城主入朝，奉所属七城来献，唐于其地置西伊州，贞观六年（632）改名为伊州。② 这是唐朝于西域地区首次置州郡。贞观九年（635），唐太宗又遣军击降自隋末复兴之吐谷浑，扫清了内地通西域的障碍，为以后统一西域打下了基础。③

而自唐初，波斯萨珊王朝已日益衰败，为西突厥强盛创造了有利条件。约在唐武德元年（618），西突厥射匮可汗卒，其弟统叶护可汗立。史称"统叶护可汗勇而有谋，战辄胜，因并铁勒，下波斯、罽宾（今克什米尔），控弦数十万，徙廷石国（今乌兹别克斯坦之塔什干）北之千泉（今吉尔吉斯斯坦比什凯克西），遂霸西域诸国，悉授以颉利发，而命一吐屯监统，以督赋入"④。这是西突厥势力最盛的时期。贞观初，统叶护可汗数次遣使朝贡。可是不久，西突厥即发生内讧，统叶护可汗为其伯父莫贺咄所杀。莫贺咄自立，号屈利俟毗可汗，国人不服，拥立统叶护之子咥力特勤，号乙毗钵罗肆叶护可汗，与俟毗可汗分统西突厥，相互争斗不已。

肆叶护可汗性猜狠，统驭无方，被部众逐于康居，不久忧死。部众迎立泥孰，号咄陆可汗，咄陆可汗即位后，即遣使至唐内附。贞观七年（633），太宗遣使册封咄陆为"吞阿娄拔悉邲咄陆可汗"。⑤ 贞观八年（634），咄陆可汗死，其弟同俄设立，号沙钵罗咥利失可汗。其在位时，对原西突厥十姓重新加以整顿，分其国为十部，每部置一统领，号为十设。每设赐箭一枝，故又称十箭。又分十箭为左右厢，各管五箭。左厢号五咄陆部，置五大啜，居碎叶以东；右厢号五弩失毕部，置五大俟斤，居碎叶以西。自此五咄陆与五弩失毕常各拥可汗，互相对峙。贞观十二年

---

①　《旧唐书》卷198《西戎传》，第5293—5317页。

②　《新唐书》卷215上《突厥传》，第6036页；《旧唐书》卷40《地理志三》，第1643页。

③　周伟洲：《中国中世西北民族关系研究》，西北大学出版社1992年版，第268页。

④　《新唐书》卷215下《突厥传》，第6056页。

⑤　同上书，第6058页。

（638），国人更立欲谷设为乙毗咄陆可汗，与沙钵罗咥利失可汗相对抗，于是西突厥又分为二，乙毗咄陆可汗建庭于镞曷山（今吉尔吉斯山），谓为北庭。翌年，乙毗咄陆可汗迫逐咥利失至拔汗那而死，弩失毕立咥利失弟为乙毗沙钵略叶护可汗，建牙于雎合水（今楚河），谓之南庭。双方以伊利水（今伊犁河）为界。①

西突厥的这种分裂形势，为唐统一西域创造了条件。贞观十四年（640），唐太宗遣侯君集率大军击灭了西突厥控制下的拥掠朝贡诸国、阻断中西交通的麴氏高昌王朝，以其地设置同于内地的西州（治高昌，今新疆吐鲁番）。当初，高昌王麴文泰曾厚赂西突厥乙毗咄陆可汗，令其叶护屯于可汗浮图城（今新疆吉木萨尔破城子），为高昌声援。唐军取高昌时，叶护没来援救，唐军灭高昌，叶护惧而降唐，唐以其地为庭州。同年九月，唐又设置安西都护府（治西州），统伊、西、庭三州，"岁调千兵，谪罪人以戍"②。安西都护府的设立，为唐朝大规模经营西域奠定了基础。

贞观十八年（644），唐以安西都护府郭孝恪为西州道行军总管，攻破焉耆，执其王突骑支，以其弟栗婆准摄国事。其后唐平龟兹，更立突骑支弟婆伽利为王，后以其地为焉耆都督府。贞观二十一年（647）十二月，太宗以阿史那社尔为昆山道行军大总管，率安西都护郭孝恪等，统铁勒十三部十万余人，以伐龟兹。翌年九月，败西突厥援军，十月，由焉耆之西进至龟兹之北，龟兹王诃黎布失毕弃城西奔于拔换城（今新疆阿克苏），为阿史那社尔所擒，于是龟兹悉平，立王弟叶护为王，勒石纪功；阿史那社尔又派副将军招降于阗，于阗王伏阇信随使者来，表示愿归顺唐朝。不久迁安西都护府于龟兹，统龟兹、于阗、焉耆、疏勒四镇（后以碎叶代焉耆），号"四镇"③，即"安西四镇"。

而此时西突厥的情形是，居于北庭的乙毗咄陆可汗与居于南庭的乙毗沙钵略叶护可汗争战不已，双方均遣使向唐求援，太宗令各罢兵，咄陆可汗不听，杀叶护可汗，并其地，弩失毕部叛去。咄陆又西攻吐火罗，势力大振；东入寇庭州，为安西都护郭孝恪击败。咄陆又西攻康居，道经米

---

① 《新唐书》卷 215 下《突厥传》，第 6058—6059 页。
② 《新唐书》卷 221 上《西域传》，第 6222 页。
③ 同上书，第 6231—6232 页。

国，掳掠人口、资产甚多，然不分其下，遭部将反对，西突厥五弩失毕遣使至唐，求册立新可汗。太宗遣使册立乙毗射匮可汗，射匮攻咄陆，咄陆失败，奔吐火罗。贞观二十年（646），乙毗射匮可汗遣使贡方物，且求婚，太宗许之，令其割龟兹、于阗、疏勒、朱俱波、葱岭五国为聘礼，但婚未成，乙毗射匮可汗被阿史那贺鲁所并。

阿史那贺鲁原为乙毗咄陆可汗叶护，居多逻斯川（今新疆北喀剌额尔齐斯河流城），统处月、处密、姑苏、葛逻禄、弩失毕五姓之众。咄陆奔吐火罗后，贺鲁部众多散亡。贞观二十二年（648），贺鲁率众数千帐求内属，并助唐平定了龟兹。贞观二十三年（649）二月，唐朝以贺鲁地置瑶池都督府，以贺鲁为都督，治莫贺城（今新疆吉木萨尔西），隶安西都护府。贺鲁内附后，秘密招抚散亡，部属日众。

同年太宗去世，高宗即位。贺鲁乘机谋取西、庭二州叛唐。永徽二年（651），贺鲁拥众西徙，建牙于千泉，自号沙钵罗可汗，统有十姓部落，胜兵数十万，西域诸国多附之。贺鲁遣子咥运入寇庭州，陷金岭（今新疆博格达坂）、蒲类（今新疆巴里坤），杀掠千人。唐因此废安西四镇，并将安西都护府还治西州。高宗于是以梁建方、契苾何力为弓月道行军总管，发府兵三万，会同回纥五万骑讨之。永徽四年（653），唐罢瑶池都督府，永徽六年（655）唐以程知节为葱山道行军大总管，击贺鲁，贺鲁逃走。显庆二年（657），唐又发大军分南北两路进攻贺鲁，北路以苏定方为伊丽道行军大总管，率回纥及汉兵由金山（阿尔泰山）击贺鲁；南路以阿史那弥射、阿史那步真为流沙道安抚大使，自西州（今吐鲁番）进兵。经过多次激战，大败贺鲁，招降西突厥各部，贺鲁后被石国城主所俘，交给唐军，西突厥汗国至此灭亡。苏定方令诸部各归原地，并开通道路，设置驿站，掩埋死尸；又问民间疾苦，划定疆界，恢复农业生产，凡被阿史那贺鲁掠夺奴役的部落，送还原部落，使十姓部落各安生产。从此，唐统一了西域诸国，其西部疆界"西尽波斯，并隶安西都护府"①，连中亚亦被纳入唐势力范围，接受唐之庇护。

唐灭西突厥后，在整个西域地区采取了一系列巩固统治的措施。重新恢复安西四镇，设四镇都督府。在天山以北原西突厥十姓之地新设置了一

---

① 《新唐书》卷215下《突厥传》，第6063页。

批羁縻府州，包括咄陆五箭地所置的六都督府（处木昆部为匐延都督府，突骑施索葛莫贺部为嗢鹿都督府，突骑施阿利施为洁山都督府，胡禄屋阙部为盐泊都督府，摄舍提敦为双河都督府，鼠尼施处半部为鹰娑都督府）及弩失毕五箭地所置的几个都督府（阿悉吉泥孰部为千泉督府，阿悉吉阙部为俱兰都督府，拔塞干部为颉利都督府及碎叶州等）。在碎叶水以东的五咄陆六都督府之上，又置昆陵都护府，以阿史那弥射为昆陵都护、兴昔亡可汗；碎叶水以西的五弩失毕部所设都督府之上，置濛池都护府，以阿史那步真为濛池都护、继往绝可汗。此外，在天山以北，原西突厥属部葛逻禄、沙陀诸部之地，唐亦设置了一批羁縻府州。[①] 其中阿悉结所在的千泉都督府、阿悉吉泥孰部所在的俱兰都督府及碎叶州，均在今吉尔吉斯斯坦北部与哈萨克斯坦交界地区，属中亚诸国范围。

另外，唐于显庆三年（658）及龙朔元年（661），在今中亚河中地区及阿姆河以南之地先后设置和整顿了一批羁縻府州。

河中地区： 此地的羁縻府州设于显庆三年（658），所设府州数量不少。如《资治通鉴》"高宗显庆四年"条记载："诏以石、米、史、大安、小安、曹、拔汗那、怛怛、疏勒、未驹半等国置州县府百二十七"[②]，不过其名多不可考，且《新唐书·地理志》中没有记载。今据《新唐书·西域传》统计有康居、大宛、休循州 3 个羁縻都督府，佉沙、南谧、贵霜、安息、木鹿 5 个羁縻州，均隶属于安西都护府，具体如下：

康居都督府： 高宗永徽时以康国阿禄迪城置，治今撒马尔罕。

大宛都督府： 高宗显庆三年（658）以石国柘折城置，治瞰羯城。冯承钧认为瞰羯城即柘折城之误，其地在今中亚塔什干附近锡尔河支流 Chirchik 不远之 Binkath。

休循州都督府： 显庆三年（658）以宁远（拔汗那）国渴塞城置。冯承钧认为渴塞在今塔什干东南之卡散，其地为今费尔干纳。

佉沙州： 显庆时以史国乞史城置。授其君昭武失阿喝为刺史。冯承钧认为乞史即渴石之对音，其地在今乌兹别克斯坦以南的沙赫里夏勃兹

---

① 参见陈国灿《唐乾陵石人像及其衔名研究》，《文物集刊》第 2 辑，第 194—195 页；周伟洲《中国中世西北民族关系史》，第 274 页。

② 《资治通鉴》卷 200 "高宗显庆四年"条，第 6317 页。

（Shahri-sebz）。

南谧州：显庆三年（658）以米国钵息德城置。授其君昭武开拙为刺史。钵息德，冯承钧考订在今撒马尔罕东南之模安（Maghian）。

贵霜州：永徽时以何国置。授其君昭武婆达地为刺史。冯承钧考订其地在今撒马尔罕西北 60 英里之 Peishanbe。

安息州：显庆时以安国阿滥谧城置。以其王昭武杀为刺史。阿滥谧城，冯承钧认为在今布哈拉附近，今地名为 Ramithan。

木鹿州：显庆时以东安喝汗城置。以其王昭武闭息为刺史。冯承钧考订喝汗城在今泽拉夫善河南岸 Kermineh 城附近，其地在今撒马尔罕西。

阿姆河以南地区：《新唐书·地理志》记"龙朔元年（661），以陇州南由令王名远为吐火罗道置州县使，自于阗以西、波斯以东，凡十六国，以其王都为都督府，以其属部为州县。凡州八十八，县百一十，府百二十六"①，其名仅存者府十六，州七十二，立碑于吐火罗以为纪念。十六都督府如下：

（1）月支都督府：以吐火罗叶护阿缓城（Warwaliz）置。阿缓城即《大唐西域记》所记之活国。其地在今阿富汗东北境之昆都士（Kunduz），有属国二十五。

（2）大汗都督府：以呋哒部落活路城置。其府治似在今阿富汗北境马扎里沙里夫（Majar-T-Sherif）以西之巴尔赫（Balth），领州十五。

（3）条支都督府：以诃达罗支国（即谢飑国，Zabulistan）伏宝瑟颠城置。《新唐书·西域传下》云："谢飑居吐火罗西南，本曰漕矩吒，或曰漕矩，显庆时谓诃达罗支，武后改今号，其王居鹤悉那。"冯承钧考订鹤悉那在今阿富汗喀布尔以南之加兹尼（Ghazni），其地应在今喀布尔境内，领州九。

（4）天马都督府：以解苏国（即愉漫国）数瞒城置。冯承钧考订愉漫在阿姆河北支卡菲尔尼甘（Kafirnagan）河上游，今塔吉克斯坦首都杜尚别附近，领州二。

（5）高附都督府：以骨咄施（即珂咄罗，Khuttalan）沃沙城置。沃沙城，冯承钧考订在阿富汗瓦克什（Wakhsh）水或苏尔哈布（Surkhab）水

---

① 《新唐书》卷 43 下《地理志》，第 1135 页。

之上 Lawakand，其城在今库尔干提尤别（Kurghan-tupe）之北，领州二。

（6）修鲜都督府：以罽宾国（又称迦毕试）遏纥城置。其地应在今阿富汗兴都库什山以南卡菲里斯坦地区（Kafiristan），领州十。

（7）写凤都督府：以帆延（即梵衍那）罗烂城置，帆延地在今阿富汗喀布尔西北之巴米扬（Bamyan），领州四。

（8）悦般州都督府：以石汗那国（即斫汗那，Chaghaniyan）艳城置。石汗那地在今阿姆河北支苏尔汉（Sukhan）河上游，今迭腦（Denau）附近，领州一。

（9）奇沙州都督府：以护时犍国（即胡实健国，Guzganan）遏密城置。护时犍地在今阿富汗北境席巴尔干，领州二。

（10）姑墨州都督府：以怛漫国（即怛蜜国，Timnidh）怛没城置。冯承钧考订其地在苏尔汉河（Surkan）注入阿姆河口不远处，今称特尔梅兹（Termiz），领州一。

（11）旅獒州都督府：以乌拉喝国（即乌那曷）摩羯城置。其地在今阿姆河西北一带。《隋书·西域传》云"乌那曷国，都乌浒水西，旧安息之地也。王姓昭武，亦康国种类，字佛食。"

（12）昆墟州都督府：以多勒建国（即怛剌健国）低宝那城置。冯承钧认为其地为伊朗东部与阿富汗交界处塔拉塞（Talaqan）地区。

（13）至拔州都督府：以俱密国（即拘密陀国）褚瑟城置。冯承钧考订俱密（Kumidh）地在今之苏尔哈布河（Surkhab）流域，也有学者说在今达尔瓦斯（Darwaz）。

（14）鸟飞州都督府：以护蜜多国摸逵城置，其地在今帕米尔西南瓦罕地区，领州一。

（15）王庭州都督府：以久越得犍国（即鞠和衍那国）步师城置。久越得犍国，冯承钧考订其地在今卡非尔尼甘（Kafirnagan）河下游，今塔吉克斯坦西南角库巴得安（Kabadian）。

（16）波斯都督府：以波斯国疾陵城置。据《新唐书·西域传》云波斯末代王伊嗣俟"为大酋所逐，奔吐火罗，半道，大食击杀之。子卑路斯入吐火罗以免，遣使告难。高宗以远不可师，谢遣。会大食解而去，吐火罗以兵纳之。龙朔初又诉为大食所侵，是时天子遣使者到西域分置州县，以疾陵城为波斯都督府，即拜卑路斯为都督。俄而为大食所灭，虽不能国，咸亨中犹入朝，授右武卫将军，死"。永徽二年（651），波斯国已亡，波斯都督府不可能设在波斯本土，应在波斯与吐火罗边境。疾陵城，冯承钧考订此城似为 Sejistan 之省府 zereng，即今阿富汗与伊朗交界地区锡斯坦的扎兰季（Zaranj）。[①]

以上所设各府州均隶于安西大都护府。不过，武后长安二年（702）之后，唐以庭州为北庭大都护府，昆陵、濛池两都护府又隶于北庭。安西、北庭两个大都护府，为西域两个最高统治机关。

上述地区地域遥远，唐无力控制，故对其所采取的还是羁縻政策。对于其部落或国家大者置都督府，小者为州。都督刺史均由原部落或国家首领担任，皆可世袭。唐对这些地区只有宗主权，而不是像内地州县及天山南路的西州、庭州、伊州一样实行直接管辖。唐主要任务即是册封赏赐，并在必要时派兵救援，有时也在一些地区驻兵，如碎叶地区等。这些羁縻府州对唐履行的义务主要有称臣奉贡、遣子宿卫、出兵马及军需物资助唐作战等。[②] 后二者主要是费尔干纳及河中地区等。如箇失密（今克什米尔）在唐讨勃律时，愿"输粮以助"[③]；中宗景龙二年（708），郭虔瓘入拔汗那税甲税马，以充军用[④]；开元二十六年（738），突骑施首领苏禄卒，其子黑姓酋长吐火仙居碎叶，与黄姓酋长莫贺达干相攻，唐碛西节度使盖嘉运招集突骑施、拔汗那以西诸国攻之，擒吐火仙送京师[⑤]。至于阿姆河以南广大地区，更多的时侯只是履行称臣奉贡的义务而已。尽管领地不小，但多是名义上归属，所授官职亦多为有名无实的虚职。如开元六年（718）十一月，吐火罗叶护阿史那支汗那之弟阿史那仆罗特勤在长安所写的一封告状书中称："仆罗兄吐火罗叶护部下管诸国王、都督、刺史总二百一十二人，谢飓国王统领兵马二十万众，罽宾国王统领兵马二十万

　　① 以上内容参见《新唐书》卷43《地理志》；《新唐书》卷221下《西域传》；冯承钧编，陆峻岭增订《西域地名》，中华书局1982年版；刘统《唐代羁縻府州研究》，西北大学出版社1998年版，第189—201页；曾问吾《中国经营西域史》，商务印书馆1936年版，第110—118页。

　　② 曾问吾：《中国经营西域史》，第118页。

　　③ 《新唐书》卷221《西域传》下"箇失密"条，第6255页。

　　④ 《旧唐书》卷97《郭元振传》，第2047页。刘统认为景龙二年（708）拔汗那依附突骑施、吐蕃，郭虔瓘入拔汗那，有明显的掠夺性质，未必能说明拔汗那是在向唐交纳贡赋，只能说明这个小国同时受到唐朝、吐蕃、突骑施三方的压迫，参见刘统《唐代羁縻府州研究》，第129页。

　　⑤ 《资治通鉴》卷214"玄宗开元二十六、二十七年"条，第6233—6238页。

众，骨咄国王、石汗那国王、解苏国王、石匿国王、悒达国
王、护时健国王、范延国王、久越德健国王、勃特山王，各领五万众。仆
罗祖父已来，并是上件诸国之王，蕃望尊重……然吐火罗叶护积代以来，
于大唐忠赤，朝贡不绝……仆罗至此，为不解汉法，鸿胪寺不委蕃望大
小，有不比类流例，高下相悬，即奏拟授官。窃见石国、龟兹并余小国王
子首领等入朝，元无功效，并缘蕃望，授三品将军，况仆罗身恃（特）
勤，本蕃位望，与亲王一种比类，大小与诸国王子悬殊，却授仆罗四品中
郎……唯仆罗最是大蕃，去神龙元年蒙恩敕授左领军卫翊府中郎将，至今
经一十四年，久被沦屈，不蒙准例授职，不胜苦屈之甚。"① 玄宗闻后，
即令鸿胪卿准例定品秩，勿令其称屈。仆罗要求提高品秩这件事，反映出
阿姆河以南诸羁縻府州有名无实之事实，也反映出唐对所置羁縻府州按照
地域之远近、控制之强弱所给予的重视程度。

三　唐代中后期对西域的经营

7 世纪中叶以后，西域及中亚地区的政治形势有了改变，统十姓之地
的西突厥势力复振，而西南的吐蕃亦向西北特别是西域一带发展。更为重
要的是，在唐高宗灭西突厥，统一西域，并在葱岭东西置府州之时，西亚
的大食（阿拉伯）开始向东扩张，很快灭亡了日渐衰落的波斯萨珊王朝，
势力开始伸向中亚一带。此后一直到 8 世纪末，中亚地区就处于唐、大
食、吐蕃及突厥几大势力角逐之中。

唐灭西突厥后，统治西突厥十姓之地的为阿史那弥射及阿史那步真两
可汗。但不久两人相继死去，西突厥诸部无主，有阿史那都支及李遮匐收
其余众，附于势力已伸入西域的吐蕃，攻取于阗、龟兹，唐因此罢了四
镇。咸享二年（671），高宗以突厥部酋阿史那都支为左骁卫大将军兼匐
延府都督，委其统五咄陆之众，而阿史那都支收集部众，自号十姓可
汗。② 调露元年（679），阿史那都支及李遮匐煽动十姓部落，联合吐蕃，
侵逼安西。吏部侍郎裴行俭献策，以送客居长安的波斯王子泥涅师（卑
路斯之子）返回为由，出其不意平息西域叛乱。唐朝遂遣裴行俭依策而

① 《册府元龟》卷 999《外臣部·请求》，中华书局 1988 年版，第 11721—11722 页。
② 《新唐书》卷 215 下《突厥传》，第 6064 页。

行，裴行俭很快擒都支、遮匐，让泥涅师自返其国，并立碑碎叶，纪功而
返。其副使王方翼则留在安西，驻碎叶城，使之成为唐在西域的重镇。此
时，吐蕃国内政局不稳，无暇顾及西域，西突厥十姓又倒向唐朝一边，唐
遂于此年，第二次复四镇，并以碎叶代焉耆。① 泥涅师则因大食已灭其
国，没能回到波斯本土，而是客居吐火罗二十年，景龙初年（707），复
来中国，后死于长安。②

武后继位之初，国内政局不稳，西突厥再次反唐，吐蕃亦占领了天山
以南之地，唐不得不再次放弃四镇，移安西都护府还于西州。武后对西突
厥十姓部落进行了整顿和抚绥，垂拱元年（685），立阿史那弥射之子阿
史那元庆为左玉钤卫将军、兴昔亡可汗；垂拱二年（686），又以阿史那
步真之子斛瑟罗为右玉钤卫将军、继往绝可汗。③ 西突厥十姓部落得以摆
脱吐蕃控制。在此基础上，长寿元年（692），武威道行军总管王孝杰、
左武威大将军阿史那忠节率军大破吐蕃，一举夺回四镇，移安西都护府于
龟兹，用汉兵三万镇之。④ 唐又一次恢复了四镇的建置，加强了对西域的
戍守，吐蕃则渐处于劣势。此后，吐蕃因连年争战发生内乱，圣历元年
（698）赞普迫钦陵自杀，赞婆等降唐。这一事件大大削弱了吐蕃的实力，
造成了吐蕃从西域、青海等地败退下来的后果。至此，吐蕃与唐争夺西域
的斗争告一段落，结果是吐蕃势力基本上退出了西突厥十姓之地，唐确保
和巩固了对西域地区的统治。⑤

武后长安元年（701），吐蕃在西域的势力受到遏制，西突厥别部突
骑施却强大起来。突骑施为西突厥五咄陆部之一，其部长乌质勒隶于继往
绝可汗斛瑟罗部下（时阿史那元庆已死）为莫贺达干。斛瑟罗为政残暴，
十姓不服，而乌质勒能抚下，有威望，十姓部落归附之，势力转盛，"乃
置二十都督，督兵各七千，屯碎叶西北。稍攻得碎叶，即徙其牙居之。谓

---

① 《新唐书》卷108《裴行俭传》，第4086—4087页；《册府元龟》卷967《外臣部·继袭
二》，第11372页。参见周伟洲《略论碎叶城的地理位置及其作为安西四镇之一的历史事实》，
载《新疆历史论文集》，新疆人民出版社1978年版，第135—150页。

② 《新唐书》卷221下《西域传》"波斯"条，第6259页。

③ 《资治通鉴》卷203"则天后垂拱元年、二年"条，第6435、6441页。

④ 《新唐书》卷216上《吐蕃传》，第6067页。

⑤ 《新唐书》卷216上《吐蕃传》，第6080页。参见周伟洲《中国中世西北民族关系史》，
第308页。

碎叶川为大牙，弓月城、伊丽水为小牙"，其控制地区"东邻北突厥（即后突厥汗国），西诸胡，东直西、庭州，尽并斛瑟罗地"。[①] 神龙二年（706），乌质勒领有十姓之地后，武后遣使册其为"怀德郡王"，不久，乌质勒病死，其子娑葛立，袭封爵，与武周保持臣属关系。在这之前，唐仍册立斛瑟罗之子阿史那怀道为西突厥十姓可汗，兼濛池都护。两年后，娑葛自立为可汗，陷安西，于是"四镇路绝"[②]。唐只得封娑葛为十姓可汗，一年后又拜其为归化可汗，赐名守忠，娑葛兵退，四镇始安。[③] 突骑施在名义上仍臣属于唐。

在娑葛继位之时，大食任命屈底波（Kutaiba）为呼罗珊的总督，开始了对中亚的全面征服，至开元初，大食已征服了中亚大部分地区，势力推至费尔干纳一带。中亚诸国军民原信佛教或祆教，大食征服后，迫其改信伊斯兰教。加之大食横征暴敛，故中亚诸国并不甘于接受大食的统治，他们习惯于接受唐朝的封号，向中国朝贡和进行贸易，而且一直在同唐维持关系，当大食统治削弱时，他们就请求唐朝支持。[④] 开元二年（714）屈底波死后，大食势力开始后退，中亚诸国纷纷向唐遣使求援。

开元三年（715）大食、吐蕃以阿了达为拔汗那王，以兵攻拔汗那，拔汗那战败，求救于安西都护府，监察御史张孝嵩与都护吕休璟统万人出龟兹，大败阿了达[⑤]，于是唐威振于岭外，大食、康居、大宛、罽宾等皆遣使修好。

开元七年（719），安国、康国、俱密国等遣使上表请援；开元十五年（727），吐火罗上表请援。康国王乌勒伽上表说："伏乞天恩知委，送多少汉兵来此，救助臣苦难……如有汉兵来此，臣等必是破得大食。"安国王笃萨波提上表也说："自有安国以来，臣种族相继，作王不绝，并军兵等并赤心奉国，从此年来被大食贼每年侵扰，国土不宁。伏请天恩兹泽，救臣苦难，仍请敕下突厥（骑）施令救臣等，臣即统领本国兵马，

---

①　《新唐书》卷215下《突厥传》，第6066页。

②　《旧唐书》卷97《郭元振传》，第3048页。

③　《旧唐书》卷7《中宗纪》，第146—148页。

④　王治来：《中亚史纲》，湖南教育出版社1986年版，第252页。

⑤　《资治通鉴》卷211"玄宗开元三年"条，第6713页。

计会翻破大食。伏乞天恩依臣所请。"① 唐是否出兵，史书未载，总之，这时期中亚更多是依靠突骑施来抵御大食的入侵。

唐开元二年（714），突骑施部发生内乱，娑葛被杀，突骑施统治瓦解，十姓大乱。同年，唐朝以阿史那元庆之子阿史那献为西突厥十姓可汗，进驻碎叶。不过，很快突骑施中的车鼻施部开始崛起，其首领苏禄"颇善绥抚，十姓部落渐归附之，众二十万，遂雄西域之地"②。开元三年（715），苏禄遣使向唐朝贡，玄宗以苏禄为金方道经略大使。然而苏禄在接受唐封号的同时，又南与吐蕃，东与后突厥联盟。开元五年（717），苏禄"勾引天（大）食、吐蕃，拟取四镇，见围钵（拨）换城（今新疆阿克苏）及大石城（今新疆乌什）"③，虽被唐击退，但其势力愈强，并渐取代阿史那献。唐于开元六年（718）封其为"顺国公"，七年（719）又以其为忠顺可汗，两年以后，又以阿史那怀道（斛瑟罗子）之女为金河公主，下嫁苏禄。④ 唐与苏禄关系变得密切起来。此后，突骑施政权成为中亚地区抵御大食入侵的主要力量，这既是其自身的需要，亦与唐的授意有关。事实证明，这种联合抵抗是有效的。据英人珀西·塞克斯《阿富汗史》载，公元724年，突骑施及中亚本地人在锡尔河一带大败阿拉伯侵略军，史称"渴水日之战"⑤，之后将阿拉伯的军队赶到阿姆河以南。8世纪20年代后，中亚许多地方获得独立。

苏禄晚年因年老多病，且抄掠所得不分与部下，致使"其下诸部，心始携贰"。部内以大首领莫贺达干、都摩支两部最为强盛。百姓又分为黄、黑二姓，互相猜疑。开元二十六年（738），莫贺达干与都摩支攻苏禄，杀之，都摩支又背莫贺达干立苏禄子吐火仙为可汗，与莫贺达干相攻。唐乘此机会与莫贺达干联合，率兵攻吐火仙，擒之，收金河公主，重据碎叶，突骑施政权遂亡。玄宗欲立阿史那怀道之子阿史那昕为十姓可汗，莫贺达干不愿，于是唐令莫贺达干统众。⑥ 此时是唐的势力在中亚最

---

① 《册府元龟》卷999《外臣部·请求》，第11722—11723页。
② 《旧唐书》卷194下《突厥传》，第5191页。
③ 《册府元龟》卷992《处臣部·备御》，第11651页。
④ 《资治通鉴》卷212"玄宗开元六年、七年"条，第6733、6737页。
⑤ 参见郭平梁《突骑施苏禄传补阙》，《新疆社会科学》1988年第4期。
⑥ 《旧唐书》卷194下《突厥传》，第5192页。

盛的时侯，不但阿姆河、锡尔河流域中亚诸国皆内附，而且远至里海的陀拔斯单国亦来归附。[①]

其后，突骑施黄、黑二姓各立可汗，互相攻击，势力衰弱，已不能抵御东进的大食。此时，吐蕃在西域的势力又开始增长，与唐争夺西域，双方斗争主要集中在对西域西南的大小勃律（今克什米尔西北吉尔吉特等地）的争夺上，此地几番易手。天宝六年（747），安西副都护高仙芝率步骑一万，分兵三路，出其不意攻入小勃律，俘其王，将吐蕃势力再次逐出小勃律，于是"拂菻、大食诸胡七十二国皆震恐，咸归附"[②]。唐改小勃律为归仁，置归仁军，募千人镇之。天宝九载（750），安西四镇节度使高仙芝再征朅师，击破大勃律。[③]不过，仅一年以后，高仙芝与大食激战于怛罗斯，高仙芝大败，使得大食在中亚势力复振。尽管如此，唐在中亚仍有一定影响，中亚诸国仍不时遣使通贡于唐。[④]几年后，唐爆发"安史之乱"时，曾征调费尔干纳及河中诸国的军队与西域兵一起，入长安等地救援。不过，唐经过这次打击后，已无力再经营西域，而吐蕃乘机攻陷陇右，隔绝唐与西域之交通。不久，吐蕃又占领北庭，唐与西域之交通完全断绝，中亚之地也渐次落入大食之手。

综上所述，从 7 世纪初至 8 世纪中叶，唐对西域的经营是卓有成效的。唐不但统一了西域，而且将中亚诸国置于自己的保护之下，从而加深了中亚地区与唐的政治联系。

四 唐与中亚诸国的政治交往

中亚诸国与唐的政治交往，集中表现在通使朝贡方面。有唐一代中亚诸国对长安的通使朝贡情况，同前代相比，不论是通使国家数量还是通使次数，都是比较多的。

有唐一代中亚诸国通使朝贡是非常频繁的。我们根据两唐书及《册府元龟》等有关朝贡的记载作了统计[⑤]，其中康国 34 次，安国 18 次，石

---

① 《新唐书》卷 221 下《西域传》"陀拔斯单"条，第 6259 页。
② 《新唐书》卷 221 下《西域传》，第 6252 页。
③ 《资治通鉴》卷 216 "唐天宝九载"条，第 6898 页。
④ 参见韩香《隋唐长安与中亚文明》中所列表格，第 41—59 页。
⑤ 韩香：《隋唐长安与中亚文明》，第 41—61 页。

国 20 次，米国、曹国各 10 次，史国 6 次，火寻 4 次，拔汗那 26 次，勃律 16 次，吐火罗 27 次，谢飓、俱密各 6 次，识匿 4 次，护密 11 次，俱位、悒怛各 2 次，骨咄 9 次，波斯 34 次，陀拔斯单 4 次，罽宾 14 次，何国、俱兰、石汗那、解苏国、羯师、帆延、乌苌各 1 次。阿姆河以北以康国通使朝贡次数最多，安国、石国、拔汗那国次之；阿姆河以南以吐火罗朝贡次数最多。这其中即有地域远近的关系，亦与这些国家在中亚地区的地位有关。当然，通使朝贡次数的多少并不完全代表通贡国与唐之间的密切程度，如吐火罗地区，因地域遥远，唐的控制是比较松的，其与唐之间更多是一种贸易上的联系。因为在当时，有很多商人是冒贡使之名而来的，康国、安国亦如此。而拔汗那地区就有所不同，该地毗邻中国西北，自古与中国的联系就很紧密，在唐代通使次数虽不及康国，但与唐的关系则非康国可比，其王不但接受唐的册封，改国号宁远，而且还尚唐宗室女和义公主，其王子窦薛裕亦入长安，唐对之封官赐爵，并留宿卫。总的来说，当时中亚诸国与唐的联系还是很紧密的。

从通贡时间上看，中亚诸国向唐通贡从高祖武德七年（624）一直持续到代宗大历七年（772），即从唐初至 8 世纪末。而通贡次数比较频繁的时间又主要在太宗贞观年间（627—649）、高宗年间（650—683）及玄宗开元、天宝年间（712—755），其中尤以开元、天宝年间为集中，这主要与唐的政策及当时中亚形势有关。太宗贞观年间及高宗时期，是唐积极经营西域并在中亚一带设置羁縻府州之时，同时大食的势力开始向东扩张，波斯萨珊王朝岌岌可危，中亚诸小国迫于压力，多遣使至唐，寻求保护。从武后后期至开元初，正是大食向中亚全面推进时期，故很少有中亚诸国通使的记载。自玄宗开元初屈底波死后，大食势力开始回缩，而唐的国力日臻强盛，加之唐灭突骑施政权，故中亚诸国纷纷遣使来贡，其既是为了寻求保护，亦是慕唐声威，希望与唐进行通贡贸易。不过，至唐天宝十四载（751），唐与大食怛罗斯之战后，阿拉伯势力在中亚重新占了优势，中亚诸国通贡次数开始减少，但并没有完全中断，这种通贡活动一直持续到代宗时期才完全终止。这说明在阿拉伯征服很长一段时间之后，中亚诸国与唐还保持着联系和交往，唐对中亚还有一定影响，这种情况一直持续到吐蕃占领河西、陇右，阻断中西交通为止。

以上是中亚诸国与唐通使朝贡情况，至于唐向中亚通使情况，史书记载不详。唐初，主要通过对西突厥的册封保持与中亚的联系。高宗时，曾遣使分往康国、吐火罗等地，访问其风俗物产，并画图以闻，诏史官撰《西域图志》六十卷①，可惜此书已佚。这时期唐的西使活动不限于同西突厥打交道，而是更为主动联络西域，交通中亚。不过，更多情况下，唐是靠设在西域的安西、北庭两大都护府来同中亚保持联系或对之进行管理。唐代中后期，突骑施部落兴起，唐更多是对突骑施及西域中亚诸国进行册封与安抚。②

总之，自隋建国至 8 世纪下半叶，中亚诸国与中原保持着较为友好的政治关系，双方（主要是中亚诸国向隋唐）的通使朝贡联系一直没有中断过，并且这种联系随着唐对西域经营的深入而变得更加密切。当然，这种政治上的密切关系促进了双方经济文化方面的交流，这种交流又促进了各国经济文化的发展，也使得更多的西域人在这一时期前赴后继地来到中国。

第二节　隋唐时期中亚诸国人的入华高潮

随着隋唐对西域经营的深入及与中亚诸国交往的密切，这一时期中亚诸国人的入华达到了一个新的高潮。同前一时期相较，隋唐时期入华的中亚诸国人人数众多，且多集中于丝绸之路沿线一带，尤以长安、洛阳为突出。就文献史料及碑铭墓志所载，这一时期长安之中亚诸国人有姓名可稽者，约一百多人③，可见人数之多。另外，这些中亚人的入华途径也是不同的，主要分为以下几类：

一　贡使及入质为侍者

如前所述，隋唐时期中亚诸国通使朝贡非常频繁，因而这一时期，来华的中亚贡使也相当多，虽然有商人冒贡使之名而来者，但真正使节亦有

---

① 《新唐书》卷 58《艺文二》"地理类"，第 1506 页。
② 韩香：《隋唐时期西使活动与西域经略》，《中国边疆史地研究》2014 年第 4 期。
③ 韩香：《隋唐长安与中亚文明》，第 126 页。这些人中也包括隋唐以前即定居于此的中亚人及其后裔。

不少，有一些人甚至留居下来。如开元十三年（725）七月及十八年（730）十一月，波斯首领穆沙诺两次来朝，"授折冲，留宿卫"。天宝七载（748），勃律国王苏失利芝及三藏大德僧伽罗密多来朝。唐授伽罗密多鸿胪员外卿，放还。赐苏失利芝紫袍金带，留宿卫，给官宅。天宝八载（749），护密国王罗真檀来朝，请宿卫。授左武卫将军，留宿卫。① 天宝十三载（754），宁远国王忠节遣子薛裕入朝，被封官赐爵，并留宿卫，授左武卫将军。② 十四载（755），陀拔斯单国王子自会罗来朝，授右武卫员外中郎将，赐紫袍金带、鱼袋七事，留宿卫。③ 另外在乾陵六十一宾王相衔名中有"吐火罗王子子持（特）勒羯达健""波斯大首领南昧"④，这些人大概以贡使身份来华，此后便留居下来，成为宿卫京城的蕃将的一部分。当时的贡使应远不止这些，"安史之乱"后，河西为吐蕃所据，大批中亚西域使节归路断绝，滞留长安，"人马皆仰给于鸿胪寺，礼宾委府县供之"。当时宰相李泌"知胡客留长安久者，或四十余年，皆有妻子，买田宅，举质取利，安居不欲归，命检括胡客有田宅者停其给。凡得四千人，将停其给。胡客皆诣政府讼之，泌曰：'此皆从来宰相之过，岂有外国朝贡使者留京师数十年，不听归乎？今当假道于回纥，或自海道各遣归国。有不愿归，当于鸿胪自陈，授以职位，给俸禄为唐臣……'于是胡客无一愿归者"⑤。可知当时西域中亚使节滞留长安者确实不在少数。

除此之外，当时来华的还有不少质子。隋唐两代国势强盛，声威远播，其势力盛时伸入中亚一带，于其地设羁縻府州，中亚诸国或是畏威，或是慕义向化，纷遣王族成员作为质子来中原入充侍卫。特别是在8世纪中叶以后，随着阿拉伯势力向中亚推进，来华入质为侍的中亚人就更多了。当时朝廷对这些人优加待遇，赐宅供奉，并封官赐爵。这些人中，有很多人长留不返，子嗣亦入仕为官，并加入唐籍。作为入华的上层人物，他们中许多人的事迹见于史籍，死后亦被立碑刻

---

①　《册府元龟》卷 975《外臣部·褒异二》，第 11450、11453、11458、11459 页。

②　《新唐书》卷 221 下《西域传》，第 6250 页。

③　《册府元龟》卷 975《外臣部·褒异二》，第 11459 页。

④　陈国灿：《唐乾陵石人像及其衔名研究》，第 198 页。

⑤　《资治通鉴》卷 232 "德宗贞元三年"条，第 7492—7493 页。

铭。今天西安出土的唐代墓志铭，有不少属于这些中亚上层人物。他们之中，既有著名的波斯王子及后裔，亦有中亚的康、安、史、米、曹等国王室成员，如波斯人李素，其祖父李益初于天宝年间（742—756）奉波斯王命来唐出使，因纳质子，宿卫长安①；米国人米继芬之父以王子作质的身份来长安，而米继芬本人继续以质子身份留居长安，受唐封官赐爵②；何文哲先祖于永徽初款塞来质③。像这种情况在唐代是很多的，故唐玄宗开元十年（722）《放还诸蕃宿卫子弟诏》云："今外蕃侍子，久在京国……宜命所司勘会诸蕃充质宿卫子弟者，量放归国。"④ 这些人与其说是留在长安做质子，不如说是因向慕华夏而久居中原不愿归国。⑤

二 以部落形式东来者

隋唐时期中亚胡人以部落的形式来华主要发生在隋及唐朝初年。一方面随着隋唐的统一及唐破灭漠北的东突厥汗国，中亚诸国人慕义向化；另一方面，唐初西突厥控制着西域诸国，唐为经营西域，也多少对中亚胡人有招募之意。当时中亚胡人以聚落的形式东来后主要分布在塔里木盆地一带。

《沙州伊州地志》伊州条记："隋大业六年（610），于城东买地置伊吾郡。隋末，复没于胡。贞观四年（630），首领石万年率七城来降。我唐始置伊州……管县三：伊吾、纳职、柔远。"⑥ 伊吾即今新疆哈密一带。《新唐书·地理志》亦载："（伊吾郡）隋末，西域杂胡居之，贞观四

---

① 荣新江：《一个入仕唐朝的波斯景教家族》，载叶奕良主编《伊朗等在中国》第 2 集，北京大学出版社 1998 年版，第 82—90 页。后收入氏著《中古中国与外来文明》，三联书店 2001 年版，第 238—257 页。

② 阎文儒：《米继芬碑铭墓志考释》，《西北民族研究》1989 年第 2 期；吴钢主编：《全唐文补遗》第 3 辑，三秦出版社 1996 年版，第 143 页。

③ 李鸿宾：《唐宫廷内外胡人侍卫——从何文哲墓谈起》，《中央民族大学学报》1996 年第 6 期；吴钢主编：《全唐文补遗》第 1 辑，三秦出版社 1994 年版，第 283—284 页。

④ 《旧唐书》卷 8《玄宗纪》，第 183 页；《全唐文》卷 26，第 299 页。

⑤ 陈海涛、刘惠琴：《来自文明十字路口的民族——唐代入华粟特人研究》，商务印书馆 2006 年版，第 90 页。

⑥ 唐耕耦、陆宏基：《敦煌社会经济资料真迹释录》第一册，书目文献出版社 1986 年版，第 39—41 页。

年（630）归化，置西伊州。"① 石万年应出身石国（今乌兹别克斯坦塔什干），其率七城来降，可知伊吾地区在隋末唐初存在一个较大的中亚胡人部落。

《沙州伊州地志》还记载了石城镇一带的情况，提到了中亚昭武九姓在此聚居的情况。"石城镇，本汉楼兰国。隋置鄯善镇，隋乱，其城遂废。贞观中，康国大首领康艳典东来，居此城，胡人随之，因成聚落，亦曰典合城。上元二年（675），改为石城镇，隶沙州……新城，东去石城镇二百里。康艳典之居鄯善，先修此城，因名新城，汉为弩支城。蒲桃城，南去石城镇四里。康艳典所筑，种蒲桃于此城中，因号蒲桃城。萨毗城，西北去石城镇四百八十里。康艳典所筑。其城近萨毗泽。"② 《新唐书·地理志》亦有相关记载，其云："又西八十里至石城镇，汉楼兰国也，亦名鄯善，在蒲昌海南三百里，康艳典为镇使以通西域者。又西二百里至新城，亦谓之弩支城，艳典所筑。"③ 文献中明确提到康国大首领康艳典在唐初率部东来定居于此，并由此形成一个中亚胡人聚落，也即粟特聚落。这个聚落至少建立了四座城镇，即石城镇、弩支城、蒲桃城、萨毗城，这是粟特人大规模东迁移民的结果。④

除此之外，唐朝初年也有一些中亚胡人部落来到长安等地。2002 年洛阳出土的《史诺匹延墓志》云："（史诺匹延）祖父西蕃史国人也，积代英贤，门称贵族，本乡首望，总号达官，渴仰长安，来投朝化。将军生在大唐，京兆人也……不觅上荣，恒居下位。久存杨府，寄贯江都……以开元七年（719）春秋五十有八运寿尽也。"由墓志可知，史诺匹延的祖父以部落首领身份来到长安，即"渴仰长安，来投朝化"，来华时间应在唐初。史诺匹延则生在长安，为京兆人。后长期生活在扬州，因染疾归葬洛阳。⑤

唐代中期以后，史籍很少有中亚胡人规模较大的移民活动的记载。有

---

① 《新唐书》卷40《地理志》，第 1643 页。
② 唐耕耦、陆宏基：《敦煌社会经济资料真迹释录》第一册，第 39 页。
③ 《新唐书》卷43《地理志》，第 1151 页。
④ ［法］伯希和著，冯承钧译：《沙州都督府图经及蒲昌海之康居聚落》，载《西域南海史地考证译丛》第七编，中华书局 1957 年版，第 25—29 页。
⑤ 毛阳光：《两方唐代史姓墓志考略》，《文博》2006 年第 2 期。

可能此后依然存在着这一现象，只是规模有所缩小而史籍不载。① 而唐初中亚胡人特别是昭武九姓胡人更多是前往漠北等地，后随突厥回纥等南下中原。

三　随突厥回纥而来者

公元6—7世纪，突厥汗国曾长期控制着中亚粟特诸国，此后直到8世纪还和那里有密切的政治联系。② 他们之间相互通婚，更有一部分粟特人通过经商和移民进入突厥汗国境内。因粟特人见多识广，通晓各种语言，并善于理财和经商，受到突厥统治者的信任和亲近。东突厥至最后一位可汗即颉利可汗统治时，粟特人势力更盛。史载："颉利每委任诸胡，疏远族类，胡人贪冒，性多翻复，以故法令滋彰，兵革岁动，国人患之，诸部携贰。"③ 粟特人在政治上积极参与突厥汗国和其他大国之间的外交，在汗国内亦专设有胡部，由颉利之弟统特勤统领，此胡部当主要由粟特人组成。如唐贞观四年（630），在唐平定东突厥的过程中，就有胡酋康苏密等以隋萧后及杨政道来降，康苏密显为粟特人。东突厥灭亡之后，其可汗被擒送长安，部众一部分归漠北薛延陀汗国统治，一部分西走西域，剩余约十万众则降唐，被安置于河南之地，即东自幽州（今北京），西至灵州（今宁夏灵武）一带广大地区，置顺、祐、化、长四州都督府，又置北开、北宁、北抚、北安等四州都督府，各州都督皆以突厥豪酋任之。其中史善应为北抚州都督，康苏密为北安州都督，这两人显为突厥内部昭武九姓胡酋。另有许多突厥贵族，被移往京师长安，唐朝授以将军、郎中等官，"其布列朝廷，五品以上百余人，因而入居长安者近万家"④。有不少中亚诸国胡人流入长安，其中就有安国人安咄汗及其子安附国。《唐维州刺史安侯神道碑》记安附国之父安咄汗在贞观（627—649）初率所部五千余人降唐，贞观四年（630）与父俱诣阙下，被封官授爵，安附国死后

① 陈海涛、刘惠琴：《来自文明十字路口的民族——唐代入华粟特人研究》，第90页。
② 马小鹤：《七一二年的粟特》，《新疆大学学报》1986年第1期。
③ 《旧唐书》卷194上《突厥传》，第5159页。
④ 同上书，第5163页。

葬于长安。①

　　高宗调露元年（679），唐为加强对黄河河套以南的突厥降户的统治，于灵、夏二州之间设六州（鲁、丽、含、塞、依、契），地当今内蒙古鄂拓克旗南、宁夏盐池北，史称"六胡州"，六胡州之突厥降户大部分原属中亚昭武九姓胡。②隋唐时，有迁入长安、洛阳等地者，如洛阳出土的《安菩墓志》即云其原为"陆（六）胡州大首领"③。至天宝元年（742），后突厥汗国灭亡，余部附唐，其中有康阿义屈达干率四子随突厥贵族及五千余众迁入中原，颜真卿所撰《康公神道碑铭》即云"公讳阿义屈达干，姓康氏，柳城人，其先世为北蕃十二姓之贵种……至德二年（757），感肺疾薨于上都胜业坊之私第"④，柳城康氏显然出于中亚康国。

　　天宝年间（742—755），后突厥汗国灭亡后，回纥称雄于漠北，其部落中亦有不少粟特人。"安史之乱"爆发后，回纥因助唐平叛有功，享有很多特权，故中亚昭武九姓胡人常冒回纥之名来内地经商。代宗时，"回纥留京师者常千人，商胡伪服而杂居者又倍之"，这些人"殖赀产，开第舍，市肆、美利皆归之，日纵贪横，吏不敢问，或衣华服，诱取妻妾"⑤，唐不得已而禁之。看来有唐一代中亚胡人随突厥、回纥入中原者人数不少。

四　胡商兴利东来者

　　在来华的中亚胡人中，这一部分人数是最多的。中亚人特别是粟特人本来就是一个商业民族，史载昭武诸国人"善商贾，争分铢之利，男子年二十，即远之旁国，来适中夏。利之所在，无所不到"⑥。其足迹东至

　　①　（唐）李致远：《唐维州刺史安侯神道碑》，《文苑英华》卷920，中华书局1982年版，第4844—4845页。

　　②　张广达：《唐代六胡州等地的昭武九姓》，《北京大学学报》1986年第2期；周伟洲：《唐代六胡州与"康待宾之乱"》，《民族研究》1988年第3期。

　　③　赵振华、朱亮：《安菩墓志初探》，《中原文物》1982年第3期；《唐代墓志汇编》上，上海古籍出版社1992年版，第1104—1105页。

　　④　（唐）颜真卿：《康公神道碑铭》，《全唐文》卷342，第3474—3476页。

　　⑤　《资治通鉴》卷225"代宗十四年七月"条，第7265页。

　　⑥　《册府元龟》卷961《外臣部·土风三》，第11304页。

中国中原及蒙古一带，西至伊朗及东欧，北达印度及东南亚一带。① 不过，由于东方丝国的优势地位，其与中国的交往更多。英国人吉布曾说："粟特人同东方的商业贸易联系，要比同西方的联系强得多，这促使他们不得不进行选择时努力培植同突厥人和中国人的联系，而不是同阿拉伯人拉关系。"②

唐朝因经济繁荣和政治稳定吸引大批胡商东来，他们的足迹遍及西域、河西走廊、长安、洛阳及东北、江南等地。当然有很多人是直奔都城长安而来的。吐鲁番文书中有不少西域胡人申请过所的文书。如阿斯塔那29 号墓出土定名为《唐垂拱元年康尾义罗施等请过所案》的一件文书，上称康尾义罗施等中亚昭武国人沿丝路中道至西州请过所，其目的是"欲向东兴易"及"请将家口入京"③，显然是奔长安而来。有的胡商将家口留京师后，又往西兴贩贸易。如阿斯塔那61 号墓出土定名为《唐西州高昌县上安西都护府牒稿为录上讯问曹禄山诉李绍谨两造辨辞事》的文书就称昭武九姓胡人曹禄山等"客京师，有家口在"，其人则往西域之弓月城、龟兹等地进行贸易。④ 这些流入中原的胡商，寓居于此，乐不思蜀，有的长期定居下来，娶妻生子，代代相承。

五　东来传教者

隋唐时期东来传教者既包括佛教僧侣，亦包括袄教、景教、摩尼教等教徒。佛教自两汉之际便传入中国，渐为中原人所接受，北魏至隋唐，佛教得到了很大的发展。在唐代统治阶级中，崇佛之风很盛行，因而入唐之佛教僧侣亦不少。他们中既有天竺人，也有中亚人。如高宗时期的僧伽大师及康法藏便来自中亚的何国和康国。⑤ 此外，原产生于西亚一带的新宗

---

① ［日］山田信夫：《ベルシャと唐》，载［日］榎一雄主编《东西文明の交流》第 2 卷，平凡社 1971 年版。

② ［英］吉布：《阿拉伯人在中亚的征服》，转引自王治来《中亚史纲》，第 202 页。

③ 唐长孺主编：《吐鲁番出土文书》第 3 册，文物出版社 1996 年版，第 345—350 页；《吐鲁番出土文书》第 7 册，文物出版社 1986 年版，第 88—94 页。

④ 《吐鲁番出土文书》第 3 册，第 242—247 页；《吐鲁番出土文书》第 6 册，文物出版社 1985 年版，第 470—479 页。

⑤ （宋）赞宁撰，范祥雍点校：《宋高僧传》卷 5《法藏传》、卷 18《释僧伽传》，中华书局 1987 年版，第 89—90、448—449 页。

教，如祆教、景教、摩尼教等，亦从中亚一带陆续传入中国。由于唐代统治者较为开明，对各种新宗教均采取宽容政策，一般不加以排斥，因而有不少传教士也东来长安。如贞观初就有传法穆护何禄将祆教带入长安，并奏于太宗，于是，政府敕令在长安崇化坊立祆寺，号大秦寺，又名波斯寺①，此何禄显为何国祆教传教士。同为祆教徒的还有长安崇化坊的祆教官员米萨宝等。② 另外，来长安的还有摩尼教传教士，开元七年（719），吐火罗支汗那王帝赊上表献解天文人大慕阇，并请置法堂，依本教供养。③ 此大慕阇即为摩尼教传教士。有唐一代，来华传教的宗教人士是不少的，其中有相当一部分是中亚人，也有一部分为波斯人。

　　上面所列几类是隋唐时期中亚胡人入华之主要途径，他们的足迹自河西走廊来到长安、洛阳并向南北方向蔓延。与此同时，还有一些自魏晋南北朝时期就已经来到中国的中亚胡人，这部分人也当有不少。隋唐时期的中亚胡人，构成了隋唐社会中一个广大的胡人集团，其活动也给当时社会生活的各方面带来不小的影响。

第三节　侨居中国的中亚胡人的分布情况

　　隋唐时期，中亚胡人大量来华，他们的足迹亦分布甚广。其中丝路沿线及两京地区是最集中的地方，此外他们的活动范围也包括北方、东北及西南地区。对于这个问题，前辈学者已做过不少研究④，我们拟在前辈学者研究基础上，结合一些新出土的考古材料及研究成果，作进一步探讨。下

----

　　① 　向达：《唐代长安与西域文明》，第91—92页。
　　② 　同上书，第90页。
　　③ 　《册府元龟》卷971《外臣部·朝贡四》，第11406页。
　　④ 　荣新江：《西域粟特移民聚落考》，载马大正、王嵘、杨镰主编《西域考察与研究》，新疆人民出版社1997年版，第157—172页；荣新江：《北朝隋唐粟特人之迁徙与聚落》，《国学研究》第6卷，北京大学出版社1999年版，第27—85页。（后两篇收入氏著《中古中国与外来文明》，北京三联书店2001年版）荣新江：《西域粟特移民聚落补考》，《西域研究》2005年第2期；荣新江：《北朝隋唐粟特人的迁徙及其聚落补考》，《欧亚学刊》第6辑，中华书局2007年版，第165—178页。陈海涛、刘惠琴：《来自文明十字路口的民族——唐代入华粟特人研究》，商务印书馆2006年，第113—126页。

面我们分地区加以叙述。

西域地区：这里的西域主要指今新疆地区，特别是塔里木盆地周边地区。该地区本来就是中西亚等地人东来的必经之地，也是他们活动较多的地区。但除吐鲁番等地外，传世的汉文材料及新疆出土的汉文文书对此并没有明确的记载，近些年，国内外学者对19世纪末20世纪初新疆出土的中古伊朗语文献研究的不断深入，使我们对这个问题有了进一步的认识。

高昌（西州）、伊州等地：高昌即今吐鲁番地区，该地出土了大批两晋南北朝至唐宋时期的文书，为我们研究吐鲁番地区社会及文化生活提供了丰富资料。这些文书里有不少涉及中亚昭武九姓即粟特人的材料，可以看出唐代有不少中亚胡人在吐鲁番一带生活。

早在麹氏高昌时期，高昌城及其周边就有中亚昭武九姓聚落存在。属麹氏高昌时期的阿斯塔那31号墓出土《高昌曹莫门陀等名籍》和514号墓出土《高昌内藏奏得称价钱账》是有关高昌粟特移民的最好证据。前者记录47人，主要为曹姓人；后者是高昌官府收取进出口贸易管理税的附加记录，买卖双方大部分为昭武九姓人。① 唐于贞观十四年（640）灭高昌，设西州，许多昭武九姓人入籍并归入乡里。如《神龙三年高昌县崇化乡点籍样》，共记载户主46人，其中康姓10人，安姓6人，曹姓4人，何姓2人，石姓2人，其中一些姓名如康陀延、何莫潘、康迦卫、康那虔、曹伏食、曹莫盆等，均为典型的昭武九姓即粟特胡人风格的名字，可以说崇化乡中存在着来自昭武九姓的粟特聚落。另外这些人都已入籍，成为当地政府的编民，承担国家的赋税、兵役等。② 姜伯勤先生将吐鲁番的粟特人分为著籍粟特人与非著籍粟特人两类。其中非著籍的粟特人主要指来华经商的"兴生胡"，也即"客胡"或"商胡"，这些人到来后要交纳商税，并住客店或邸店。一些来西州的粟特商胡在进行贸易时，往往请在当地著籍的粟特百姓担保。③ 该地粟特人名直译者较多，年龄大多数在

① 唐长孺主编：《吐鲁番出土文书》第1册，文物出版社1992年版，第359、450—453页；《吐鲁番文书》第3册，第119—120、318—325页。姜伯勤：《敦煌吐鲁番文书与丝绸之路》，文物出版社1994年，第174—180页。

② 唐长孺主编：《吐鲁番出土文书》第7册，第468—485页；《吐鲁番出土文书》第3册，533—544页。姜伯勤：《敦煌吐鲁番文书与丝绸之路》，第167—174页。

③ 姜伯勤：《敦煌吐鲁番文书与丝绸之路》，第154—188页。

四十以上，而且非常集中，表明他们原本是生活在粟特聚落中的胡人，被唐朝编入乡里。①

伊州（伊吾）：魏晋以后随着丝绸之路北道的兴盛，伊吾成为交通要道，也成为中亚胡人东来路上的一个据点。前述敦煌发现的《沙洲伊州地志》伊州条记载："隋大业六年（610）于城东买地置伊吾郡。隋末，复没于胡。贞观四年（630），首领石万年率七城来降，我唐始置伊州……管县三：伊吾、纳职、柔远……伊吾县……其俗又不重衣冠，唯以多财为贵。火祆庙中有素书（画）形像无数。有祆主翟槃陀者，高昌未破以前，槃陀因入朝至京，即下祆神，因以利刀刺腹，左右通过，出腹外，截弃其余，以发系其本，手执刀两头，高下绞转，说国家所举百事，皆顺天心，神灵相助，无不征验。神没之后，僵仆而倒，气息奄奄，七日即平复如旧。有司奏闻，制授游击将军。"②《元和郡县图志》亦载："（伊吾郡）隋乱又为群胡居焉，贞观四年（630）胡等慕化归附，于其地置伊州。"③ 这里所提到的石万年，应即来自中亚石国的胡人，其率七城归附，说明当时粟特胡人在当地有很大势力，因而伊吾县设有火祆庙，由祆主翟槃陀主持。

鄯善、且末：这两处是丝绸之路南线重镇，东来中亚胡人应有不少。前述《沙州伊州地志》还记载了石城镇一带的情况，也提到了中亚昭武九姓在此聚居的情况。"贞观中，康国大首领康艳典东来，居此城，胡人随之，因成聚落，亦曰典合城。上元二年（675），改为石城镇，隶沙州……新城，东去石城镇二百里。康艳典之居鄯善，先修此城，因名新城，汉为弩支城。蒲桃城，南去石城镇四里。康艳典所筑，种蒲桃于此城中，因号蒲桃城。萨毗城，西北去石城镇四百八十里。康艳典所筑。其城近萨毗泽。"④《新唐书·地理志》亦有相关记载，其云："又西八十里至石城镇，汉楼兰国也，亦名鄯善，在蒲昌海南三百里，康艳典为镇使以通西域者。又西二百里至新城，亦谓之弩支城，艳典所筑。"⑤ 文献中明确

---

① 荣新江：《北朝隋唐粟特人之迁徙与聚落》，《中古中国与外来文明》，第48页。
② 唐耕耦、陆宏基：《敦煌社会经济资料真迹释录》第一册，第39—41页。
③ 《元和郡县志》卷40《陇右道下》，中华书局1983年版，第1029页。
④ 唐耕耦、陆宏基：《敦煌社会经济资料真迹释录》第一册，第39页。
⑤ 《新唐书》卷43《地理志》，第1151页。

提到康国大首领康艳典在唐初率部东来定居于此，并由此形成一个中亚胡人聚落，也即粟特聚落。这个聚落至少建立了四座城镇，即石城镇、弩支城，蒲桃城、萨毗城。有学者认为这四城应属于石万年所献七城之列。[①]又《沙州图经》卷三载："又大周天授二年（691）腊月，得石城镇将康拂耽延弟舍拔状称，其蒲昌海旧来浊黑混杂，自从八月已来，水清彻底，其水五色。"[②] 此康拂延耽应即康艳典的后裔。由此亦可看出，直到武周天授二年（691），石城镇将等职仍由出身康姓的粟特人担任，表明这里仍然是以粟特人为中心的聚落。[③]

有文献记载的另一个中亚昭武九姓聚落在且末。乾陵六十一宾王相的衔名中有一个"播仙城□（主）河（何）伏帝延"[④]，此播仙镇在《新唐书·地理志》中注明为"故且末城也"，且末城在高宗上元三年（676）改为播仙镇。[⑤]

于阗、疏勒地区：于阗即今新疆和田一带，据学者研究，中亚粟特人早在公元 7 世纪以前就到了于阗地区。斯坦因（A. Stein）曾在安得悦（Endere）发现一件佉卢文契约文书，其中买卖的一方为 suliga vagiti valhaga，suliga 一词，学者倾向于认为即"窣利（粟特）"，文书年代为 4—7 世纪。[⑥] 另外在和田、敦煌等地出土的 8—10 世纪的于阗文书中，有一个与其他民族并列的词 suli，复数形式为 sulya，学者经过考订认为是"窣利（粟特）"的对音。另外斯坦因在和田麻札塔格（Mazar Tagh）遗址发现七件粟特语文书，当是粟特人的遗留物[⑦]，这些文书往往不把粟特和其他

①　Edwing G. Pulleyblank，"A Sogdian Colony in Inner Mongolia"，*T'oung Pao*，Vol. 41，1952，P. 353.

②　唐耕耦、陆宏基：《敦煌社会经济资料真迹释录》第一册，第 21 页。

③　荣新江：《北朝隋唐粟特人之迁徙与聚落》，《中古中国与外来文明》，第 43 页。

④　陈国灿：《唐乾陵石人像及其衔名研究》，载《文物集刊》第二集，文物出版社 1980 年版，第 189—203 页。

⑤　《新唐书》卷 43《地理志七》，第 1151 页。

⑥　A. Stein，*Serindia*，IV，Oxford 1921，pl. XXXVIII；S. konow，" Where was the Saka Language reduced to writing"，*Acta Orientalia*，X，1932，P. 74. 参见荣新江《西域粟特移民聚落考》，《中古中国与外来文明》，第 22 页。

⑦　H. W. Bailey，*Khotanese Texts*，VII，Cambideg Press，1985，pp. 76 – 78；N. Sims-Williams，"The Sogdian Fragments of the British Library"，Indo-Iranian Journal，18，1976，pp. 53 – 54，62，67 – 68，70 – 71，72，73；参见荣新江《西域粟特移民聚落考》，《中古中国与外来文明》，第 22—25 页。

居民加以区分，似表明他们在公元 8 世纪时，已是著藉于于阗的编户了，只是由于他们善于经商，因此有不少人仍从事商业活动罢了。[1] 近年来新发现的一些汉文文书对此作了补正，即 Mazar Tagh 092（Orl 8212/1557）唐代的残过所，上有"副使康云汉、作人石者羯、奴伊礼然、奴伏浑"等名[2]，这些显然是粟特姓名。

疏勒即今新疆喀什地区。有学者认为汉文"疏勒"一名可能译自某种伊朗语[3]，因而可推知疏勒在伊斯兰化以前，也应当讲一种伊朗语。此处当粟特人东行的交通要道，应有粟特聚落存在[4]。

龟兹、焉耆地区：龟兹即今新疆库车地区，它和同样位于塔克拉玛干沙漠北缘的焉耆一样，都是隋唐丝绸之路上的重镇，也是中亚人东来的必经之地。日本学者吉田丰先生指出伯希和在库车西一处遗址发现的两件残片（Pelliot chinois D. A. No：220 和 Pelliot chinois sogdien 27 1）是用粟特文写的。[5] 另外，伯希和在同一遗址发现的唐代汉文文书上，发现一些中亚粟特人姓名色彩的文字，如 Pelliot chinois D. A. 93 号上写有"怀柔坊□丁安拂勤"，D. A. 134 号上写有"和众坊正曹德德"，D. A. 134 号上写有负钱人"安元俊"，D. A. 103 号上写有"作人曹美俊"等。这些均可视为在此落籍或行经此地的粟特人，其中有些名字已经汉化，或许是从唐朝本土西到龟兹的。[6] 另外，在克孜尔等龟兹石窟的壁画上，有许多商人形象。影山悦子博士对比了克孜尔石窟中的商人头戴的白帽子和安伽墓的粟特萨保以及片吉肯特壁画上的粟特商人所戴的白帽子，指出这些商人实际是粟特商人，年代为公元 7 世纪早期。[7] 荣新江先生进一步指出，这些佛教壁画所描绘的萨薄及其所率领的商人的形象，实质已转换成了当时西域地区常见的粟特商人的模样，因为虽然当地的画家力图表现的是佛经中的

① 荣新江：《西域粟特移民聚落考》，《中古中国与外来文明》，第 25 页。

② 陈国灿：《斯坦因所获吐鲁番文书研究》，武汉大学出版社 1994 年版，第 503 页。

③ H. W. Bailey, *Khotanese Texts*, VII, VII, pp. 52 – 53.

④ 荣新江：《西域粟特移民聚落考》，《中古中国与外来文明》，第 29—30 页。

⑤ ［日］吉田丰：《ソダド语杂录（Ⅲ）》，《内陆アジア言语的研究》Ⅴ，1989 年，第 93 页注［10］。

⑥ 荣新江：《西域粟特移民聚落考》，《中古中国与外来文明》，第 33 页。

⑦ ［日］影山悦子：《粟特人在库车：从考古和图像学角度来研究》，载荣新江、华澜、张志清主编《粟特人在中国——历史、考古、语言的新探索》，中华书局 2005 年版，第 192 页。

印度商人，但他们所熟悉的是行经此地的粟特商人，因此有意无意地把佛经中的印度萨薄转换成了粟特萨保的形象。①

1957 年黄文弼先生率领的考古队在焉耆明屋沟北遗址发现两件所谓的"古维文木牍"，后来学者研究认为是粟特文文书，其内容与商品贸易有关，其年代相当于 7—8 世纪。② 另外在圣彼得堡收藏的粟特语文献中，有一件《延耆可敦（'rkc'nck x 't'wnh）致一位摩尼法师的信》，大概为西突厥汗族之女下嫁焉耆国王之事，其年代大概在 7 世纪初③，也证明在焉耆有粟特人活动。可为粟特人在焉耆活动提供佐证的文物资料，是 1989 年在焉耆七个星乡老城村发现的一组银器，其中有带有粟特语铭文的银碗。④ 这些银器的发现地七个星乡，正好位于丝绸之路经过焉耆的干道上，它们明显是粟特商人留下的器物，反映了粟特商人经过此地的情形。⑤

总体来看，在西域塔里木盆地周边及吐鲁番、伊吾等地，都有中亚胡人（主要是粟特人）活动，甚至存在着规模不小的粟特聚落。鉴于这些地区都处于丝绸之路沿线的交通要道，可以推知在丝路沿线其他地方，也应该有中亚胡人活动，只是我们缺少更多材料来证明。

河西地区：隋唐甘肃河西走廊地区是丝绸之路中段主要交通路线，也是中西亚胡人东来的另一个必经之地。自魏晋南北朝起这里就是西域胡商活跃地区，隋唐以降，不少西域胡商定居下来，并形成一定规模的聚落。下面我们分地区叙述。

沙州（敦煌）：沙州即今甘肃敦煌一带，这里是中原进入西域的门户，丝绸之路重镇之一。前述斯坦因于 1907 年在敦煌西北长城烽燧下发现了著名的粟特文古信札，其内容反映了公元 4 世纪初敦煌地区粟特商人的活动情况，他们不但有聚落，还有祆教祠所，其活动范围东到洛阳，西

① 荣新江：《萨保与萨薄：佛教石窟壁画中的粟特队商首领》，载《粟特人在中国——历史、考古、语言的新探索》，第 58 页；《西域粟特移民聚落补考》，《西域研究》2005 年第 2 期。

② ［日］吉田丰：《ソグド语研究文献目录（1979—1984）》，《西南アジア研究》No. 23，1984 年，第 83 页。

③ 荣新江：《西域粟特移民聚落考》，《中古中国与外来文明》，第 35—36 页。

④ 孙机：《七驼纹银盘与飞廉纹银盘》，《中国圣火——中国古文物与东西文化交流中的若干问题》，辽宁教育出版社 1996 年版，第 162 页；林梅村：《中国境内出土带铭文的波斯和中亚银器》，《汉唐西域与中国文明》，文物出版社 1998 年版，第 160—164 页。

⑤ 荣新江：《西域粟特移民聚落补考》，《西域研究》2005 年第 2 期。

到粟特本土。隋唐时期，这里依然是西域胡人集中的地方，敦煌藏经洞大量文献的发现，为我们提供了重要的资料。

敦煌藏经洞出土文书 P. 3559 号《天宝十载（751）敦煌县差科簿》记载敦煌从化乡的名录，实际登录的 236 人中，约有九成为中亚昭武九姓人，显然此从化乡为一个典型的昭武九姓也即粟特聚落。此一乡名，系在此粟特人聚落编制为乡里时，依据汉人的中华意识而命名。① 与此相应的是，敦煌文书还记载敦煌城东有一祆祠，如 P. 2005《沙州图经》载"祆神：右在州东一里，立舍，画祆主，总有廿龛。其院周回一百步"②。据学者研究，敦煌从化乡恰好就在敦煌城东一里的祆舍所在地，这里是粟特民众精神信仰的中心。其居民应是唐朝初年集团性移居此地的。③

甘州（张掖）：甘州即今甘肃张掖一带，汉魏南北朝时期就有不少中亚胡人活动于此。前引唐《康敬本墓志》《安怀及夫人史氏墓志》《史诃耽墓志》等说明北朝时期有不少中亚粟特人在此地入仕，甚至有人担任萨宝等职。隋唐时期他们在这里依然有一定势力。隋大业十三年（617）凉州李轨起兵反隋，"张掖康老和举兵反"④，此康老和从姓名上看显然为中亚康国人，而且大概是当地粟特人的首领，康老和后被隋西戎使者曹戎击败，此曹戎从姓名上看，也应来自中亚昭武九姓的曹国。又唐《石崇俊墓志》载："府君石氏，讳崇俊，字孝德，其盛族徽烈，家牒著焉。府君以曾门奉使，至自西域，寄家于秦，今为张掖郡人也。祖讳宁芬，本国大首领、散将军。皇考讳思景，泾州［泾］阳府左果毅。"⑤ 可知石崇俊来自中亚石国，其祖为本国大首领，父辈入唐，石崇俊时其家在张掖一带定居。前述固原发现的唐《史诃耽墓志》提到史诃耽夫人康氏，为"甘肃张掖人也"。可知当时中亚九姓胡在甘州一带有一定势力。

凉州（武威）：凉州即今甘肃武威地区，又称姑臧。这里是河西走廊最东头，玄奘称其为"河西都会，襟带西蕃、葱右诸国，商旅往来，无

① ［日］池田温：《8 世纪中叶におゐ敦煌のソダド聚落》，《ユ－ラシア文化研究》第 1 号，1965 年，第 50 页；姜伯勤《敦煌吐鲁番文书与丝绸之路》，第 189—192 页。
② 《沙州图经》卷三"四所杂神"条，转引自唐耕耦、陆宏基《敦煌社会经济资料真迹释录》第一册，第 13 页。
③ ［日］池田温：《8 世纪中叶におゐ敦煌のソダド聚落》，第 50 页。
④ 《隋书》卷 5《恭帝纪》，第 100 页。
⑤ 《唐代墓志汇编》，第 1892—1893 页；《全唐文补遗》第 4 辑，第 472 页。

有停绝"①。这里很早便是西域中亚胡人活动之处。前述斯坦因在敦煌发现的粟特文古信札中就提到了"姑臧",表明凉州是 4 世纪初在中国经营贸易的粟特人的大本营。隋唐时期,凉州的中亚粟特人聚落还一直存在,并且有很大势力。

隋末,鹰扬府司马李轨在凉州起兵,得到以安修仁为首的凉州胡人的支持与响应,史载:"轨令修仁夜率诸胡人入内苑城,建旗大呼,轨于郭下聚众应之……轨自称河西大凉王。"② 唐朝建立后,移居长安的安修仁之兄安兴贵主动前往凉州招降李轨,并称:"臣于凉州,奕代豪望,凡厥士庶,靡不依附。臣之弟为轨所信任,职典枢密者数十人。臣往说之,轨听臣故善,若其不听,图之肘腋,易矣。"③ 因遭到李轨拒绝,安兴贵兄弟"引诸胡众起兵图轨",不久活捉李轨,押送长安,河西遂平。此安修仁应来自凉州颇有势力的胡人安氏家族。《元和姓纂》载:"后魏安难陀至孙盘婆罗,代居凉州,为萨宝。生兴贵、修仁。"④ 可知这个安氏家族自北魏以来就存在。而且河西安氏家族是典型的粟特聚落首领,他们历代世袭为萨宝,统辖诸胡部落,左右凉州政局。⑤ 不过隋唐时期这个家族很多子孙迁居长安等地。

中唐以后,凉州胡人依旧有很大势力。"安史之乱"爆发后,至德二载(757),凉州九姓胡安门物与河西兵马使盖庭伦聚众六万,杀节度使周泌,"武威大城之中,小城有七,胡据其五,二城坚守"⑥,不久叛乱被平定。此安门物不知是否与武威安氏家族有关。

除安氏家族外,凉州还有一些昭武九姓聚落。据武威出土《康阿达墓志》载:"公讳阿达,西域康国人也。祖拔达,梁使持节骠骑大将军、开府仪同三司、凉甘瓜三州诸军事、凉州萨宝……诏赠武威太守。父莫

① (唐)慧立、(唐)彦悰:《大慈恩寺三藏法师传》,中华书局 1983 年版,第 11 页。
② 《旧唐书》卷 55《李轨传》,第 2249 页。
③ 《资治通鉴》卷 219"肃宗至德二载"条,第 7015 页。
④ 《元和姓纂》安姓条之"姑臧凉州",第 500—501 页;此外《新唐书·宰相世系表》载:"后魏有难陀,孙婆罗,周、隋间,居凉州武威为萨宝。生兴贵、修仁。至抱玉赐姓李",第 3446 页。
⑤ 荣新江:《北朝隋唐粟特人之迁徙及其聚落》,《中古中国与外来文明》,第 73 页;吴玉贵:《凉州粟特胡人安氏家族研究》,载《唐研究》第 3 卷,北京大学出版社 1997 年版,第 300 页。
⑥ 《资治通鉴》卷 219"肃宗至德二载"条,第 7015 页。

量，同葬安乐里。"① 1997 年在武威市高坝镇发现唐《翟舍集及夫人安氏墓志》，志文称："公讳舍集，姑臧人也……西平膏壤，右地名族。曾祖呼末，周历内散都督，隋赠甘州刺史。祖文殊，父沙，并上柱国。公生蕴奇志，长负大才。国家命金方之师，征铁关之右。公躬摺甲胄，率先艰苦，授上柱国。于是乐道知命，居常待终……久视年（700）五月八日卒于私第，年六十四。夫人安氏，凉国公之孙也……开元十四年（725）八月廿八日卒，年七十六。其岁景寅子月十一日，合葬凉东南七里志公乡原茔。"② 志文曰安氏为凉国公之孙，而凉国公据考证为唐初功臣安兴贵，其子应为安元寿。③ 据学者研究，翟舍集夫人安氏的父亲很可能就是安元寿，而安元寿的夫人为翟六娘，表明武威安氏与武威翟氏有联姻关系，则翟姓胡人可能也来自中亚粟特地区。④

自北魏以来有不少凉州粟特胡人迁居中原。如安兴贵家族有许多人移居长安，安兴贵之后有安元寿、安忠敬、李抱玉等。西安出土的《唐安令节墓志》称："君讳令节，字令节，先武威姑臧人……历后魏、周、隋，仕于京洛。"⑤《安神俨墓志》称："君讳神俨，河南新安人也。原夫吹律命系，肇迹姑臧。"⑥ 洛阳发现的《安延墓志》载："君讳延，字贵薛，河西武威人也……故得冠冕酋豪，因家洛涘。祖真建，后周大都督。父比失，隋上仪同、平南将军。（安延）以永徽四年（653）四月七日终于弘敬里私第。"⑦ 说明凉州是中亚胡人活动的大本营。

河西地区作为丝绸之路的交通要道，也是中亚胡人东来的必经之地，中亚胡人分布应远不止以上几处，像肃州（酒泉）、瓜州（常乐）等地，南北朝时期就有不少胡人活动于此，唐代应也有胡人在此活动。

---

① 《唐代墓志汇编》，第 124 页。

② 黎大祥：《武威大唐上柱国翟公墓清理简报》，《陇右文博》1998 年第 1 期；王其英编：《武威金石录》，兰州大学出版社 2001 年版，第 46—47 页。

③ 黎大祥：《武威文物研究文集》，甘肃文化出版社 2002 年版，第 34 页。志文参见吴钢主编《全唐文补遗》第 1 辑，三秦出版社 1994 年版，第 67—69 页。

④ 荣新江：《北朝隋唐粟特人之迁徙及其聚落补考》，载《欧亚学刊》第 6 辑，第 167 页。

⑤ 《唐代墓志汇编》，第 1045 页；《全唐文补遗》第 3 辑，第 36—37 页。

⑥ 《唐代墓志汇编》，第 669 页；《全唐文补遗》第 3 辑，第 449 页。

⑦ 《唐代墓志汇编》，第 180 页；《全唐文补遗》第 4 辑，第 328 页。

　　两京地区：两京即长安、洛阳。长安作为隋唐都城所在地，是当时的政治、经济与文化中心。不管是入仕还是经商，这里都是众多中亚胡人集中的地方，也是他们最终的目的地。尽管汉魏南北朝时期长安就是胡人的主要聚集地，但唐时可以说最为兴盛。

　　当时入长安的有中亚诸国来华的使节、质子、官员，随突厥而来的部落首领，以及东来传教之教职人员，既包括佛教僧侣，也包括祆教、景教、摩尼教等教徒，当然还有众多的胡商。这些人汇聚长安，不但人数众多，而且居住也相对集中，甚至形成一定程度上的聚落。关于这个问题前人已做过不少研究①，此不赘述。关于唐代长安中亚胡人所从事的职业与活动等情况，后文将有详述。

　　洛阳：洛阳是东汉、北魏时的都城所在地。自东汉时期起，洛阳就是西域胡人重要的聚集与活动地区。至北魏时，洛阳更是成为西域胡人聚集的中心。前引《洛阳伽蓝记》记载洛阳当时的情形是："自葱岭以西，至于大秦，百国千城，莫不款附。商胡贩客，日奔塞下。所谓尽天地之区已。乐中国土风因而宅者，不可胜数。是以附化之民，万有余家。"虽有些夸大，但也说明洛阳当时"附化之民，万有余家"的盛况，其中中亚胡人应有不少。

　　进入唐代，这里依然活跃着不少中亚胡人。武后曾长期住在洛阳，因而唐代入居洛阳的中亚胡人亦有不少，他们和入居长安的中亚胡人大体相同，分为入仕、入质、降附、归化及传教等。关于这个问题，荣新江先生等学者对墓志和史籍中的中亚粟特人的材料均有研究②，并有详细列表，

---

　　①　参见韩香《隋唐长安与中亚文明》第二部分"隋唐长安中亚诸国人及其后裔"，第75—118页；荣新江《北朝隋唐粟特之迁徙及其聚落》，《中古中国与外来文明》，第76—85页；陈海涛、刘惠琴《来自文明十字路口的民族——唐代入华粟特人研究》，第166—182页；毕波《中古中国的粟特胡人——以长安为中心》，第124—258页。

　　②　荣新江：《北朝隋唐粟特之迁徙及其聚落》，《中古中国与外来文明》，第85—90页；陈海涛、刘惠琴：《来自文明十字路口的民族——唐代入华粟特人研究》，第119—120页；刘铭恕：《洛阳出土的西域人墓志》，《洛阳——丝绸之路的起点》，中州古籍出版社1992年版，第204—213页。李健超：《唐代长安洛阳的西域人》，《西北历史研究》1988年号，三秦出版社1990年版，第41—83页。另外，近几年洛阳新出土几方中亚粟特人墓志也证实这个事实。如《康敦墓志》记载康敦及其丈夫安公即卒于旗亭里，而旗亭里位于洛阳著名的南市，推测安康敦夫妇大概是在南市贸易的粟特商人；另《何澄墓志》及《何澄之妻墓志》记载何澄及其妻居住在洛阳嘉善里，该里位于洛阳南市正南面，参见毛阳光《新见四方唐代洛阳粟特人墓志考》，《中原文物》2009年第6期。

此不赘述。总体来看，中亚粟特胡人在洛阳活跃的年份主要是高宗和武后时期。洛阳出土的唐代粟特胡人墓志表明，洛阳的粟特胡人主要集中在南市周边诸坊，个别人家在北市附近。① 北市附近的立德坊及南市西坊内还建有为胡商祈福的祆庙。② 《唐两京城坊考》记载北市附近的立德坊及南市一带的修善坊、会节坊也有祆祠，为群胡奉祀。③

北方地区：隋唐时期，中亚胡人除活动在两京地区外，其势力也向北方扩展，一方面是其经商天性及交通的发展使然，另一方面也和突厥回鹘与唐的关系发展有很大关系。当时北方地区的许多州郡都有他们活跃的身影。

原州（固原）：原州又称高平、平高，即今宁夏固原一带。北魏迁都洛阳后，原州成为西域通往洛阳的一个交通要塞，北朝时期，来中原地区的西域使节大多数是通过原州到达洛阳的。④ 隋唐时期首都移至长安，原州又成为西域通往长安的重要门户。《元和郡县图志》"凉州"条载："东北自上都，取秦州路二千里，取皋兰路一千六十（百）里。"⑤ 所谓皋兰路，从乌兰县乌兰关渡黄河，至会州（今甘肃靖远）的会宁关，经今宁夏海原，再到原州，经泾州（今甘肃泾川）、豳州（今陕西彬县）至长安。在吐蕃占领河陇地区之前，西域至长安大都取道原州，秦州路使用较少，大概是路途遥远之故。⑥ 因此原州成为中亚胡人活动之处。

20世纪80年代，固原地区发掘出隋唐墓葬七座，六座为中亚九姓胡墓葬，其墓志五合为史姓，一合为安姓，包括隋代史射勿一系及唐代史索岩一系。《史射勿墓志》云："公讳射勿，字槃陀，平凉平高县人也。其先出自西国。曾祖妙尼、祖波波匿，并仕本国，俱为萨宝。父认愁……公幼而明敏……勇力绝人。保定四年（564），从晋荡公东讨……（大业）五年（609）三月廿四日，遘疾薨于私第。"史射勿一家入籍原州的时间大概在北魏时期。史射勿之世子史诃耽的墓志云："君讳诃耽，字说，原

---

① 荣新江：《北朝隋唐粟特之迁徙及其聚落》，《中古中国与外来文明》，第87页。
② （唐）张鷟撰，赵守俨点校：《朝野佥载》，中华书局1979年版，第64—65页。
③ 李健超：《增订唐两京城坊考》，三秦出版社2006年版，第389、342、322、366页。
④ 罗丰：《固原南郊隋唐墓地》，第166页。
⑤ （唐）李吉甫撰：《元和郡县图志》卷40陇右道，中华书局1983年版，第1019页。
⑥ 罗丰：《固原南郊隋唐墓地》，第166页。

州平高县人也，史国王之苗裔也……隋开皇中，释褐平原郡中正……武德九年（626），以公明敏六闲，另敕授左二监。寻奉敕直中书省，翻译朝会……贞观三年（629），加授宣德郎。七年（633），又加授朝请郎……以总章二年（669）九月二十三日遘疾终于原州平高县劝善里舍。" 史诃耽曾在长安担任过中书省译语人，后终老平高。①

另一个属于史姓家族的《史索岩墓志》云："公讳索岩，字元贞，建康飞桥人也，其先从宦，因家原州……仁寿四年（604），乃从辇驾于东宫，即除大都督、长上宿卫……大业元年（605），炀帝握图御历，先录宫城，拜公左御卫，安丘府鹰扬郎将……以显庆元年（656）五月十三……薨于原州万福里第。" 史索岩妻为安娘，据同时出土的《安娘墓志》载："夫人讳娘，字白，岐州岐阳人，安息王之苗裔也……以龙朔元年（661）岁次辛酉正月十二日，遘疾终于原州平高县招远里"②，可知史索岩主要入仕于隋，其家大概从河西一带迁来。其妻安娘，来自中亚史国，与史索岩属于胡姓之间的联姻。这六座中亚九姓胡墓葬说明原州也是胡人活动的重要地区，有不少人还曾入仕于当地政权，具有一定势力。

灵州（灵武）、六胡州等地区：灵州即今宁夏灵武一带，其地西通凉州，南接经原州通向长安的大道，北通漠北突厥、回鹘等游牧汗国。如前所述，公元6—7世纪，突厥汗国长期控制着中亚诸国，有一部分中亚昭武九姓胡人通过经商和移民进入突厥汗国境内。当时突厥汗国专设有胡部。东突厥灭亡之后，其可汗被擒送长安，部众一部分归漠北薛延陀汗国统治，一部分西走西域，剩余约十万众则降唐，被安置于河南之地，即东自幽州（今北京），西至灵州的广大地区，唐置顺、祐、化、长四州都督府，又置北开、北宁、北抚、北安四州都督府，各州都督皆以突厥豪酋任之。其中史善应为北抚州都督，康苏密为北安州都督，这两人显为突厥内部的昭武九姓胡。又史载："咸亨中，突厥有降者，皆处之丰、胜、灵、夏、朔、代六州。"③ 这里面应有一些随突厥而来的中亚九姓胡。《新唐书·康日知传》载康日知为"灵州人。祖康植，开元时，缚康待宾，平

---

① 罗丰：《固原南郊隋唐墓地》，第16—19、68—72页。
② 同上书，第45—49页。
③ 《资治通鉴》卷206 "则天神功元年"条，第6516页。

六胡州，玄宗召见，擢左武卫大将军，封天山县男"①。从天山县男的封爵可知，这个家族是从西域迁到灵州的。②另外西安发现的《何文哲墓志》载："公讳文哲，字子洪，世为灵武人焉……公本何国王丕之五代孙，前祖以永徽初款塞来质，附于王庭……曾祖怀昌，皇中大夫，守殿中少监，赐紫金鱼袋……祖彦诠，皇正议大夫、行丹州别驾、上柱国……列考游仙，皇宝应元从功臣、开府仪同三司、行灵州大都督府长史、上柱国，赠尚书右仆射……公即仆射之第三子也"③，虽然何文哲主要入仕于朝中，参与过册立穆宗、文宗等政治活动，但其家世出自灵武，其父何游仙还曾为"灵州大都督府长史"，这说明灵州还是有不少中亚胡人活动的。

六胡州在灵州南境，高宗调露元年（679），唐为加强对黄河河套以南的突厥降户的统治，在灵、夏二州之间设六州（鲁、丽、含、塞、依、契），地当今内蒙古鄂托克旗南、宁夏盐池北，史称"六胡州"。④六胡州之突厥降户大部分是原属突厥之中亚昭武九姓胡。⑤隋唐时，有迁入长安、洛阳等地者，如洛阳发现的《安菩墓志》即云安菩原为"六胡州大首领"⑥。另外据《唐维州刺史安侯神道碑》记载，唐维州刺史安附国去世后，其次子安思恭为鲁州刺史。⑦又敦煌出土的《唐景云二年张君义勋告》记载，与张君义同在景云二年（711）受勋的二百余人中有含州安神庆、依州曹饭陀、鲁州康□、契州康丑胡。⑧这说明六胡州的确有大量中

---

①　《新唐书》卷 148《康日知传》，第 4772—4773 页。

②　荣新江：《北朝隋唐粟特之迁徙及其聚落》，《中古中国与外来文明》，第 90 页。

③　魏光：《何文哲墓志考略》，《西北史地》1984 年第 3 期；李鸿宾：《唐宫廷内外胡人侍卫——从何文哲墓志谈起》，《中央民族大学学报》1996 年第 6 期；吴钢主编：《全唐文补遗》第 1 辑，第 283—284 页。

④　参见《元和郡县图志》卷 4"关内道新宥州"条，"初，调露元年（679）于灵州南界置鲁、丽、含、塞、依、契等六州，以处突厥降户，时人谓之'六胡州'。长安四年（704）并为匡、长二州。神龙三年（707）复置兰池州都督府，在盐州白池县北八十里，仍分六州各为一县以隶之。开元十一年（723）康待宾叛乱，克定后，迁其人于河南、江、淮诸州，二十六年还其余党，遂于此宥州，以宽宥为名也"，第 106 页。

⑤　张广达：《唐代六胡州等地的昭武九姓》，《北京大学学报》1986 年第 2 期。

⑥　赵振华、朱亮：《安菩墓志初探》，《中原文物》1982 年第 3 期。

⑦　（清）董诰等纂修：《全唐文》卷 435，中华书局 1983 年版，第 4434—4436 页。

⑧　朱雷：《跋敦煌所出〈唐景云二年张君义勋告〉》，《中国古代史论丛》1982 年第 3 辑；荣新江：《北朝隋唐粟特之迁徙及其聚落》，《中古中国与外来文明》，第 94—95 页。

亚胡人存在。这种情况在唐开元年间仍然存在。据《新唐书·玄宗纪》载："（开元）九年（721）……兰池州叛胡显首伪称叶护康待宾、安慕容，为多览杀大将军何黑奴，伪将军石神奴、康铁头等，据长泉县，攻陷六胡州。"① 中唐诗人李益有诗《登夏州城观送行人赋得六州胡儿歌》云："六州胡儿六蕃语，十岁骑羊逐沙鼠。沙头牧马孤雁飞，汉军游骑貂锦衣……胡儿起作和蕃歌，齐唱呜呜尽垂手。心知旧国西州远，西向胡天望乡久。"② 六胡州的存在，说明大量中亚粟特人随着突厥之降唐而移居灵、夏南界。③

并州：即今太原地区。其地西与灵州相接，东可经河北北上至幽州等地，向南可至长安、洛阳，向北可通突厥、回鹘汗国。它是唐朝北方最重要的城市，也是中亚胡人的活动地区。唐代有不少粟特胡人出身于并州太原。《翟突娑墓志》称："君讳突娑，字薄贺比多，并州太原人也。父娑摩诃，大萨宝、薄贺比多。（突娑）春秋七十，大业十一年（615）……卒于河南洛阳。"④ 从翟突娑的胡人色彩的名字及其父身为大萨宝可以推知这个翟姓家族应是著籍太原的中亚粟特人。还有洛阳出土的《康武通墓志》称："公讳武通，字宏达，太原祁人也。祖默，周任上开府仪同大将军。父仁，隋任左卫三川府鹰扬郎将……"⑤ 《安孝臣墓志》称："君讳孝臣，太原郡人也。"⑥ 他们都是著籍太原的中亚粟特人。可资辅证的是《新唐书·李嵩传》载：太原俗"为浮屠法者，死不葬，以尸弃郊饲鸟兽，号其地曰'黄坑'。有狗数百头，习食胔，颇为人患，吏不敢禁"⑦。据学者研究，这正是粟特地区袄教徒的葬俗。⑧

河北地区：主要以幽州、营州为中心，这里是安禄山及其部将活动的地方，应存在一些胡人部落。

---

① 《旧唐书》卷8《玄宗纪》，第182页。
② （唐）李益：《登夏州城观送行人赋得六州胡儿歌》，《全唐诗》卷282，第3211页。
③ 荣新江：《北朝隋唐粟特之迁徙及其聚落》，《中古中国与外来文明》，第95页。
④ 赵万里：《魏晋南北朝墓志集释》卷九，科学出版社1956年版，图版484。
⑤ 《唐代墓志汇编》，第545页；《全唐文补遗》第2辑，三秦出版社1995年版，第243页。
⑥ 《唐代墓志汇编》，第1433页；《全唐文补遗》第2辑，第503页。
⑦ 《新唐书》卷78《李嵩传》，第3531页。
⑧ 林悟殊：《波斯拜火教与古代中国》，台湾新文丰出版社1995年版，第126页。

幽州：幽州属河北道，是范阳节度使所在地。安禄山就曾任范阳节度使。"安史之乱"中随同安禄山于幽州反叛的将领中有不少中亚胡人。如安禄山的部将史思明、将军何千年、大将何思德、平卢骑将史定芳、将军安守忠、先锋使康阿义屈达干等。① 此外在西安出土的《康令恽墓志》称康令恽曾为范阳节度使，卒于天宝四载（745）。②

营州：幽州东北便是营州（今辽宁朝阳一带）。这里为平卢节度使所在地，也是安禄山本贯地。安禄山及其部将史思明都被称为"营州杂种胡"。安禄山本姓康，"幼随母在突厥中，母后嫁胡将军安波注兄延偃……乃冒姓安氏，名禄山焉"③。安禄山自小生活在胡人部落，是个地道的粟特人。与其同部落的史思明，也是地道的粟特人。④ 此外前述唐初随突厥降唐的康阿义屈达干，也著籍柳城，就是营州。由此可见营州地区确有一批中亚粟特人存在，这些人中不仅有一些部落首领、蕃将，更多的应是胡商。史载开元五年（717），唐河北支度营田使、营州都督宋庆礼在柳城建营州城，"开屯田八十余所……并招辑商胡，为立店肆，数年间，营州食廪颇实，居人渐殷"⑤。此处商胡应多为中亚胡人。

河北地区聚集大量中亚粟特人，同突厥有密切关系⑥，也有一些是从其他地方迁来。幽州、营州大量粟特人的活动记载表明中亚胡人的足迹已深入河北甚至东北地区。

巴蜀地区：以益州为中心的巴蜀地区也是较早就有胡人活动的地区。梁天监年间有僧人释道仙，"本康居国人。以游贾为业，往来吴蜀，江海上下集积珠宝，故其所获赀货乃满两船，时或计者云，直钱数十万贯"⑦。可知释道仙本是中亚康国胡商，萧梁时期，经商往来于吴蜀之间，后弃

---

① 荣新江：《安禄山的种族与信仰》，《中古中国与外来文明》，第232页。

② 王育龙：《唐长安城东出土的康令恽等墓志跋》，载《唐研究》第6卷，北京大学出版社2000年版，第396—397页。

③ （唐）姚汝能撰，曾贻芬校点：《安禄山事迹》卷上，上海古籍出版社1983年版，第1页。

④ 荣新江：《北朝隋唐粟特之迁徙及其聚落》，《中古中国与外来文明》，第106页；荣新江：《安禄山的种族与信仰》，《中古中国与外来文明》，第223—229页。

⑤ 《旧唐书》卷185《宋庆礼传》，第4814页；《新唐书》卷130《宋庆礼传》，第4494页。

⑥ 陈寅恪：《唐代政治史述论稿》，上海古籍出版社1997年版，第44页。

⑦ 《续高僧传》卷25《释道仙传》，第327—328页。

商为僧。在当时像这样通商入蜀的胡人应有不少。如《隋书·何妥传》载："何妥字栖凤，西城人也，父细胡，通商入蜀，遂家郫县。事梁武陵王纪，主知金帛，因致巨富，号为西州大贾。"郫县在今成都西北。文中提到的"西城"，陈寅恪先生认为乃"西域"之误。[①] 何妥父为细胡[②]，可以推知何氏家族应来自中亚昭武九姓的何国，萧梁时自西域入蜀经商，家于郫县，何妥因事梁武陵王萧纪，主持商业贸易，因此成为西州大贾。

这个家族至隋时还见于记载。《隋书·何稠传》载："何稠字桂林，国子祭酒妥兄之子也……稠性偏巧，有智思，用意精微，年十余岁，遇江陵陷，随妥至长安……稠博览古图，多识旧物。波斯尝献金帛锦袍，组织殊丽，上命稠为之。稠锦既成，逾所献者，上甚悦。时中国久绝琉璃之作，匠人无敢厝意，稠以绿瓷为之，与真不异。"[③] 波斯锦、琉璃器皆中亚、西亚之物，而当时唯何稠知其制作工艺，反映了何稠的中亚文化背景。[④] 其家族来自中亚何国无疑。虽然何稠与其叔父后迁居长安，但肯定有不少人留在蜀地。陈寅恪先生指出："六朝、隋唐时代蜀汉亦为西域行贾区域。"[⑤]

江淮地区：关于江淮地区中亚胡人的情况，史载不多。据前引《元和郡县图志》载："开元十一年（723）康待宾叛乱，克定后，迁其人于河南、江淮诸州，二十六年（738）还其余党，遂于此置宥州，以宽宥为名也。"可知有一批中亚粟特人迁到江淮一带，后虽北归，但定有不少人留在当地。

除此之外，鉴于中亚胡商本身就具有"利所在，无不至"的商业特性，随着唐代海上交通的畅通及经济的发展，在江南等地也聚集了不少胡

---

① 陈寅恪先生认为河朔地区聚集大量胡人，其远因为隋季之丧乱，其中因为突厥之败亡，其近因或主因为东突厥之复兴，参见陈寅恪《隋唐制度渊源略论稿》，上海古籍出版社 1982 年版，第 79 页。

② 《北史》卷 82《何妥传》记为"细脚胡"，第 2753 页。

③ 《隋书》卷 86《何稠传》，第 1596 页。

④ 姚崇新：《中古时期巴蜀地区的粟特人踪迹》，载朱玉麒主编《西域文史》第 2 辑，科学出版社 2007 年版，第 173 页。荣新江：《魏晋南北朝时期流寓南方的粟特人》，载韩昇主编《古代中国：社会转型与多元文化》，上海人民出版社 2007 年版，第 142 页。

⑤ 陈寅恪：《隋唐制度渊源略论稿》，第 80 页。

商。杜甫有诗云："商胡离别下扬州，忆上西陵故驿楼。为问淮南米贵贱，老夫乘兴欲东游。"① 可知扬州一带是当时胡商通商之地。据《旧唐书·田神功传》载："（田神功）寻为邓景山所引，至扬州，大略百姓商人资产，郡内比屋发掘略遍，胡商波斯被杀者数千人。"② 可知扬州一带确实聚集了不少胡商，这些胡商中应有不少为中亚胡人。

此外在《太平广记》中，也有不少关于扬州胡人鉴宝的传奇，如：

> 司徒李勉，开元初，作尉浚仪。秩满，沿汴将游广陵（今扬州）。行及睢阳，忽有波斯胡老疾杖策诣勉曰："异乡子抱恙甚殆，思归江都。知公长者，愿托仁荫……" 勉哀之，因命登舻，仍给饘粥。胡人极怀惭愧，因曰："我本王贵种也，商贩于此，已逾二十年。家有三子，计必有求吾来者。"不日，舟止泗上，其人疾亟，因屏人告勉曰："吾国内顷亡传国宝珠，募能获者，世家公相。吾衔其鉴而贪其位，因是去乡而来寻。近已得之，将归即富贵矣。其珠价当百万，吾惧怀宝越乡，因剖肉而藏焉。不幸遇疾，今将死焉，感公恩义，敬以相奉。"即抽刀决股，珠出而绝。勉遂资其衣衾，瘗于淮上，掩坎之际，因密以珠含之而去。既抵维扬，寓目旗亭，忽与群胡左右依随，因得言语相接。傍有胡雏，质貌肖逝者。勉即询访，果与逝者所述契会。勉即究问事迹，乃亡胡之子。告瘗其所，胡雏号泣，发墓取而去。③

> （杜陵韦弇，开元中在蜀遇仙得三宝，）遂挈其宝还长安。明年下第，东游至广陵，因以其宝集于广陵市。有胡人见而拜曰："此天下之奇宝也。虽千万年，人无得者。君何得而有？"弇以告之。因问曰："此何宝乎？"曰："乃玉清真三宝也。"遂以数千万为值而易之。弇由是建甲第，居广陵中为豪士。④

> 苏州华亭县，有陆四官庙。元和初，有盐船数十只于庙前，守船者夜中雨过，忽见庙前光明如火，乃窥之，见一物长数丈，大如屋

---

① 《全唐诗》卷 230《解闷十二首》，第 2517 页。
② 《旧唐书》卷 124《田神功传》，第 3537 页。
③ 《太平广记》卷 402《李勉》，第 3240 页。
④ 《太平广记》卷 403《玉清三宝》，第 3249—3250 页。

梁，口弄一团火，或吞之。船者不知何物，乃以竹篙遥掷之。此物惊入草，光遗在地。前视之，乃一珠径寸，光耀射目。此人得之，恐光明为人所见，以衣裹之，光透出，因思宝物怕秽，乃脱亵衣裹之，光遂不出。后无人知者。至扬州胡店卖之，获数千缗。问胡曰："此何珠也？"胡人不告而去。①

以上记载说明扬州是西域胡人聚集与贸易之地。有学者研究认为扬州作为中晚唐东南地区的重要城市，是一个聚集了包括粟特商人和普通移民在内的大量异国人士的国际贸易都会，过去学者强调扬州大量的波斯、大食商人的存在，其实也有不少粟特商人或居民在这里贸易。②如洛阳出土的《安怀夫人史氏合葬墓志》中提到的史夫人祖父史盘陆在武德年间曾任扬州新林府车骑将军。还有唐后期的《米宁女九娘墓志》③等也证实了这一点。

综上所述，隋唐时期中亚胡人在中国分布广泛，其活动足迹从西域、河西、两京散布至北方、江南及巴蜀等地，几乎覆盖大半个中国。当然人数相对集中的地区主要是河西、两京，这跟中亚胡人来华路线及与突厥、回鹘等关系的发展有很大关系，也和他们的经商天性有关。南方的中亚胡人有些是自北方迁来，有些自海路而来，如广州等地的胡商。总体而言，中亚胡人的来华在隋唐时期达到鼎盛状况，这与隋唐交通的发展及国力的强盛有密不可分的关系。

---

① 《太平广记》卷 402《守船者》，第 3241—3242 页。
② 荣新江：《魏晋南北朝时期流寓南方的粟特人》，载韩昇主编《古代中国：社会转型与多元文化》，第 148 页。
③ 《唐代墓志汇编》，第 2244—2245 页。

第 四 章

隋唐时期入华中亚胡人的
职业阶层与活动舞台

——以长安为中心

　　隋唐时期的京师长安，是一个开放型的国际都市，不但各族荟萃，而且胡风盛行，这自然与胡人的大量入徙有关，其中中亚胡人占有相当的比重，文献及碑铭墓志中都有许多关于他们的记载。[①] 这些人的到来，构成了隋唐长安社会结构中一个广大的胡人集团，其活动也给当时长安社会生活带来不小的影响。

　　当时出于各种目的来到长安的中亚胡人数量是很多的，其活动范围也是很广的，即有跻身于上层社会封官授爵、赐宅受禄的，亦有处于下层经商兴贩及沦为奴婢的，活跃于唐代社会生活的各个层面。他们所构成的社会等级亦是不相同的，我们按他们的职业及所构成的社会等级，来探讨其在长安的生活与活动空间情况。

第一节　中亚蕃将与蕃官——朝堂内外

　　隋唐长安之中亚诸国人，就文献史料及碑铭墓志所载，有姓名可稽者，就有一百多人[②]，这些人主要是到长安入侍为质的中亚诸国的王族成员及其后裔，还有一部分慕义归化及以军功入仕者，他们成为唐代

---

① 韩香：《隋唐长安与中亚文明》，第76页。
② 同上书，第75—119页。

长安胡人集团之中的上层人物。这些人至长安后，唐政府加以册封，并赐宅供禄，给予种种优厚待遇，有很多人就长期留居下来，世代入仕于唐。

在这类中亚胡人中，绝大部分是蕃将，即充任武职者。胡人在唐代充任蕃将极为普遍。陈寅恪先生曾云有唐一代之武功，"其关系至深且巨，与李唐一代三百年相始终者，乃蕃将"①。

这些蕃将中有不少是入唐为质的中亚诸国王族成员及后裔。唐代国势强盛，声威远播，其势力盛时伸入中亚一带，唐于其地设羁縻府州，中亚诸国或是畏威，或是慕义向化，纷遣王族成员作为质子来中原入充侍卫。特别是在 8 世纪中叶以后，随着阿拉伯（大食）势力向中亚推进，来华入质为侍的中亚人就更多了。当时朝廷对这些人优加待遇，赐宅供奉，并封官赐爵，"蕃望子弟多授以侍卫之官"②。

这些人中，有很多人长留不返，世代留居下来，子嗣亦入仕为官，并加入唐籍。比较有代表性的有何文哲、米继芬家族、波斯萨珊王室后裔等。中亚何国人《何文哲墓志》云："公讳文哲，字子洪，世为灵武人焉……公本何国王玊之五代孙，前祖以永徽初款塞来质，附于王庭……曾祖怀昌，皇中大夫，守殿中少监，赐紫金鱼袋……祖彦诠，皇正议大夫、行丹州别驾、上柱国……列考游仙，皇宝应元从功臣、开府仪同三司、行灵州大都督府长史、上柱国，赠尚书右仆射……公即仆射之第三子也。"由志文可知何文哲本何国王玊之五代孙，其祖先在永徽初款塞来附，后世代入朝为官；何文哲本人历肃、代、德、顺、宪、穆、敬、文八朝，参与过册立穆宗，敬宗时，镇压张韶叛乱，杀死宦官刘克明，拥立文宗继位等重大政治斗争，立下卓越功勋，故被委以重任，掌握机枢，官至银青光禄大夫、检校工部尚书、守右领军卫上将军兼御史大夫、上将军及庐江郡开国公等，食邑二千户，其六子也封官授爵。长子公贲，皇琼王府参军、庐江郡开国公；次子公质，朔方兵马使押御兼节院兵马使兼监察御史；三子公贞，前行和王府参军；四子公赏，左神策军

① 陈寅恪：《论唐代之蕃将与府兵》，《金明馆丛稿初编》，三联书店 2001 年版，第 309 页。

② 《册府元龟》卷 170《帝王部·来远》，第 2501 页。

押衙知军事、银青光禄大夫、检校太子宾客兼监察御史；五子公实，太常寺协律郎；六子公赞，行安王府参军。[①] 何氏家族世代为官作将，活跃于唐代上层社会。

米继芬则为米国质子，1956 年在西安土门村西出土一块正方形的《米继芬墓志铭》，铭文曰："公讳继芬，字继芬，其父米国人也。代为君长，家不乏贤。祖讳□，任本国长史，父讳突骑施，远慕皇化，来于王庭，邀至京师，永通国好……历任辅国大将军，行左领军卫大将军。公承质子，身处禁军……永贞元年（805）九月廿一日，终于礼泉里之私第，春秋九十二。"[②] 从铭文中可知米继芬之父突骑施以王子作质身份来长安，米继芬则继续以质子身份留居长安，受唐封官赐爵。米继芬本人被授左神策军散副将、游骑将军守左武卫大将军兼试太常卿、上柱国。其后代则或世袭封爵，亦有从事宗教职业者，如碑文记载米继芬幼子为"僧思圆，住大秦寺"，大秦寺应指景教寺院，思圆应是景教徒。

波斯萨珊王朝（Sassanian）为大食所灭后，有不少波斯王室后裔来到长安。其中王子（波斯末代主伊嗣俟之子）卑路斯于高宗咸亨年间（670—674）避难前来长安，授右武卫将军，后客死长安。其子泥涅师在唐军护送下归国复辟，没有成功，寄寓吐火罗二十余年。中宗景龙二年（708），又返回长安，授左威卫将军，后也客死中土。[③] 随卑路斯父子而来的波斯王室后裔，人数不会少，多寄寓中土。1955 年冬，陕西省文物管理委员会于西安西郊土门村附近发现一方《唐苏谅妻马氏墓志》碑石，为汉文波斯文合璧。其志文翻译如下：此乃已故王族，出身苏谅（家族）之左神策骑兵之长的女儿马昔师（Masis），于已故伊嗣俟（Yazakart）二百四十年，及唐朝之二百六十、常胜君王崇高之咸通十五年，（波斯阳历）十二月五日建卯之月于廿六（岁）死去。（愿）其（往）地与阿胡

---

① 魏光：《何文哲墓志考略》，《西北史地》1984 年第 3 期；李鸿宾：《唐宫廷内外胡人侍卫——从何文哲墓谈起》，《中央民族大学学报》1996 年第 6 期；吴钢主编：《全唐文补遗》第 1 辑，第 283—284 页。

② 闫文儒：《米继芬碑铭墓志考释》，《西北民族研究》1989 年第 2 期；吴钢主编：《全唐文补遗》第 3 辑，第 143 页。

③ 《新唐书》卷 221 下《西域传》，第 6259 页。

拉·马兹达及天使们同在极美好的天堂里祝福。[1] 阿胡拉·马兹达为祆教之主神，志文说明苏谅及其妻马氏均为祆教徒，且都是波斯人。既称王族，应是波斯王室后裔，他们在长安仍使用波斯文字，信仰波斯国教。

除此之外，在长安的中亚蕃将还有不少是慕义归化及以军功入仕者。

《新唐书·西域传》载：东曹国在"武德中，与康同遣使入朝。其使曰：'本国以臣为健儿，闻秦王神武，欲隶麾下。'高祖大悦"[2]。东曹国使臣入隶秦王府，显然与李世民的招募及胡人慕义归化有关。

1981 年在洛阳龙门东山北麓发现一座唐代定远将军安菩夫妇合葬墓，出土《唐安菩墓志铭》。铭文称"君讳菩字萨，其先安国大首领，破匈奴衙帐，百姓归中国，首领同京官五品，封定远将军，首领如故……麟德元年（664），卒于长安金城坊之私第，旋窆于龙首原南平郊"[3]。铭文中所提"匈奴"在当时大概指突厥，安菩先辈可能为原居于突厥境内之安国大首领，突厥亡后，迁至长安一带。安菩显然为随突厥降附而慕义归化的部落首领。

隋唐时期的中亚蕃将更多的是以军功入仕者。隋时比较著名的有原州胡人史索岩。前引《史索岩墓志》称其"开皇中，解巾为晋王广库真……仁寿四年（604），乃从辇驾于东宫，即除大都督、长上宿卫"，可知史索岩曾长期隶身于晋王府任库真，随侍杨广左右。后因参与"仁寿宫变"，被任命为大都督、长上宿卫，即宿卫京师。炀帝即位后，"拜公左御卫安丘府鹰扬郎将，既司戎律，委以专征，控马扬旌，除凶涤暴"[4]，史索岩后转战到了原州，并卒于原州。

安国人李元谅，贞元三年（787）吐蕃平凉劫盟时，他驻军潘原，得以解围，故赐姓名[5]；《李元谅墓志》对其世系记述得颇为清楚，志文云

---

① 陕西省文物管理委员会：《西安发现晚唐祆教徒的汉、婆罗钵文合壁墓志——唐苏谅妻马氏墓志》，《考古》1964 年第 10 期；［日］伊藤义教：《西安出土汉婆合壁墓志婆文语言学的试释》，《考古学报》1964 年第 2 期；刘迎胜：《唐苏谅妻马氏汉巴列维文墓志再研究》，《考古学报》1990 年第 3 期。

② 《新唐书》卷 221《西域传》，第 6245 页。

③ 赵振华、朱亮：《安菩墓志初探》，《中原文物》1982 年第 3 期；《唐代墓志汇编》，第 1104—1105 页。

④ 罗丰：《胡汉之间——"丝绸之路"与西北历史考古》，第 478—480 页。

⑤ 《新唐书》卷 156《李元谅传》，第 798 页。

"公本安姓，其先安息王之胄也……及归中土，犹宅西垂，家于凉州，代为著姓……曾祖羡，皇左卫将军。祖延，左武卫翊府中郎将，赠代州都督。考塞多，易州遂城府折冲，赠幽州大都督……（公）少居幽蓟，历职塞垣，否倾泰受，方归京邑……"其后迁太子詹事，充潼关镇国军防御副使，因平朱泚叛乱有功，诏加御史中丞，寻迁御史大夫，加工部尚书、尚书左仆射。后又因解吐蕃劫盟之围有功，加右金吾上将军，赐姓李，改名元谅。① 由志文可知李元谅家族来华时间不短，李元谅本人则在德宗时因军功入仕。康国人康磨伽、康留买兄弟，其先为北周时入居中国之康国人。高宗时因平突厥有功诏授游击将军②。另有康植，开元中因缚康待宾，平六胡州之乱，擢左武卫大将军，其子亦入朝为官③。这些都是因军功而在朝中任职者。

值得一提的还有安兴贵家族。安兴贵出身于凉州有名的安氏家族，安氏在凉州为世代豪望。隋末唐初，安氏家族中，安兴贵一支就已移居长安。在唐初李轨割据河西，拒不接受唐朝册封的情况下，安兴贵向朝廷上表，主动请缨，往凉州招降李轨。其至凉州后，因说轨不听，于是与其弟安修仁阴结诸胡起兵执轨，从此"河西悉平"。④ 安兴贵被授右武候大将军、上柱国，封凉国公；安修仁为左武候大将军、申国公。安兴贵家族有许多人徙居长安，安兴贵之后有安元寿，曾"奉秦王教，追入幕府，即授右库真"，参与了"玄武门之变"，被授"千牛备身"，后参加平息阿史那贺鲁叛乱的远征，其死后，"特令陪葬昭陵"。⑤

"安史之乱"后，河西为吐蕃所据，大批中亚、西域使节归路断绝，滞留长安，"人马皆仰给于鸿胪寺，礼宾委府县供之"。当时宰相李泌"知胡客留长安久者，或四十余年，皆有妻子，买田宅，举质取利，安居不欲归，命检括胡客有田宅者停其给。凡得四千人，将停其给。胡客皆诣政府诉之，泌曰：'……今当假道于回纥，或自海道各遣归国。有不愿

---

① 《全唐文补遗》第3辑，第128—129页。
② 向达：《唐代长安与西域文明》，河北教育出版社2001年版，第20页。
③ 同上。
④ 《资治通鉴》卷187"武德二年"条，第5855页。
⑤ 昭陵博物馆：《唐安元寿夫妇墓发掘简报》，《文物》1988年第12期；牛致功：《安元寿墓志铭中的几个问题》，《唐代碑石与文化研究》，三秦出版社2002年版，第50—54页。

归，当于鸿胪自陈，授以职位，给俸禄为唐臣……' 于是胡客无一愿归者，泌皆分隶神策两军，王子使者为散兵马使或押衙，余皆为卒，禁旅益壮"[1]。

这些中亚胡人入朝为官后，受唐封爵，所授武职多为虚衔，往往职高权低，名义上的封号更多一些，如卑路斯父子。但他们还是要承担一定的义务的，特别是在军事方面，主要是充任禁军将领，侍卫天子和保护京师的封建秩序[2]，亦经常持节为天子特使，宣扬国威及受诏率领军队出征。这些在唐为将的中亚胡人中，屡有建奇功者。如何文哲，立下卓越战功，故被委以重任，掌以机枢，官至银青光禄大夫、检校工部尚书、守右领军卫上将军兼御史大夫，其六子也封官授爵。虽然有相当一批中亚蕃将因使者、官员、质子、王裔及归附者等身份入仕，但也有不少中亚胡人以军功等方式进入隋唐的官僚体系，这一点和汉人并没有太大的区别，显然唐代统治者也没有完全把他们当成外族来对待。

总的来看，有唐一代，中亚诸国人入华为仕者，以武职为多。我们认为其原因大概有以下几点：一是中亚胡人不谙熟中原之典章制度，难以胜任文官之职。二是中亚胡人骁勇善战，身体素质好，适于领兵打仗及宿卫仪仗。三是胡人无根基，无党援，不易培植势力。《旧唐书·李林甫传》云："林甫固位，志欲杜出将入相之源。尝奏曰：'文士为将，怯当矢石，不如用寒族、蕃人。蕃人善战有勇，寒族即无党授。'帝以为然，乃用（安）思顺代林甫领使。自是高仙芝、哥舒翰皆专任大将。林甫利其不识文字，无入相由。"[3] 此话很能体现出唐廷重用蕃将之用意。

另外还有一点应是胡人忠贞无二，此亦为朝廷所重。[4] 如安金藏、石演芬等。安金藏为定远将军安菩子，《新唐书·安金藏传》记其为京兆长安人，在太常工籍。睿宗为皇嗣时，有人诬皇嗣谋反，武后召来俊臣问情况，"左右畏惨楚，欲引服。金藏大呼曰：'公不信我言，请剖心以明皇嗣不反也。'引佩刀自剖腹中，肠出被地，眩而仆。后闻大惊，舆至禁

---

①　《资治通鉴》卷 232 "德宗贞元三年"条，第 7492—7493 页。

②　马驰：《唐代蕃将》，三秦出版社 1990 年版，第 34 页。

③　《旧唐书》卷 106《李林甫传》，第 3240 页。

④　李鸿宾：《论唐代宫廷内外的胡人侍卫——从何文哲墓志铭谈起》，《中央民族大学学报》1996 年第 6 期。

中……后临视，叹曰：'吾有子而不能自明，不如尔之忠也。'诏停狱，睿宗乃安"。安金藏后迁右武卫中郎将、右骁卫将军，大历中赠兵部尚书。①《新唐书·石演芬传》云："石演芬者，本西域胡人，事怀光至都将，尤亲信，畜为假子。怀光军三桥，将与朱泚联合。演芬使客部成义到行在，言怀光无破贼意，请罢其总统。成义走告怀光子瑝，怀光召演芬骂曰：'尔为我子，奈何欲破吾家？今日负我，宜即死。'对曰：'天子以公为股肱，公以我腹心；公乃负天子，我何不负公？且我胡人，无异心，唯知事一人，不呼我为贼，死固吾分。'怀光使士脔食之……德宗闻，赠演芬兵部尚书，赐其家钱三百万。"② 胡人这种忠贞无二的品质易为朝廷所信任。即使经过了"安史之乱"的打击，唐廷也没有失去对胡人的信任，朝廷内依然有不少胡人宿卫，隶属于禁军系统，而且有的人还担任重要职位，掌握一定的实权。如前述何文哲，作为禁军将领，参与拥立穆宗、镇压张韶叛乱、拥立文宗等重大活动，其主要效力于神策军，曾任左神策军将军知事，后为神策军大将军。还有李国珍，长安出土有《李国珍墓志》，记其为"将门令族，本姓安氏，讳昞，武威郡人也。天宝中，以忠勇见进，武艺知名。莅职有恪勤之劳，理行为时辈所范。及燕房犯阙，二圣蒙尘，公奉素宗，以爪牙从事。由是得罄其肝胆，稍沐洪恩。特赐嘉名，改氏皇姓"③。可知李国珍本姓安，既然出自武威，应该是出身于著名的胡人安氏家族，"安史之乱"爆发后，他因奉事肃宗有功，被特赐嘉名，改姓皇姓。代宗即位后，因功获宝应功臣的称号，并累迁卿监。

除蕃将外，当时在长安的中亚胡人亦包括一些文职人员（蕃官），其中有一部分是译语人。中亚胡人，特别是粟特人本来就是一个商业民族，其足迹遍布古代欧亚大陆的商道。从魏晋到隋唐，大量的粟特人东来兴贩，他们穿梭往来于粟特本土、西域城邦绿洲诸国、草原游牧汗国和中原王朝之间。因为他们代代经商，粟特人大都通晓多种语言。《安禄山事迹》就记安禄山"长而奸贼残忍，多智计，善揣人情，解九蕃

---

① 《新唐书》卷 191《安金藏传》，第 5506 页。
② 《新唐书》卷 193《石演芬传》，第 5555 页。
③ 《全唐文补遗》第 2 辑，第 30 页。

语，为诸蕃互市牙"①，史思明亦"通六蕃译，亦为互市郎"②。"六蕃译""九蕃语"大概就是多种语言的意思。由于粟特人的这种本领，粟特语也就成为当时丝绸之路上不同民族交往时使用的混合语（Lingua franca）了。③ 故在丝路沿线诸镇，均有粟特人充当译语人，两京更是如此。

当时的长安城，由于涉外活动频繁，唐在专门接待外国人的鸿胪寺中设有专职翻译。④ 而中书省因为有大量的文书需翻译，则设"番书译语"。《唐六典》卷2便记有中书者"番书译语十人"⑤；《资治通鉴》卷199胡三省注云："中书掌受四方朝贡及通表疏，故有译语人……俸禄一同京官"⑥；《新唐书·百官志》亦云："中书舍人官五品，番书译语人置于其下"。中书省译语人既然"俸禄一同京官"，地位不会太低，此中书翻译者应有不少粟特人。如固原出土的《史诃耽墓志》载曾长期在长安做官，后老死原州的史诃耽在京之职为"直中书省，翻译朝会，禄赐一同京职"⑦，其在长安亦赐有宅院。《唐会要》载永徽元年（650）十一月二十四日，"中书令褚遂良抑买中书译语人史诃担宅，监察御史韦仁约劾之"⑧。此史诃担即史诃耽。除此之外，长安之译语人有姓名可考者还有中亚石国人石福庆，为武宗时的回鹘译语人。《全唐文》卷701李德裕《论译语人状》载："右缘石福庆等，皆是回鹘种类，必与本国有情。纥扢斯专使到京后，恐语有不便于回鹘者，不为翻译，兼潜将言语辄报在京回鹘。"⑨ 这些人应是在长安之中书省中任职。这批中亚粟特译语人因其语言的优势在唐代长安的外来民族中占有比较特殊的地位。

---

①　《安禄山事迹》，第1页。

②　《新唐书》卷225《逆臣传上》，第6426页。

③　荣新江：《安禄山的种族与信仰》，载北京大学中国传统文化研究心编《北京大学百年国学文粹·史学卷》，北京大学出版社1998年版，第70页。

④　［日］广池千九郎训点，［日］内田智雄补订《大唐六典》卷2《尚书吏部》载："鸿胪寺译语并计二十人"，广池学园事业部1973年版，第36页。

⑤　《大唐六典》卷2《尚书吏部》，第36页。

⑥　《资治通鉴》卷199"高宗永徽元年"条胡三省注，第6273页。

⑦　罗丰：《固原南郊隋唐墓地》，文物出版社1996年版，第69页。

⑧　（唐）王溥：《唐会要》下，卷61"弹劾条"，上海古籍出版社1991年版，第1257页。

⑨　《全唐文》卷701《论译语人状》，第7198页。向达：《唐代长安与西域文明》，第29页。

除此之外，一些入唐已久的西域胡人，久沐华风，开始习文儒，通科举。如安兴贵一支从唐初徙居长安之始，其"从兄弟，或徙居京华，习文儒，与士人通婚者，稍染士风"①。至中晚唐时，中亚诸国人习文儒的情况已很常见，有的甚至科举及第。如《全唐文》卷 757 所记有康僚，文宗朝官考功郎中②；《新唐书·艺文志》记有米遂，著有《明堂论》一卷；同书卷 60 记有康国安，以"明经高第直国子监，教授三馆进士"，康国安注《驳文选异议》二十卷③。有的甚至跻身士大夫之列，如何文哲一家世代为将，但其第五子却是个例外，曾任太常寺协律郎，参与唐朝礼乐大事。另有波斯人李素家族，1980 年西安西北国棉四厂职工子弟学校操场出土了李素及其妻卑失氏的墓志。《李素墓志》云李素凭其天文星历的专长曾任职司天台，比较多地接受汉文化的熏陶，其六子中有三子都已改为文职，如三子李景弘"袭先君之业，能博学而攻文，身没之后，此乃继体"；而第五子李景文先为"太庙斋郎"，后为"乡贡明经"；六子李景度先为"丰陵挽郎，后为"太庙斋郎"。④ 后两人都已进入皇家礼仪的核心部分，李景文后来成为乡贡明经，表明这个波斯家庭的后裔已汉化。⑤

隋唐时期长安的中亚蕃将与蕃官地位特殊，多为王族后裔或慕义归化者，隋唐政府给矛其较高的荣誉与待遇。其政治活动也多处于朝堂内外。如充任禁军将领、侍卫天子，或王府参军、护卫京师。有的则凭其专长在鸿胪寺或中书省任译语人，或在司天台任职等。还有的入华既久，开始攻科举，甚至进入皇家礼仪的核心部分，不能不说中亚胡人中的上层人物的活动已遍及朝堂内外，成为隋唐上流社会的一支重要力量。

从其在长安的居住地来看，这些上层人物的活动也已构成隋唐时期贵族官僚的活动的一部分。从文献及考古史料稽录可看出，这些人物的居住

---

①　《旧唐书》卷 132《李抱玉传》，第 3645 页。

②　《全唐文》卷 757《康僚》，第 7860 页。

③　《新唐书》卷 59《艺文志三》，第 1566 页；卷 60《艺文志四》，第 1602、1622 页。

④　《（李素妻）卑失氏墓志》，《全唐文补遗》第 3 辑，第 186 页。

⑤　参见荣新江《一个入仕唐朝的波斯景教家族》，载叶奕良主编《伊朗等在中国》第 2 集，北京大学出版社 1998 年版，第 88 页。后收入氏著《中古中国与外来文明》，三联书店 2001 年版，第 254 页。

地，集中于长安东北及西北部，即长安西市及东市周围的诸坊。[①] 如街西西市周围，有安菩、安金藏居住的金城坊，米继芬居住的醴泉坊，何文哲居住的义宁坊，史诃耽居住的延寿坊等，其居住时间为唐代中前期；在街东东市周边，有安禄山居住的道政坊、亲仁坊，李素居住的靖恭坊，康阿义屈达干居住的胜业坊，李元谅居住的开化（里）坊等，其居住时间为唐代中后期。这种情况一方面反映出作为中亚胡人的一部分，即便是中亚上层，也多有属于自己的聚居地，他们既要有相对熟悉的环境，也要有自己的宗教活动场所，如袄祠。另一方面，中亚胡人的这种居住格局也显然符合长安城"东贵西富"[②] 的局面，即中亚蕃将、蕃官的活动居住范围基本上和当时的上层官僚活动范围一致。有学者对隋唐长安官僚居住地进行分析后指出：隋及唐初，官僚的居住地以街西中部为中心，自大明宫、兴庆宫起用后，官僚的居住地开始明显从街西移向街东中北部，并逐渐固定下来，"安史之乱"后，以东市为核心的街东的中北部，形成达官贵人集中的居住区。[③] 长安的中亚上层胡人的居住分布也基本遵循这个规律，他们没有被区别对待或划区而住，这从某一方面也反映出唐代长安的国际性。

第二节　中亚商贾——坊市之间

流入长安的中亚诸国人中人数最多的还是胡商，他们生活于长安社会广大的中下层人民中间，是真正活跃的一支。长安之中亚胡商，一部分随贡使或冒贡使而来，如冒回鹘之名而来的胡商，属国家间朝贡贸易性质，更多的则是通过民间贸易而兴贩东来。唐贞观初，西域安国等献方物，"太宗厚慰其使曰：'西突厥已降，商旅可行矣。'诸胡大悦"[④]。此后的

---

① 韩香：《隋唐长安与中亚文明》，第 136—138 页。

② 日本学者妹尾达彦即指出，亦当时的朱雀街为分布，以龙朔二年（662）大明宫、开元二年（714）兴庆宫在城郭东北相继起用为标志，在长安城东形成官僚街的同时，以西市为中心形成了所谓的庶民文化圈。参见妹尾达彦《唐长安城の官人居住地》，《东洋史研究》第 55 卷第 2 号，1996 年，第 64—66 页。

③ ［日］妹尾达彦：《唐长安城の官人居住地》，《东洋史研究》，第 35—74 页。

④ 《新唐书》卷 221 下《西域传》，第 6244 页。

情形即如史书所称"兴胡之旅，岁月相继"①，很多人的目的地即是京城。如吐鲁番文书《唐垂拱元年康尾义罗施等请过所案卷》里的康尾义罗施等中亚诸国人来中国，提到"从西来，欲向东兴易……欲将家口入京师"之事。② 这些人只要具备牒文，按规定说明各种项目，如入境原因、人数、身份、奴婢数量及牲畜数量、来源等，即可领到过所，有过所方能入内地特别是长安一带经商。③ 对于胡商来说，帝国的都城长安，相较其他任何地方都是更合适的选择——这里不仅有更多的商业机会，而且有胡人移民社会可以依靠。④

这些兴贩的胡商来长安后，有很多人就长期留居下来，娶妻生子。如前述德宗贞元三年（787），宰相李泌上书云："胡客留长安者久，或四十余年，皆有妻子，买田宅，举质取利，安居不欲归。"⑤ 于是李泌命加检括，共检出四千余人来，这其中应有不少为中亚胡人。

生活于长安的胡商活动很广泛，有经营珠宝的，卖饮食的，卖香药的，开旅店的，放高利贷的，亦有在酒店歌舞侍酒的胡姬。向达先生多有论述⑥，而且唐人的笔记小说中多有关于他们的奇闻逸事，如《太平广记》中就记有不少长安胡人的趣事。现举几例：

> （京城某举人）在京城，邻居有鬻饼胡，无妻。数年，胡忽生病，生存问之，遗以汤药，既而不愈，临死告曰：某在本国时大富，因乱，遂逃至此。本与一乡人约来相取，故久于此，不能别适，遇君哀念，无以奉答。其左臂中有珠，宝惜多年。今死无用矣，特此奉赠，死后乞为殡瘗……但知市肆之间，有西国胡客至者，即以问之，当大得价。生许之（后果有西国胡客至，酬价五十万买走）。⑦

---

① 《旧唐书》卷 94《崔融传》，第 2998 页。

② 《吐鲁番出土文书》第 3 册，第 346—350 页。《吐鲁番出土文书》第 7 册，第 92—94 页。

③ 程喜霖：《〈唐垂拱年元年康尾义罗施等请过所案〉考释》，载《魏晋南北朝隋唐史资料》第 11 辑，武汉大学出版社 1991 年版，第 239—250 页。

④ 毕波：《中古中国的粟特胡人——以长安为中心》，第 208 页。

⑤ 《资治通鉴》卷 232"德宗贞元三年"条，第 7493 页。

⑥ 向达：《唐代长安与西域文明》，第 35—41 页。

⑦ （宋）李昉等编：《太平广记》第 9 册，卷 402"鬻饼胡"条，中华书局 1986 年版，第 3243—3244 页。

冯翊严生者，家于汉南，尝游岘山，得一物，其状若弹丸，色黑而大，有光，视之洁澈，若轻冰焉……其后生游长安，乃于春明门逢一胡人，叩焉而言，衣橐中有奇宝，愿得一见，生即以弹珠示之，胡人捧之而喜曰：此天下之奇货也，愿以三十万为价。曰此宝安所用……胡人曰：此乃吾国之至宝。国人谓之清水珠。若置于浊水，冷然洞澈矣……胡人即命注浊水击缶，以珠投之，俄而其水澹然清莹，丝毫可辨，生于是以珠与胡，获其价而去。①

则天时，西国献毗娄博义天王下颌骨及辟支佛舍，并青泥珠一枚……珠类拇指，微青，后不知贵，以施西明寺僧，布金刚额中。后有讲席，胡人有来听讲，目珠纵视，目不暂舍，如是积十余日，但于珠下谛视，而意不在讲。僧知其故，因问故欲买珠耶，胡云：必若见宝，当致重价。僧初索千贯，渐至万贯，胡悉不酬，遂定至十万贯，卖之。胡得珠，纳腿肉中，还西国。僧寻闻奏，则天敕求此胡，数日得之。使者问珠所在，胡云：以吞入腹。使者欲剖其腹，胡不得已，于腿中取出。则天召问：贵价市此，焉所用之。胡云：西国有青泥泊，多珠珍宝，俱苦泥深不可得，以此珠投泊中，泥悉成水，其宝可得。则天因宝持之，至玄宗时犹在。②

大安国寺，睿宗为相王时旧邸也，即尊位，乃建道场焉。王尝施一宝珠。令镇常住库……寺僧纳入柜中，殊不为贵也。开元十年，寺僧造功德，开柜阅宝物，将货之……贵人或有问者，及观之……皆嗤笑而去……月余，有西域胡人，阅市求宝，见珠大喜……纳钱四千万贯，市之而去……僧问胡从何来，而此珠复何能也。胡人曰：我大食国人也。王贞观初通好，来贡此珠，后吾国常念之，募有得之者，当受相位。求之七八十岁，今幸得之。此水珠也，每军行休时，掘地二尺，埋珠于其中，水泉立出，可给数千人，故军行常不乏水。自亡珠后，行军每苦渴乏。僧不信，胡人掘土藏珠，有顷泉涌，其色清冷，流泛而出，僧取饮之，方悟灵异。胡人乃持珠去，不知所之。③

---

① 《太平广记》第 9 册，卷 402 "严生" 条，第 3242 页。
② 《太平广记》第 9 册，卷 402 "清泥珠" 条，第 3237 页。
③ 《太平广记》第 9 册，卷 402 "水珠" 条，第 3239 页。

此外,《乐府杂录》等书亦记载胡人买宝之传奇。《乐府杂录·康老子》载康老子本"为长安富家子",因家产荡尽,遇一老姬持一旧锦褥售卖,康以米一升换来,后遇一波斯人,见褥大惊,云此乃冰蚕丝所织,酷暑时放于座上,可致一室清凉,于是波斯人酬康千万,将其买去。①

上述有关胡人卖宝买宝之传说虽属奇闻异谈之类,未可信之,但从某一方面反映出胡人善识货、善经商的特点,文献中所提到的京城"市肆"、春明门、西明寺、大安国寺等都是唐代长安的重要活动场所,多少反映出《太平广记》的记载是有所依据的,因而这些笔记小说还是能反映出隋唐时期广大胡商在长安及其他地方的活跃情形,其中中亚胡商应不在少数。

这些来长安的胡商活动范围是很广的。东西两市是这些人最集中的地区。西市是商贾聚居之地,"商贾所凑,多归西市"②,其中的胡商尤以经营珠宝、香药、饮食、酒肆等而著名。《太平广记》中记录有许多胡人卖宝买宝的奇闻逸事,多是指西市胡商,这些人聚居在街西、西市周边,在长安商界拥有强大势力③,以致于说到长安西市往往就和胡商联系在一起。唐人刘肃《大唐新语》载:"贞观中,金城坊有人家为胡所劫者,久捕贼不获。时杨纂为雍州长史,判勘京城坊市诸胡,尽禁推问。司法参军尹伊异判之曰:'贼出万端,诈伪非一。亦有胡着汉帽,汉着胡帽,亦须汉里兼求,不得胡中直觅。请追禁西市胡,余请不问。'……俄果获贼。"④"西市"和"胡"两个原本单独使用的名词在此构成了一个特有的名词"西市胡",这显然是胡商在西市达到相当数量或具备相当实力后才有可能出现。同时说明在一般唐人的意识里,西市与胡商之间的密切关系已经完全确立。⑤ 当然这里的胡商主要指中亚特别是粟特胡商。

此外西市还有波斯邸,《太平广记·杜子春》条云:"杜子春,盖周

---

① (唐)段安节:《乐府杂录》"康老子",《钦定四库全书·子部·艺术类》,839册,上海古籍出版社1987年版,第998页。

② 辛德勇:《两京新记辑校》,三秦出版社2006年版,第49页。

③ [日]妹尾达彦:《唐代长安的西市和东市》,载《乾陵文化研究——丝路胡人与唐代文化交流学术讨论会论文集》(四),三秦出版社2008年版,第345页。

④ (唐)刘肃撰,许德楠、李鼎霞点校:《大唐新语》卷9"从善"12,中华书局1984年版,第138页。

⑤ 毕波:《中古中国的粟特胡人——以长安为中心》,第225页。

隋间人……方冬，衣破腹空，饥寒之色可掬，仰天长吁。有一老人策杖于前，问曰：君子何叹？春言其心……老人曰……明日午时，候子于西市波斯邸。"① 波斯邸大概是波斯人经营的邸店，或是停驻波斯胡商的地方。东市的胡人店肆也有不少，如毕罗肆及卖胡琴者②，大概就是由西域或中亚的胡人来经营的。

除此之外，当时长安诸坊里及周边地区也有胡商活动的身影。中唐以后，随着商业的发展，长安城坊市制度开始被破坏，在许多坊里也经营买卖，甚至有沿街开店，夜间交易买卖（夜市）的现象。③ 这些地方也有胡人活跃的身影。如天宝年间长安升平坊有"胡人鬻饼之舍"④。长兴里有毕罗肆⑤等。酒家胡在长安颇为流行，除西市外，长安城东及曲江，皆有以胡姬侍酒的酒肆。⑥ 有学者认为在常乐坊、东市延及长安东门一带应有不少胡人间居并经营的酒业。⑦ 这些酒家胡有相当一批应为中亚胡人所经营。

也有不少胡人辛苦经营一些小本买卖，前述某举人之邻居鬻饼胡，中道落魄而以卖饼为生，像这样的辛苦经营者为数甚多。《太平广记》卷452《任氏》曾记载这么一个细节，一日，"郑子早行，因门扃未发，门旁有胡人鬻饼之舍，方张灯炽炉，郑子憩其帘下，坐以候鼓"。像此胡人卖饼情形在当时是很常见的，胡人经营买卖之辛勤，亦可见一斑。也可看

① 《太平广记》卷16《杜子春》，第109页。

② 李健超：《增订两京城坊考》（修订版），三秦出版社2006年版，第129页。

③ 刘淑芬：《中古都城坊制的崩解》，《六朝的城市与社会》，学生书局1992年版，第453—464页；盛会莲：《唐代坊市制度的发展变化》，《西北师大学报》2000年第3期；李孝聪：《唐代城市的形态与地域结构——以坊市制的演变为线索》，载李孝聪主编《地域结构与运作空间》，上海辞书出版社2003年版，第274—284页。

④ 《太平广记》卷452《任氏》，第3693页。

⑤ 《酉阳杂俎》续集载："柳璟知举年，有国子监明经，失姓名，昼寝，梦徙倚于监门，有一人负衣囊，衣黄，访明经姓氏，明经语之，其人笑曰：'君来春及第。'明经因访邻房乡曲五六人，或言得者，明经遂入长兴里毕罗店常所过处。"（唐）段成式撰，方南生点校：《酉阳杂俎》续集卷1，中华书局1983年版，第203页。

⑥ 向达：《唐代长安与西域文明》，第41页。[日]妹尾达彦：《唐代长安的西市和东市》，载《乾陵文化研究——丝路胡人与唐代文化交流学术讨论会论文集》（四），第360—368页。芮传明：《唐代酒家胡述考》，《上海社会科学院学术季刊》1993年第2期。

⑦ 曾玲玲：《唐代酒家胡的身份和技艺》，载林中泽主编《华夏文明与西方世界》，香港博士苑出版社2003年版，第42—43页。

出当时长安城，但凡有商业贸易之处，都有胡人的活跃身影。

有很多定居于长安的胡人，由于经商获利，遂至暴富。敦煌写本P·3813号《唐（七世纪后半）判集》残卷所记"长安县人史婆陁家兴贩，资财巨富，身有勋官骁骑尉，其园池屋宇、衣服器玩、家僮侍妾比侯王……婆陁阛阓商人，旗亭贾竖，族望卑贱，门第寒微，侮慢朝章，纵斯奢僭"①。文中提到史婆陁为"长安县人"，当时唐长安城朱雀街西属长安县，则史婆陁应属街西胡人，其以兴贩经商而暴富。有学者认为史婆陁应是依托西市而成为富埒王侯的粟特巨贾的，其居第应在西市周边坊里。②判文中提到婆陁为"阛阓商人，旗亭贾竖"，阛阓为市区，旗亭为售酒之处，看来史婆陁主要经营酒肆，可见胡人经营酒肆之普遍。这也说明当时长安坊里的酒肆确有不少为中亚胡人所经营。

第三节　中亚艺人——从朝堂到街肆

活跃于当时长安社会中的，还有大批中亚匠人与乐人（包括乐器演奏者、歌唱者和舞蹈者）。魏晋以后，中原艺术残失散缺，因外域艺术的进入而获取新生命③，而隋唐（主要是唐朝）是中国历史上一个少有的既善于继承又能够兼收并蓄的时代④，因而外域尤其是西域艺人们得以从各种途径源源不断地来到中国，尤集中于长安、洛阳等地，从而形成了一个独特的胡人群体。

中亚人善机巧，有妙思，有唐一代手工业方面的中亚匠人多受唐廷赏识，有的因此被升官擢职，如何稠、康譻素等均因善机巧被授将作少匠、将作大匠；又有安金藏，本隶太常工籍，后因剖腹以明太子不反而被授

---

①　唐耕耦、陆宏基：《敦煌社会经济文献真迹释录》第2辑，伯3813号，全国图书馆文献缩微复制中心1990年版，第604—605页。

②　毕波：《中古中国的粟特胡人——以长安为中心》，第227页。

③　参见向达《唐代长安与西域文明》，第56页。

④　张广达：《唐代中外文化汇聚和晚清的中西文化冲突》，《中国社会科学》1986年第3期；张广达、王小甫：《天涯若比邻——中外文化交流史略》，香港中华书局1988年版，第105页。

官①。画师方面有唐初入居长安的康萨陀②等，这些人都是以其技艺专长扬名。

不过，最常见也最有影响的还是乐人们，有姓名可稽者，有善弹琵琶之康昆仑、曹保、曹子善、曹纲、曹供奉家族；善弄婆罗门者有康迺、曹触新、米禾稼、米万槌、石宝山；善吹觱篥者有安万善；善舞者有安叱奴、安辔新，还有著名乐师米嘉荣、米和及何满子、何戡等人③。这些人往往以其特长见称于世。中唐以前，这些中亚乐人多隶太常礼乐之司，玄宗以后，他们多为长安教坊、梨园中人，可能主要为宫廷及上层贵族服务。史载："旧制，雅俗之乐，皆隶太常。上（玄宗）精晓音律，以太常礼乐之司，不应典倡优杂伎；乃更置左右教坊以教俗乐。"④ 当然，很多"上流社会"的音乐风气亦通过教坊传播到普通人民中间。⑤ 由于他们具有专门技能而名噪京城，其社会地位不易确定，不过，总的来说，他们的身份主要还是伶人，地位并不高。

除他们之处，唐代宫廷之中还有中亚诸国作为礼物馈赠的乐人，如表演胡腾舞的男女童，表演受唐人喜爱的胡舞的胡旋女，表演魔术的幻人以及表演泼胡寒戏的胡人等，都是由康国、石国、米国、俱密等国的贡使送来的。如玄宗开元七年（719），俱密遣使献胡旋女子及方物。开元十五年（727）五月，康国献胡旋女子及豹，史国献胡旋女子及葡萄酒。开元十七年（729），米国遣使献胡旋女子三人及豹、狮各一。⑥ 这些人主要供皇室和宫廷享乐而用，白居易诗中提到宫廷中的胡旋女，"曲终再拜谢天子，天子为之微启齿。胡旋女，出康居，徒劳东来万里余"⑦。敬宗生日时幽州艺妓石火胡曾表演竿技，史载："火胡立于十重朱画床子上，令诸女叠踏以至半空。手中皆执五彩小帜床子……俄而手足齐举，为人踏浑

① 《旧唐书》卷187《忠义上》，第4885页。
② 向达：《唐代长安与西域文明》，第18页。
③ 同上书，第61页。
④ 《资治通鉴》卷211"玄宗开元二年"条，第6694页。
⑤ ［美］谢弗著，吴玉贵译：《唐代的外来文明》，中国社会科学出版社1995年版，第110页。
⑥ 《册府元龟》卷971《外臣部·朝贡四》，中华书局1960年版，第11406、11408页。
⑦ （唐）白居易：《胡旋女》，《全唐诗》卷426，第4692—4693页。

脱，歌声抑扬，若履平地。上赐物甚厚"①，石火胡大概为中亚石国人。
这些人地位比较低下，相当于奴隶。

随着上流社会的音乐传到民间，也有不少中亚乐人流落或活动于贵族
宅第与长安街巷。刘言史《王中丞宅夜观舞胡腾》一诗云："四座无言皆
瞠目，横笛琵琶遍头促"②，王中丞即王武俊，其宅在长安。而在长安的
街巷，还有不少侍酒的胡姬，她们作为丝绸之路上的特殊商品，在长大成
人后被贩卖到长安。③ 这些人以卖酒为业，但更主要的是她们擅长音乐歌
舞并以此闻名。向达先生等对此有深入论述④，此不赘言。

还有一些西域胡人从事杂技、魔术及幻术表演，在长安街肆也一度很
流行，以致统治者担心有悖常理，幻惑百姓，曾下令禁断。如高宗时，下
令"如闻在外有婆罗门胡等，每于戏处，乃将剑刺肚，以刀割舌。幻惑
百姓，极非道理，宜并发遣还蕃，勿令久住，仍约束边州，若更有此色，
并不须遣入朝"⑤。尽管如此，民间仍屡禁不止，中唐以后才渐渐消失。
西安出土的唐金乡县主墓⑥及西安郊区发现唐墓有胡人杂耍俑，反映出这
种杂戏曾在长安很流行。

第四节　中亚佛教僧侣及三夷教信士
——从宫廷到寺庙

来唐的中亚诸国人中，教职人员也是一支重要力量。他们多是抱着
传教布经的目的而来的，故许多人长期留居下来。这些人中不仅有许多
佛教僧侣，亦有许多信仰其他宗教的教徒，如祆教徒、景教徒及摩尼教
徒等。

---

　　① （唐）苏鹗：《杜阳杂编》卷2，《笔记小说大观》第1册，江苏广陵古籍刻印社1983年
版，第147页。
　　② （唐）刘言史：《王中丞宅夜观舞胡腾》，《全唐诗》卷468，第5323—5324页。
　　③ 张广达：《唐代长安的波斯人和粟特人：他们各方面的活动》，《唐代史研究》第6号，
2003年，第3—16页。
　　④ 向达：《唐代长安与西域文明》，第39—41页。
　　⑤ 《册府元龟》卷159《帝王部·革弊》，第1921页。
　　⑥ 王自力、孙福喜编著：《唐金乡县主墓》，文物出版社2002年版，第113—116页，图版
107—116。

　　比较著名的佛教徒有康法藏、释僧伽、释神会、释弥陀山等。康法藏之祖自康国来朝，其本人咸亨元年（670）削染于太原寺，其后住崇福寺，先天元年（712）圆寂于长安荐福寺，被后代尊为华严宗的祖师之一。① 释僧伽者，葱岭北何国人。自言俗姓何氏，在本国三十年，化唐土五十载。景龙二年（708）圆寂于长安荐福寺。② 释神会俗姓石，本西域人，祖父徙居，因家于歧，遂为凤翔人，后入蜀。③ 释弥陀山睹货逻人，自幼出家，游诸印度，遍学经论，天授中，与沙门法藏等，译《无垢净光陀罗尼经》一卷，译毕进内，寻辞帝归乡，武后以厚礼饯之④，此睹货逻即中亚吐火罗。《宋高僧传》卷3《唐醴泉寺般若传》记有释般若，为"罽宾国人也……在京师，充义学沙门。宪宗敦崇佛门，深思翻译……"释般若于贞元中，译《华严经》，后分四十卷，被赐紫衣。⑤ 这些都是来自中亚的著名佛教僧侣，他们中既有中亚昭武九姓人，即粟特人，也有吐火罗人、罽宾人等。

　　唐代中后期，有不少中亚普通民众改信佛教。《大正新修大藏经》卷52《史传部四》所收的《代宗朝赠司空大辨正广智三藏和上表制集》卷2，录有大历二年（767）十月十三日的《请降诞日度僧五人制》，制中载有五名剃度僧：行者毕数延，年□□，无州贯，请法名惠达，住庄严寺；行者毕越延，年四十三，无州贯，请法名惠日，住庄严寺；行者康守居，年四十三，无州贯，请法名惠观，住东京广福寺大弘教三藏昆卢舍那院；童子石惠璨，年十三，无州贯，请法名惠光，住西明寺；童子罗诠，年十五，无州贯，请法名惠俊，住西明寺。同卷中又录有大历三年（768）十月十三日的《降诞日度三僧制》，制中载有三名剃度僧：罗文成，年三十，贯土火罗国，法名惠弘，请住西明寺；罗伏磨，年四十五，宝应功臣□武校尉守右羽林大将军员［外］试太常卿上柱国赐紫金鱼袋，贯凉州天宝县高亭乡□□里，法名惠成，请住化度寺；童子曹摩诃，年□□，贯

　　① （宋）赞宁撰，范祥雍点校：《宋高僧传》卷5《法藏传》，中华书局1987年版，第89—90页。
　　② 《宋高僧传》卷18《释僧伽传》，第448—449页。
　　③ 《宋高僧传》卷9《释神会传》，第209—210页。
　　④ 《宋高僧传》卷2《释弥陀山传》，第34页。
　　⑤ 《宋高僧传》卷3《释般若传》，第49—50页。

京兆府万年县安宁乡永安里，父为户……法名惠顺，请住千福寺。^① 从毕、康、石、罗、曹之类姓氏上看，这些人均应为中亚诸国人，在长安寺院剃度出家。此事发生在大历年间（766—779），"安史之乱"后，吐蕃占领河西走廊之时，中亚诸国人与家乡的联系中断，许多人转为佛门弟子，而其中有不少应是从祆教徒转变而来的。文献中提到的崇福寺、荐福寺、西明寺、庄严寺、千福寺等，都是当时长安著名的寺院，在这里活动的从佛教高僧到普通僧徒，都不乏中亚胡人的身影。

当时来长安并活动于此的还有不少三夷教信士，为此唐在长安等地建有祆祠、景教寺及摩尼教寺。根据韦述《两京新记》及宋敏求《长安志》记载，长安祆祠共有四处：布政坊西南隅、醴泉坊西北隅、普宁坊西北隅、靖恭坊街西。^② 另姚宽《西溪丛语》载唐太宗贞观五年（631）有传法穆护何禄将祆教诣阙闻奏，敕令长安崇化坊立祆祠^③，这一点为长安出土的《米萨宝墓志》所证实^④。祆祠内往往设有萨宝府官、胡祝等职^⑤，由中西亚祆教徒充任；祆教徒有何禄、米萨宝等。祆祠一般是胡人聚落萨宝府所在地，也是胡人举行宗教祭祀仪式的场所。^⑥ 唐都长安在街西、街东分设数座祆祠，一方面说明周边存在着中亚胡人的聚居区，另一方面说明当时也有不少中亚胡人信士担任萨宝府官职。

关于景教寺，《大秦景教流行中国碑》记载唐贞观九年（635），大秦国景教僧阿罗本（Alopen）来长安，于义宁坊造大秦寺一所，度僧二十一人。大秦寺又名波斯胡寺，《长安志》载："（义宁坊）街东之北波斯胡寺，下注：贞观十二年太宗为大秦国胡僧阿罗斯立。"^⑦ 另据韦述《两京新记》记载，仪凤二年（677），唐应波斯王子卑路斯之请，于醴泉坊十

---

① 《大正新修大藏经》第 52 册，第 831—836 页；〔日〕池田温著，龚泽铣译：《中国古代籍帐研究》，中华书局 1984 年版，第 350—353 页。

② 向达：《唐代长安与西域文明》，第 88 页。

③ （宋）姚宽：《西溪丛语》卷上，中华书局 1997 年版，第 42 页。

④ 向达：《唐代长安与西域文明》，第 90 页。

⑤ 《长安志》（一）卷 10 "布政坊"条胡祆寺注谓："祠内有萨宝府官，主祠祆神，亦以胡祝充其职"，第 230 页。

⑥ 荣新江：《北朝隋唐胡人聚落的宗教信仰与祆祠的社会功能》，载荣新江主编《唐代宗教信仰与社会》，上海辞书出版社 2003 年版，第 399—402 页。

⑦ （宋）宋敏求著，（清）毕沅校正：《长安志》（一）卷 10，第 245 页。

字街东，设有波斯胡寺。① 后景龙年间因宗楚客在此筑宅，迁于布政坊西南隅，祆祠之西。② 陈垣先生认为此波斯胡寺即景教寺。③ 前引西安西郊出土的《米继芬墓志》云："公有二男，长曰国进，任右神威军散将，宁远将军。幼曰僧思圆，住大秦寺。"米继芬幼子僧思圆所住大秦寺，应是景教寺院。可知长安米国人中即有景教徒，也即景僧。长安景教徒还有波斯李素家族，李素六子的名字中，都有一个值得注意的"景"字，如李景铣、李景伏、李景亮等，而"景"字是景教徒名字中最常见的字。李素曾在司天台任职，主持翻译过《聿斯四门经》等天文学经典。此经见于敦煌发现的景教写卷《尊经》所列景教经典目录中，这些景教经典都是大秦寺景教高僧景净在建中、贞元年间所译，正好与李素组织翻译《聿斯四门经》同时，所以李素诸子以"景"命名，或许暗示着这个家族的景教背景。更能说明这一点的是李素字文贞，而"文贞"就镌刻在《景教碑》侧叙利亚文和汉文对照书写的僧侣名单左侧第三栏，作 luka（路加）/文贞。④ 李素家族为波斯景教徒无疑。

最晚传入长安的外来宗教是摩尼教，《佛祖统纪》卷 39 记载唐武后延载元年（694），波斯人佛多诞（Fursta-dan）以摩尼教入中国，遭到群僧妒讥，互相诘难，被禁止在民间传播。⑤ 开元七年（719），吐火罗支汗那王帝赊上表献解天文人大慕阇⑥，摩尼教开始在长安设立法堂。开元二十年（732），朝廷下令："末摩尼法，本是邪见，妄称佛教，诳惑黎元，宜严加禁断。以其西胡等既是乡法，当身自行，不须科罪者。"⑦ 该教被禁止在汉族民间传播，仅为回纥所信奉，唐中叶以后，唐数次借兵于回纥，其教遂挟回纥势力盛极一时。长安有摩尼教寺，大概始于大历三年（768），赐寺为大云光明寺⑧，摩尼教徒有了一席之地。这些寺院的设立，

---

① （唐）韦述著，辛德勇辑校：《两京新记辑校》，三秦出版社 2006 年版，第 46 页。
② 《长安志》卷 10 注，第 239 页。
③ 陈垣：《火祆教入中国考》，《陈垣学术论集》第一集，中华书局 1980 年版，第 216 页。
④ 荣新江：《一个入仕唐朝的波斯景教家族》，第 88—89 页；《中古中国与外来文明》，第 255—256 页。
⑤ 《佛祖统纪》卷 39，载《大正新修大藏经》第 49 册，第 370 页。
⑥ 《册府元龟》卷 971《外臣部·朝贡四》，第 11406 页。
⑦ 《通典》卷 40《职官》22，第 229 页。
⑧ 《佛祖统纪》卷 41，载《大正新修大藏经》第 49 册，第 378 页。

说明当时长安外来宗教徒是不少的，当然，信仰者大部分应是中亚诸国人。

隋唐长安的一些三夷教信士曾努力在长安进行传教建寺活动，甚至通过走上层路线，使自身的地位合法化。但最终他们无论是在宫廷还是在坊上寺庙之间，都只被允许在外来移民的生活圈子中活动，始终没有进一步扩大化。至武宗时期"会昌毁佛"，三夷教也遭到致命打击，"隶僧尼属主客，显明外国之教。勒大秦、穆护、祆三千余人还俗，不杂中国之风"①，从还俗三千人看，当时在长安生活的三夷教信士的确不少。

综上所述，隋唐时期中亚诸国人广泛活跃于长安各阶层之间，他们为官做将，出入于朝堂内外；经商兴贩，活跃于坊市之间；吟唱弹弄，风行于宫廷与街巷；讲经布法，游走传布于各大寺庙之间，从而形成一个特殊的胡人集团，也构成当时长安社会中一道独特的风景。

我们由以上分析亦可看出，作为外来移民的一支，隋唐时期中亚诸国人是相对特殊的一个胡人群体，他们不只是在政治舞台有所建树，在隋唐社会的经济舞台、文化舞台甚至是宗教舞台上都有不俗的表现，可以说他们的活动范围深入隋唐社会的各个层面。这一方面说明了这个胡人群体的活跃性与特殊性，另一方面说明了唐代社会的开放性与包容性。

---

① 《唐会要》卷 47《毁佛寺制》，上海古籍出版社 1991 年版，第 985 页。

第 五 章

五代时期中亚胡人在内地的活动

"安史之乱"后，唐朝陷入了藩镇割据的局面，国势日益衰落。唐僖宗中和四年（884），唐朝基本上名存实亡，至唐哀帝天祐四年（907），朱温灭唐称帝，国号梁，史称后梁，五代时期自此正式开始。此后历经后唐、后晋、后汉、后周。直至后周显德七年（960），赵匡胤取代后周建立北宋，五代时期结束。与五代在南方地区并存的有所谓十国，即前蜀、后蜀、吴、南唐、吴越、闽、楚、南汉、南平、北汉等，直至北宋太平兴国四年（979）北宋灭北汉为止。可以说五代十国是一个介于唐宋之间的过渡时期。

五代时期也是中亚胡人活跃的时期，与隋唐时期相比，这一时期的中亚胡人多为武将出身，他们骁勇善战，对五代政权有着不小的影响。其中尤以后唐、后晋、后周三朝，也即沙陀建立的三个王朝为突出。

沙陀为"西突厥别部处月种也……处月居金娑山之阳，蒲类之东，有大碛，名沙陀，故号沙陀突厥"①，可知沙陀为西突厥别种。"安史之乱"后，居于北庭附近的以朱邪尽忠为首的沙陀七千帐降于吐蕃，后被吐蕃迁于甘州。受唐灵盐节度使范希朝诏诱，迁至盐州一带，后又随调任河东节度使的范希朝至河东代北一带。唐末沙陀朱邪赤心助唐镇压庞勋起义有功，被赐姓李。黄巢起义攻打长安，沙陀李克用助唐平乱，击退黄巢军队，被唐封为河东节度使，驻守太原，并与朱温长期攻战。后梁开平元年（907），朱温灭唐，建立后梁，后唐同光元年（923），李克用之子李存勖灭后梁，建立后唐，此后建立后晋的石敬瑭及建立后汉的刘知远也都

---

① 《新唐书》卷218《沙陀传》，第6153页。

是沙陀族人。

五代时期出现在中原地区的沙陀并不是一个单独的族称，而是一个组合体，往往称为"沙陀三部落"或"三部落"。《旧唐书·僖宗纪》载僖宗乾符四年（877）十月，"诏昭义节度使李钧、幽州李可举、吐浑赫连铎白义诚、沙陀、安庆、娑葛部落合兵讨李国昌父子于蔚州"。广明元年（880）六月，"沙陀首领李友金、萨葛都督米海万、安庆都督史敬存，以前蔚州归款于李琢……七月，沙陀三部落李友金等开门迎大军，克用闻之，亟来赴援"。中和元年（881）二月，代州北面行营都监押陈景思率沙陀、萨葛、安庆三部落与吐浑之众三万赴援关中。[1] 可知沙陀包括沙陀、娑葛（萨葛）、安庆三部落。有学者研究指出，娑葛（萨葛）与"粟特"（Soghd）同名异译，即萨葛等为沙陀三部落中的粟特部落，也即中亚昭武九姓胡人部落。[2] 更有人认为"安庆"部落也是由粟特人组成的[3]，所以沙陀三部落应为一个政治实体的称呼，兼指关系密切的突厥族沙陀和伊兰族粟特部落[4]。

沙陀与粟特的结合主要是在沙陀族东迁至云、朔地区后，同居于当地的六胡州残众发生密切的联系，通过对六胡州残众的管理，吸收他们成为沙陀三部落之一的萨葛部落。尤其是李克用南归后，沙陀三部落开始归李克用直接控制，加快了粟特人融入沙陀的速度。[5] 也有学者认为，黄巢起义发生后，以沙陀为中心，居住在代北的突厥化粟特人及其游牧系诸族结成一个有力团体。当时突厥化粟特人以萨葛（索葛）、安庆、鸡田等部落的形式从属于沙陀。[6] 因此从某种程度上说，五代中亚胡人更多的是以沙陀的名称活跃于政治舞台。他们当中既有在五代政权服务的上层人士，也有活跃于地方及边关的将士。他们多方面影响了五代的

① 《旧唐书》卷19《僖宗纪》，第700、707、710页。

② 张广达：《唐代六胡州等地的昭武九姓》，《北京大学学报》1996年第2期；徐庭云：《内迁中原以前的沙陀及其族源》，《中央民族学院学报》1993年第6期。

③ Edwin G. Pulleyblank, "A Sogdian Colony in Inner Mongolia", T'oung Pao, Vol. 41, 1952, p. 345.

④ 芮传明：《五代时期中原地区粟特人活动探讨》，《史林》1992年第3期。

⑤ 陈海涛、刘惠琴：《来自文明十字路口的民族——唐代入华粟特人研究》，第290页。

⑥ ［日］森部丰著，温晋根译：《唐后期至五代的粟特人》，载荣新江、华澜、张志清主编《粟特人在中国——历史、考古、语言的新探索》，中华书局2005年版，第233页。

政治进程。

第一节 五代政权上层的中亚胡人

中亚胡人在五代政权中的活动主要是在沙陀三王朝时期。所谓沙陀三王朝，一般认为是融合了代北、河东、河北以及后梁蕃汉各族力量而建立的联合统治政权。但是构成这个政权的核心和骨干部分，无疑是以沙陀为核心的代北集团。[①] 这个代北集团中有相当一部分力量来自代北胡人集团，包括中亚粟特胡人部落。

在李克用父子建立的后唐政权中，有不少中亚粟特人出身的胡人活跃其中，有的甚至权倾一时。

后唐武皇李克用有亲信康思立，"本出阴山诸部"，"事武皇为爪牙，署河东亲骑军使"，后唐庄宗李存勖时，因屡立战功，"累承制加检校户部尚书……赐忠勇拱卫功臣，加检校尚书右仆射"，此后历任应州、岚州刺史，北面诸蕃部族都监、昭武军节度使，后"累官至检校太傅，封会稽郡开国侯……入为右神武统军"。[②] 出身于阴山诸部的康思立应为中亚康国人，也即粟特人后裔。

供事后唐武皇的还有史儼，"代州雁门人，以便骑射给事于武皇，为帐中亲将，骁果绝众……所向皆捷"，史儼随李克用转战各地，以功加检校右散骑常侍。在与后梁作战时，其"与骑将安福顺等，每以数千骑直犯营垒，左俘右斩，汴军为之披靡"。[③] 这里提到的史儼及其骑将安福顺等，从姓名上看，应为中亚粟特胡人后裔。

后唐庄宗时有宦官张承业，"本姓康，同州人。咸通中，内常侍张泰畜为假子。光启中，主邠阳军事，赐紫，入为内供奉……承业感武皇厚遇，自庄宗在魏州垂十年，太原军国政事，一委承业，而集聚庚帑，收兵市马，招怀流散，劝课农桑，成是霸基者，承业之忠力也"[④]。张承业本姓康，显为中亚康国人后裔，这是中亚胡人以宦官身份参与政治的一个典

---

① 樊文礼：《唐末五代代北集团》，中国文联出版社 2000 年版，第 153 页。
② 《旧五代史》卷 70《康思立传》，中华书局 1997 年版，第 932 页。
③ 《旧五代史》卷 55《史儼传》，第 743—744 页。
④ 《旧五代史》卷 72《张承业传》，第 949—951 页。

型例子。

在后唐政权权倾一时的还有安重海，"其先本北部豪长。父福迁，为河东将……"安重海在后唐明宗登基之前就供事左右，随从征讨，历十余年。明宗李嗣源登基以后，其"领枢密使，俄迁左领军卫大将军"。安重海为枢密使，"四五年间，独绾大任，臧否自若，环卫、酋长、贵戚、近习，无敢干政者"。① 《新五代史》亦记载其"在位六年，累加侍中兼中书令……重海自为中门使，已见亲信，而以佐命功臣，处机密之任，事无大小，皆以参决，其势倾动天下……是时，四方奏事，皆先白重海然后闻"。其两个儿子安重绪、安重赞，也曾宿卫京师。安重海后因恃功骄宠而被杀，其二子也下狱。② 安重海为"北部豪长"，应是居于代北的中亚安姓胡人后裔。

五代时有不少中亚胡人历仕数代政权，也有整个家族数代出仕。如安叔千，为"沙陀三部落之种也。父怀盛，事唐武皇，以骁勇闻"，安叔千本人因善骑射随唐庄宗南征北战，曾任先锋都指挥使，泰州刺史、振武节度使等，后晋高祖石敬瑭即位，加"同平章事"，后任邠、沧、邢、晋四镇节度使，左金吾上将军等职。后汉时，以太子太师致仕。此后不久请告归洛阳。史载安叔千"鄙野而无文，当时谓之安没字，言若碑碣之无篆籀，但虚有其表耳"③。安叔千历仕三朝，并皆身居要职，无非是因为军功卓著。④ 作为沙陀三部落之种，安叔千应为中亚安姓胡人后裔。

同样以军功入仕的还有安从进，"振武索葛部人也。祖、父皆事唐为骑将"，安从进初事庄宗，为护驾马军都指挥使，领贵州刺史，明宗时为保义、彰武军节度使。晋高祖继位，"加同中书门下平章事"，后谋反失败自杀。⑤ 出自振武"索葛部"的安从进显然为中亚安姓胡人后裔。

后汉时还有史弘肇，"郑州荥阳人"，后晋高祖时，曾为控鹤小校。后汉高祖坐镇太原时，为牙校。后汉高祖践祚，因征讨叛军王晖有功，授

---

① 《旧五代史》卷66《安重海传》，第873—874页。
② 《新五代史》卷24《安重海传》，中华书局1997年版，第251—256页。
③ 《旧五代史》卷123《安叔千传》，第1622页。
④ 芮传明：《五代时期中原地区粟特人活动探讨》，《史林》1992年第3期。
⑤ 《新五代史》卷51《杂传·安从进传》，第586—587页。

许州节度使，充侍衙步军都指挥使、侍衙亲军都指挥使。后汉隐帝嗣位后，加其检校太师兼侍中。后河中、凤翔等地叛乱，史弘肇"都辖禁军，警卫都邑，专行刑杀，略无故避"，因功被授中书令。后因自恃功高被诛。① 此史弘肇疑为中亚史姓部落后裔。

当时中亚胡人以家族参与政治的也不少，如安金全家族。史载安金全为"代北人，世为边将"，后唐庄宗时，数有战功，"累为刺史"，"累赠太师"。其子安审琦也称"其先沙陀部人也……性骁果，善骑射"，后唐末帝时，为捧圣指挥使，领顺化军节度使。晋高祖即位，加检校太傅、同平章事、检校太尉等，晋出帝时，加检校太师兼侍中。后汉、后周时，因功被封为齐国公、南阳王、陈王等，加授太尉、太师等。安金全的另一子名安审晖，也历任后唐、后晋、后周等政权的节度使，后以太子太师致仕，封鲁国公。安审琦的从兄，也即安金全兄弟安金祐之次子安审信，也历仕后晋、后汉、后周政权，最终以太子太师致仕。② 安金全家族显然是活跃于五代政治舞台上的一个重要的中亚胡人家族。

与安金全家族一样参与五代政治的还有史建瑭家族。史载史建瑭父史敬思因保卫李克用而战死，史建瑭"以荫少仕军门"，在唐庄宗时因累立战功，被授外衙骑军都将，贝、相二州刺史。其子史懿仕后唐、后晋、后汉、后周四朝，历任诸州刺史，后汉时，拜检校太尉、同平章事，并赐功臣名号，后周时，进封邠国公。史建瑭另一子史匡翰也历仕后唐、后晋两朝，并娶后晋高祖石敬瑭之妹鲁国长公主。史匡翰之子史彦荣在后晋时曾为宫苑使及濮、单、宿三州刺史。③

历仕后唐、后晋的中亚胡人家族还有康福家族。史载康福祖康嗣为"蕃汉都知兵马使，累赠太子太师"，父康公政"历职至平塞军使，累赠太傅"，康福在唐庄宗时为马坊使，明宗时为飞龙使。康福"善诸蕃语"，明宗时常以蕃语奏事。后任朔方、河西等军节度使，灵、威、雄、警、甘、肃等州观察处置，后授彰义军节度使。后晋加检校太尉、开国公、同

---

① 《旧五代史》卷107《史弘肇传》，第1403—1407页。
② 《旧五代史》卷61《安金全传》，第815—816页；卷123《安审琦传》、《安审晖传》、《安审信传》，第1614—1618页。
③ 《旧五代史》卷55《史建瑭传》，第740—742页；卷124《史懿传》，第1631页；卷88《史匡翰传》，第1150—1152页。

平章事，开府仪同三司。康福长子康延沼，历隋、泽二州刺史；次子、三子康延泽、康延寿亦历内职。① 可知康福一家也是以家族入仕。康福的"善诸蕃语"，显然是承袭了中亚粟特胡人的语言天赋与优势。

这一时期中亚胡人不管是以军功入仕，还是以家族入仕，在五代时期的政治舞台上均起着相当重要的作用。

第二节　地方及边关的中亚胡人及其活动

五代时期，中亚粟特出身的胡人除致身于五代政权上层，叱咤风云于五代政治舞台外，更多的中亚胡人活跃于五代地方政权及边关。尤其是沙陀三王朝时期。

如前所述，沙陀三王朝政权的核心和骨干部分，无疑是以沙陀为核心的代北集团。这个代北集团中除有相当一部分力量来自代北胡人，也包括不少中亚粟特胡人部落。在沙陀三王朝时期，有不少地方及边关的军使、指挥使、牙将及节度使等都由中亚粟特出身的胡人担任。

后唐时期，有安元信，为"代北人"，幼事武皇李克用，庄宗继位后，因功先后被授辽州刺史、武州刺史、博州刺史、大同军节度使、横海军节度使。明宗时，被授归德军节度使。末帝时，为潞州节度使，加检校太尉。②

康义诚，出自"代北三部落"，后唐庄宗时为突骑都指挥使，明宗继位后，总突骑如故，先后领富州刺史、邠州刺史，后授河阳节度使。③

康延孝，为"塞北部落人"，曾仕后梁，后唐庄宗时归附，以为捧日军使兼南面招讨指挥使，曾助庄宗平汴有功，授郑州防御使、保义军节度使。又助庄宗平定两川，其功绩最大。后因居功自傲，得罪权臣郭伯韬，被诛。④

安重霸，为"云州人"，曾事后唐武皇，后负罪奔梁，又奔前蜀，"蜀以蕃人善骑射，因为亲将"，此云蕃人，安重霸显然为中亚粟特人。

① 《旧五代史》卷 91《康福传》，第 1199—1201 页。
② 《旧五代史》卷 61《安元信传》，第 816—818 页。
③ 《旧五代史》卷 66《康义诚传》，第 879 页。
④ 《旧五代史》卷 74《康延孝传》，第 967—970 页。

安重霸在前蜀时曾镇秦州，后唐明宗时归附，被授阆中团练使，后又授同州节度使、西京留守、京兆尹，终仕云州节度使。①

史敬熔，为"太原人"，曾事后唐武皇。庄宗时，因助平定李克宁叛乱，以功累历州郡，曾为华州节度使。明宗时，为金吾上将军，复授邓州节度使。不久卒。②

后晋的建立者为石敬瑭。学界倾向于认为其源自中亚石国。③ 石敬瑭本人于后唐明宗天成元年（926）任保义军（陕州）节度，后又任天雄（魏博）节度使。长兴三年（932）任河东节度使兼大同、振武、彰国、威塞等军蕃汉马步总管。在其建立的后晋政权中，有不少中亚粟特胡人入仕，这些人也多出自代北集团。

如朔州马邑人安元信，"累从明宗征讨有功"，后唐明宗即位后，被授奉圣军使，后唐末帝时，迁雄义都指挥使，屯代州。后率部归后晋高祖，高祖即位后，授耀州团练使，后镇洺州，后晋出帝时，授复州防御使。④

还有安重荣，为"朔州人"，在后唐明宗长兴中（930—933年），为振武道巡边指挥使，后晋高祖即位，使人在代北诱之，安重荣率千骑归附，被授成德军节度使。⑤

何建，史载其先为"回鹘人，代居云、朔间"，唐代代北回鹘多杂以昭武九姓胡，此何建应为中亚何国人后裔。何建祖何庆、父何怀福俱事后唐武皇。何建在后晋高祖时，由曹州刺史迁延州兵马留后，后历泾、邓、贝、澶、孟五镇节度使。后契丹入侵，何建投后蜀，被授阆中保宁军节度使。⑥

后汉的建立者刘知远，本是沙陀族。后晋高祖时曾出任许州节度使、河东节度使等。后晋天福十二年（947），刘知远称帝，建立后汉。其活动地区主要在河东一带。

---

①　《旧五代史》卷 61《安重霸传》，第 818—820 页。

②　《旧五代史》，卷 55《史敬熔传》，第 747 页。

③　姚微元：《北朝胡姓考》，科学出版社 1958 年版，第 355—358 页；王仲荦：《魏晋南北朝史》，上海人民出版社 1980 年版，第 242 页；E. G. Pulleyblank, "A Sogdian Colony in Inner Mongolia", *T'oung Pao*, Vol. 41, 1952, p. 346.

④　《旧五代史》卷 90《安元信传》，第 1189—1190 页。

⑤　《旧五代史》卷 98《安重荣传》，第 1301 页。

⑥　《旧五代史》卷 94《何建传》，第 1245—1246 页。

后汉政权短祚，仅历四年。但亦有不少中亚胡人入仕于该政权。

如何福进，为"太原人"，曾在后唐庄宗、明宗、末帝时，为宿卫军校，捧圣军校，慈州刺史，郑、陇二州防御使。后晋出帝时，曾逐契丹，据镇阳。汉高祖践祚，以其为北面行营马步都虞候、曹州防御使，后拜忠武军节度使，移领镇州。①

史彦超，"云州人也……累功至龙捷都指挥使"，后汉初，曾与虎捷都指挥使何征戍晋州。后周时因克契丹及北汉刘崇有功，授郑州防御使、华州节度使。后在与契丹作战中阵亡。②

安审信，安金全之侄孙。其父安金祐，"世为沙陀部偏裨，名闻边塞"。安审信在晋高祖时，被授汾州刺史、河中节度使、华州节度使。后汉初，移镇同州，入为左卫上将军。③

由上可知，五代政权时期，中亚胡人在政治上起着举足轻重的作用。不但在五代政权上层，充当重要的禁军将领、防御使，有的甚至位至枢密使，如安重海等，曾权倾天下，影响朝政。在五代政权地方及边关，也充当军使、节度使等，可以说他们在五代军事、政治活动中非常活跃。当然五代时期的中亚粟特胡人，已非唐代的粟特人，他们在和沙陀等民族长期融合过程中，已突厥化，应该称突厥化粟特胡人。上面所列举的只是沙陀三王朝中有代表性的例子，这些人在新旧五代史中都有本传，有的还曾入仕后梁及后周政权。此外还有相当一部分在新旧五代史中并没有立传，但他们依旧活跃于五代中央及地方各政权中，如应州胡人安福迁，后为河东将领。④ 出自沙陀三部的安怀盛，曾事后唐武皇。⑤何怀福，称为回鹘人，唐末为小校。⑥ 这些人在五代政治舞台上亦占有一定地位。

---

① 《旧五代史》卷124《何福进传》，第1627—1628页。

② 《旧五代史》卷124《史彦超传》，第1630—1631页。

③ 《旧五代史》卷123《安审信传》，第1617—618页。

④ 《旧五代史》卷66《安重海传》，第873页。

⑤ 《旧五代史》卷123《安叔千传》，第1622页。

⑥ 《旧五代史》卷94《何建传》，第1245页。

第三节　十国政权之内的中亚粟特人及波斯人

在五代政权之外，还相继或同时出现了前蜀、后蜀、吴、南唐、吴越、闽、楚、南汉、南平和北汉等割据政权，称为十国。十国只是称其大者，实际上还有不少割据政权。在狭义的十国政权之内，除北汉定都太原外，其余大都在长江以南地区。关于十国境内的中亚胡人（包括波斯人后裔）的情况，史载不多。主要在前蜀、后蜀、吴、南唐时期。

前蜀、后蜀也即巴蜀地区，这里自南北朝、隋唐时期就是西域胡人往来之地，五代时期亦如此。如前所述，云州人安重霸曾事后唐武皇，后负罪奔梁，又奔前蜀，蜀以"蕃人善骑射，因为亲将"，安重霸在前蜀时曾镇秦州，后唐明宗时归附，被授为阆中团练使。在后晋高祖时任曹州刺史的何建，在契丹入侵后，投后蜀，被授阆中保宁军节度使。还有安思谦，曾事孟知祥于太原，后随其入后蜀，受到知祥之子孟昶优待。①

此外，此时亦有一些属于粟特后裔的伶人也南下前蜀一带。如唐昭宗时有石潨，善弹琵琶，唐末避乱入蜀，游诸大官家。② 还有名安悉香者，为前蜀废太子王元膺所用伶人。③

吴、南唐时期，由于受唐末政局的影响，许多北方武将因各种机缘以沙陀部的名义进入南方的吴、南唐境内，其中有不少中亚粟特人后裔。如米志诚，"沙陀部人，少娴骑射，以骁勇闻。乾宁四年（897），奔于（杨）行密"④。同年，"有泰宁节度使朱瑾率部将侯瓒来归，太原将李承嗣、史俨、史建章亦来奔"⑤。此处的史俨、史建章等应是受李克用派遣，援助朱瑾以对抗朱全忠，后失败而南奔。⑥ 除此之外，还有代北人安仁

---

① （宋）路振：《九国志》卷7《安思谦传》，载《笔记小说大观》第5册，江苏广陵古籍刻印社1983年版，第30页。

② （五代）孙光宪：《北梦琐言》卷7，中华书局2002年版，第144页。

③ 《新五代史》卷63《前蜀世家》，第789页。

④ 《九国志》卷2《米志诚传》，载《笔记小说大观》第5册，第10页。

⑤ 《新唐书》卷188《杨行密传》，中华书局1975版，第5455页。

⑥ 章群：《唐代蕃将研究》，台湾联经出版事业公司1986年版，第197页。胡耀飞：《吴、南唐政权境内沙陀人考》，载杜文玉主编《唐史论丛》，陕西师范大学出版总社有限公司2012版，第392、399页。

义，初事李国昌，因过南奔，投奔杨行密。① 从米志诚、史俨、史建章、安仁义等姓名上看，这些人应为来自代北沙陀部的粟特将领。

杨吴初年，一批中亚粟特将领南下定居，南唐时期这些人的后裔也继续存在。如《全唐文》载南唐礼学大家陈致雍所撰《龙卫军副统军史公铢谥议》云："公铢，祖世朔方，捍藩显功，为唐名将。公铢，便弓箭马，习戎事，有名父之风；刺郡部，近民勤，知良吏之节……其史公铢，请谥曰'安'。"② 史公铢既然"祖世朔方"，应为唐末沙陀三部落之粟特人后裔。史公铢既有"良吏之节"，大概入仕南唐，且久居南方。因而有学者认为史公铢或许是杨吴时期南下的数千沙陀人（包括粟特人）的后裔。③ 笔者同意这个看法。

此外，在前蜀、后蜀，还有一些波斯人后裔活动的身影。著名的有李珣家族。清彭遵泗《蜀故》载："梓州李珣有诗名，其先波斯人，事蜀主衍，妹为衍昭仪，亦能词，有'鸳鸯瓦上忽然声'句。珣秀才预宾贡，国亡不仕，有感慨之音。"④ 又北宋黄休复《茅亭客话》载："李四郎，名玹，字廷仪，其先波斯人也，随僖宗入蜀，授率府率。兄珣有诗名，预宾贡焉。玹举止文雅，颇有节行，以鬻香药为业，善弈棋，好摄养，以金丹延驻为务。暮年以炉鼎之费，家无余财，唯道书药囊而已。"⑤ 可知李珣家族在前蜀地位不低，李珣为前蜀王衍宾贡，其妹为衍昭仪，二人均有诗名，善辞藻。其弟李玹仍延续南北朝隋唐波斯人往来经商的传统，以贩香药为业，但文化修养很高。李珣家族应为唐末随僖宗入蜀而后客居梓州（今四川三台）的波斯人，其家族先与唐朝关系密切，客居蜀地后与前蜀王室关系密切。⑥

---

① 《九国志》卷3《安仁义传》，载《笔记小说大观》第5册，第14页。

② （南唐）陈致雍：《龙卫军副统军史公铢谥议》，《全唐文》卷874，中华书局1983年版，第9147页。

③ 胡耀飞：《吴、南唐政权境内沙陀人考》，载杜文玉主编《唐史论丛》，陕西师范大学出版总社有限公司2012年版，第392、399页。史公铢一事，得到胡耀飞博士指正，特此致谢。

④ （清）彭遵泗：《蜀故》卷17"著作"条，《四库未收书辑刊》第1辑第27册，北京出版社2000年版，第684下页。参见姚崇新《中古艺术宗教与西域历史论稿》，商务印书馆2011年版，第307—308页。

⑤ （宋）黄休复：《茅亭客话》卷二"李四郎"条，《文渊阁四库全书》第1035册《子部·小说家类》，第887页上。

⑥ 姚崇新：《中古艺术宗教与西域历史论稿》，第308页。

除此之外，在前蜀、后蜀、南平，还有一些关于著籍巴蜀地区的波斯人的记载。如宋路振《九国志》载："（石）处温，万州人，本波斯之种，任前蜀为利州司马。同光中（923—926年），（孟）知祥入蜀，补万州管内诸坛点检指挥使，率义兵同收峡路。"① 据此可知石处温为波斯人后裔，在前蜀、后蜀都为官。另《宋高僧传》载："巴东……有穆昭嗣者，波斯种也，幼好医术，随父谒之，乃画道士乘云……穆后以医术有效，南平王高从诲令其去道从儒。"② 此穆昭嗣，显为波斯人后裔，以医术而闻名，并与南平王高从诲关系密切，不过从南平王令其去道从儒之事来看，其汉化程度很深，其祖上至少是唐代来华之波斯人。

总之，十国政权范围内也存在一部分中亚粟特人、波斯人的后裔，他们多是由唐南奔而来，也有一些著籍者，以巴蜀地区为多。其中中亚粟特人后裔多出仕于十国政权，波斯人后裔则更多以经商为业，如从事药材贸易等。尽管史籍缺载，但仍可看出中亚胡人活动范围之广，至五代时期亦不例外。

第四节　归义军政权之内的中亚胡人及其活动

五代时期，在中原政权之外，还存在一些小政权，如活动于河西沙州的归义军曹氏政权。在这个小政权之内，也有不少中亚粟特人活动。

敦煌归义军的历史大体可分为两个阶段，前期主要由张议潮家族掌权，时间为848—914年（包括张承奉于公元910年建立的金山国）；后期由曹议金家族掌权，时间为914—1036年。曹氏归义军政权时间基本上覆盖整个五代及宋初时期。

公元914年，曹议金取代张承奉，废金山国，恢复归义军节度使的建置。并与东面的甘州回鹘及西面的于阗王国联姻。918年，遣使中原后梁王朝，受到封赠。曹氏归义军政权历经几代，在曹元忠统治时期（944—974年）达到鼎盛。直到1036年，西夏占领沙州，归义军政权

---

① （宋）路振：《九国志》卷7《后蜀志·石处温传》，《续修四库全书》第333册《史部·别史类》，第307—308页。

② 《宋高僧传》卷22《晋巴东怀濬传》，第562—563页。

灭亡。

目前，学术界倾向于认为归义军曹氏为粟特后裔。① 如曹议金的第一位夫人为回鹘可汗之女，曹元忠夫人为翟氏，也有胡人背景。而且在曹氏统治时期，粟特后裔比在张氏时期更加活跃，不论内政上还是外交上，他们都居于重要的位置并起着明显的作用。②

中亚粟特人在敦煌活动很早，如前所述，在唐天宝年间，敦煌的从化乡存在着一个粟特聚落。一直到吐蕃统治敦煌以后，这个聚落才消失。除了一部分转为寺户外，大部分中亚粟特胡人散处乡里，或归附吐蕃政权。吐蕃统治敦煌时期曾改唐代乡为部落，因而在该时期敦煌的诸部落中普遍有粟特人分布。如 S. 2228《亥年修城夫丁使役薄》记载丝绵部落各将共 49 人，其中粟特裔将占 12 人，这些人已经成为部落管辖下的编户。在吐蕃政权中任职的亦有不少，如康再荣曾在吐蕃占领河西时任纥骨萨部落使，此外还有担任都督的安公，担任孝经判官的安和子等。③

至张议潮家族统治时期，其政权内部有不少具有粟特背景的人士。张议潮为归义军节度使，其副使为安景旻。如 S. 1898《归义军时期兵士装备薄》提到有兵马使康通信，此人在归义军首赴河西的战争中立了许多功勋，历任番禾镇将、删丹镇遏使等；此外敦煌文书 P. 4640《己未至辛酉年归义军衙内破用布纸历》记载当时归义军的一些将领的姓名：悬泉镇使曹子盈，衙官史英贤、米和儿、康义通、康沙子、康山海、石怀信、米进晟，押衙康伯达、曹光进，都押衙曹光嗣，常乐县令安再宁等。④ 米姓、安姓、康姓等，是比较典型的中亚粟特姓氏，而曹姓也是汉族大姓，有学者根据文书中曹氏的名字中往往有"晟""光"之类的字眼，他们往往充任武职等方面认定他们也是中亚粟特胡人⑤，即其祖先来自中亚

① 荣新江：《敦煌归义军曹氏统治者为粟特后裔说》，《历史研究》2001 年第 1 期；冯培红：《敦煌曹氏族属与曹氏归义军政权》，《历史研究》2001 年第 1 期。

② 荣新江：《敦煌归义军曹氏统治者为粟特后裔说》，《历史研究》2001 年第 1 期。

③ 郑炳林：《吐蕃统治下的敦煌粟特人》，载郑炳林主编《敦煌归义军史专题研究》，兰州大学出版社 1997 年版，第 376、383—385 页。

④ 郑炳林：《唐五代敦煌的粟特人与归义军政权》，载郑炳林主编《敦煌归义军专题史研究》，第 412—421 页。

⑤ 荣新江：《敦煌归义军曹氏统治者为粟特后裔说》，《历史研究》2001 年第 1 期。

曹国。

至曹氏归义军政权时期，中亚粟特后裔更为活跃。当时归义军内很多重要官职都由粟特后裔担任。P.2814《天成三年三月都头知悬泉镇遏使安进通状》有7件，有报平安的，有汇报军情的，也有献贺土物的，亦有请修神庙的。表明当时悬泉重镇的都头由粟特后裔安进通担任，他率领的有游弈使罗钵祢等一批胡姓军人。P.2040《后晋时期净土寺诸色入破历算会稿》提到五代时期有康指挥、安指挥、石指挥等；P.2032《后晋时代净土寺入破历算会稿》也提到康指挥、安指挥、石指挥、罗指挥等；P.3440《丙申年三月十六日见纳贺天子物色人绫绢历》提到安都知、罗县令、曹都知、都头安可敦、翟衙推、翟县令、曹安定都头、曹库官、曹都官等。[①]

在曹氏归义军时期，亦有许多粟特后裔作为归义军政权的使者出使各地。如公元914年曹议金一上台就派康奴子出使甘州回鹘；951年归义军押衙康幸全出使伊州；958年沙州康员奴出使伊州，同年兵马使康员进出使西州等。[②]

当时在民间也存在由中亚粟特后裔为首的民间结社。如S.2894背（2）《壬申年十二月廿二日社司转帖》载："右缘常年建福一日，人各炉饼一双，粟一斗。幸请诸公等，帖至，限今月廿三日卯时，于曹家酒店取齐。捉二人后到，罚酒一角，全不来，罚酒半瓮。其帖速递相分付，不得滞帖。如滞帖者，准条科罚。帖周，却赴本司，用凭告罚。壬申年十二月廿二日，录事张贴。社官曹、社长安、氾再昌、宋友长、梁延会、安丑子、曹远定、张全子、阳长残、曹愿盈、令狐愿奴、张幸全、安延子、董丑成、梁永千、令狐愿兴、张昌□（德）。"《壬申年十二月卅日录事帖》亦记载某社因常年建福一日通知于罗家酒店取齐的粟特人有史启□、康幸深、石海全、米不勿、史幸丰、曹幸恒、罗瘦儿等，占该社通知人数一半

①　郑炳林：《唐五代敦煌的粟特人与归义军政权》，载《敦煌归义军史专题研究》，第421—423页。
②　荣新江：《归义军史研究——唐宋时代敦煌历史考索》，上海古籍出版社1996年版，第309、368—370页。

以上①。这显然为民间结社，鉴于社官、社长都为粟特姓氏，社众当中也有些明显是粟特后裔，其聚集的地点为曹家酒店、罗家酒店等，正是粟特人善于经营的酒业，因而推测这是一个以粟特后裔为首的社应当是可以成立的②。

由上可知，在归义军政权统治时期，无论是内政还是外交，以及民间的结社等活动，均有中亚粟特后裔参与其中，而且人数不少，尤其是曹氏归义军统治时期，粟特后裔更为活跃，反映出这一时期该政权的统治者对中亚粟特后裔的重视和礼遇，这多少与曹氏家族的胡人背景有关。

总之，唐末五代时期，中亚胡人主要是粟特人更多地参与到五代的政治活动中，他们为官作将，在五代的政治舞台上扮演了重要的角色。随着唐末五代政局的变化，亦有一些粟特人以沙陀名义进入南方的杨吴、南唐、前蜀、后蜀等政权境内，随着定居日久，这些人多已汉化。此时期亦有一些中亚粟特、波斯的后裔在巴蜀等地经商，有的甚至以辞藻而闻名。此外，在五代政权外围的河西走廊，存在着沙州归义军政权，有不少粟特后裔参与这个政权的内政外交，甚至在民间，也有不少粟特后裔参加的民间结社，反映出粟特后裔在敦煌一带活跃的情况，这种情形一直至宋初才有所改变。

---

① 陆庆夫、郑炳林：《唐末五代敦煌的社与粟特人部落》，载《敦煌归义军专题史研究》，第393—394页。

② 参见荣新江《敦煌归义军曹氏统治者为粟特后裔说》，《历史研究》2001年第1期；陆庆夫、郑炳林《唐末五代敦煌的社与粟特人部落》，载《敦煌归义军专题史研究》，第393—394页。

结　　语

　　自西汉张骞"凿空"西域，中亚胡人开始以各种名义陆续进入中国，历经了东汉、魏晋十六国、南北朝及隋唐、五代十国时期，中亚胡人的入华活动可以说经历了一个较为漫长的发展过程。从最初的使节、官员的来华，到中亚胡商、译经僧等大量涌入，直至后来入华胡人开始定居、通婚、入仕并逐渐汉化，中亚胡人的入华活动经历了一个由浅入深，由初步的交往到进一步参与及融入中华文化与中华民族的过程。把握住这一时期入华中亚胡人的活动轨迹，有助于我们清楚全面地了解这一时期中亚胡人的入华活动情况，以及他们在华的活动对中国历史发展的影响。

　　两汉时期中亚诸国人开始陆续来到中国。他们中间既有来华的质子、贡使及官员，亦有不少的中亚胡商、艺人及传教僧。西汉武帝开始通西域，自此不少中亚诸国的使节、侍子及官员等来到中国，历经王莽时期及东汉，绵延不绝。而中亚胡商，有相当一部分是冒贡使之名而来的，他们出入宫廷及民间，以朝贡名义进行贸易，另外一部分就是民间贸易胡商，他们活跃在丝绸之路沿线及长安、洛阳一带，促进了汉代经济的繁荣。这一时期来华的传教译经僧，则主要集中在东汉中后期，这也是随着佛教在中国的发展而出现的。这些人的到来不但为汉文化增添了新的血液，也在一定程度上促进了早期中西交通与交流的发展，为此后中亚胡人大规模来华奠定了基础。

　　魏晋南北朝时期，国内政权动荡起伏，民族间的迁徙频繁，中原与中亚间的交通也时通时断，但这并没有妨碍这一时期的中西间的交流，各政权尽力争取与西域的联系。三国时期的曹魏政权，十六国时期的前秦政权，南北朝时期的北魏政权都同中亚进行过较为密切的往来。这一时期中亚胡人的来华活动也持续进行，有相当一部分中亚胡人入仕于当时内地各政权，参与其政治经济等活动，其中尤以北方各政权为突出。他们主要为使臣、宫廷侍卫等，这些人地位较高，因其语言优势及勇武的特点而受到重用。还有一部分人担任萨宝等职，管理胡人聚落，并受到北朝政府的任命和管理，这一职位也构成了北朝官职的一部分。此外这一时期中亚胡商大量活跃于丝绸之路沿线及中原等地，有的就长期定居下来，成为中原及地方各政权管理和倚重的对象。而魏晋南北朝时期中亚译经僧的活动也广泛展开，他们既有来自陆路的，也有不少来自海路，其活动范围很广，足迹也渐渐向各地蔓延，译事活动亦多而频繁，同时随着与西行求法僧合作，译经活动达到一个新的高度。

隋唐时期，是中亚诸国同中国交往最密切的时期。随着隋唐对西域经营的深入及丝绸之路的畅通，这一时期中亚诸国人的入华活动达到了一个新的高潮。同之前相较，隋唐时期入华的中亚诸国人一方面多集中于丝绸之路沿线一带，尤以长安、洛阳为突出。另一方面其活动范围也拓展至北方、河北、江南及巴蜀等地，几乎覆盖大半个中国。当时出于各种目的来到长安的中亚胡人数是很多的，即有跻身于上层社会封官授爵、赐宅受禄的，亦有处于下层经商兴贩及沦为奴婢者，活跃于唐代社会生活的各个层面。以都城长安为例，隋唐时期中亚诸国胡人广泛活跃于长安各阶层之间，他们为官做将，出入于朝堂内外；经商兴贩，活跃于坊市之间；吟唱弹弄，风行于宫廷与街巷；讲经布法，活动传布于各大寺庙之间，从而形成一个特殊的胡人集团，也构成当时长安社会中一道独特的风景。

降及五代，中亚胡人主要是粟特人更多地是以沙陀的名称活跃于政治舞台。他们当中既有在五代政权服务的上层人士，也有活跃于地方及边关的将士。他们显著地影响了五代的政治进程。随着唐末五代政局的变化，亦有一些粟特胡人以沙陀名义进入南方的杨吴、南唐、前蜀、后蜀等政权境内，随着定居日久，这些人多已汉化。此时期亦有一些中亚粟特、波斯的后裔在巴蜀等地经商贸易，有的甚至以辞藻而闻名于世。此外，在五代政权外围的河西走廊瓜州、沙州一带，存在着张氏、曹氏归义军政权，有不少粟特后裔参与这个政权的内政外交，甚至在民间，粟特后裔也相当活跃，多参加当地的结社活动，这种情形一直至宋初才有所改变。

　　本书通过对两汉迄五代中亚胡人入华活动轨迹的探讨，揭示出这一胡人群体在中西交往与交流中的重要地位。从政治上看，中亚诸国最初来华的只是一些使节、官员及质子，后来随着胡人的大量涌入，很多人逐渐定居，开始参与内地各政权的政治活动。如魏晋南北朝时期在南北各政权做官为将者及在一些胡人聚居区担任萨宝等官职的中亚粟特人等；在隋唐时期出仕于中央及地方政权的蕃将、译语人，以及一些汉化程度较深获得明经及第者。五代时期更有后晋等政权的建立者出身于中亚粟特胡人。可以说中亚胡人对汉唐五代的政治生活产生了一定影响。从经济上看，自两汉以来中亚等地的胡商沿丝绸之路来到中国，"兴胡之旅，岁月相继"，他们在进行贸易的同时，也促进了汉唐社会的经济发展。隋唐西北地区互市及民间贸易的发展，唐代城市坊市制度的打破，与大量中亚胡商的贸易活动有很大关系。从文化上来说，不管是中亚的质子、官员，还是胡商、艺人及中亚译经僧等，他们的到来都给汉唐五代的社会及文化生活带来不小的影响，汉代佛教的发展、百戏的流行及洛阳的胡风盛行，魏晋南北朝时期西域胡乐等在内地的流行，译经事业的广泛发展，以及隋唐长安、洛阳的胡风、胡化等盛行，都和中亚胡人的到来有很大关联。

　　总之，尽管汉唐五代时期，中亚胡人只是当时来华外来人口的一部分，但是他们的到来，给当时的中国社会带来了一股清新的空气并注入了新鲜的血液，他们的活动对当时的中国的政治、经济、文化及社会生活等方面产生一定的影响，从而在中西文化交流史上占有一定地位。同时这个胡人群体的入华及活动也在一定程度上反映了汉唐社会的国际性及其对外来移民的接纳与包容，这也说明开放和交流是一个民族或国家发展和前进的动力。

附录一

东汉时期来华之中亚胡人一览表①

国籍	姓名	主要事迹	文献出处
月氏	支娄迦谶	汉灵帝时，游于洛阳，以光和、中平之间，传译梵文，出《般若道行》《般舟》《首楞严》等三经。	《高僧传》卷1《译经》上，第10页。
	支曜	汉灵、献之间，有慧学之誉，驰于京、洛。译《成具定意经》《小本起》等。	《高僧传》卷1《支娄迦谶传》，第11页。
	支谦（支越）	其父亦汉灵帝之世来献中国。博览经籍，莫不精究。世间伎艺，多所综习。遍学异书，通六国语。妙善方言，乃收集众本，译为汉语，出《维摩》《大般泥洹》《法句》《瑞应本起》等四十九经。受业于支亮。	《高僧传》卷1《康僧会传》，第15页。《出三藏记集》卷7，第270页。
	支亮		《高僧传》卷1《康僧会传》，第15页。

---

① 因资料及笔者能力所限，本附录中七项表格所录中亚胡人情况并不全面，我们会在今后研究中进一步补充完善。

续表

国籍	姓名	主要事迹	文献出处
康居	康巨	汉灵、献之间，有慧学之誉，驰于京、洛。灵帝中平四年（187）译《问地狱事经》于洛阳。	《高僧传》卷1《支娄迦谶传》，第11页。
	康孟详	汉灵、献之间，有慧学之誉，驰于京、洛。以献帝兴平元年（194）至建安四年（199）于洛阳译《游四衢》等经六部。	同上。
安息	安清（安世高）	安息国王正后之太子也。王薨，便嗣父位。后让国于叔，出家修道。博晓经藏，尤精阿毗昙学。以汉桓之初，始到中夏。于是宣译众经，改胡为汉，其先后所出经论，凡三十九部。西域宾旅，皆呼为安侯。	《高僧传》卷1《安清传》，第4—6页。《出三藏记集》卷13《安世高传》，第508页。
	安玄	以汉灵之末，游贾洛阳，以功号曰骑都尉。与沙门严佛调共出《法镜经》，玄口译梵文，佛调笔受，理得音正，尽经微旨，郢匠之美，见述后代。	《高僧传》卷1《支娄迦谶传》，第10—11页。

附录二

魏晋南北朝时期来华之中亚胡人一览表

国籍	姓名	主要事迹	先辈及后裔	文献出处
康国（康居）	康植	蜀汉建兴五年（227），诸葛亮率军北伐，蜀主刘禅下诏令凉州诸国王各遣月氏、康居胡侯支富、康植等二十余人诣受节度，大军北出。		《三国志》卷33《蜀书·后主传》裴松之注引《诸葛亮集》，第895页。
	康绚	其先出自康居，初汉置都护，尽臣西域，康居亦遣侍子，待诏于河西，因留为黔首，其后即以康为姓。晋时陇右乱，康氏迁于蓝田。	绚曾祖为苻坚太子詹事。生穆，穆为姚苌河南尹。宋永初中穆举乡族三千余家入襄阳之岘南。	《梁书》卷18《康绚传》，第290页。
	康盛	前秦苻坚命吕光使持节，都督西讨诸军事，康盛为下属将军之一，讨西域。		《晋书》卷122《吕光载记》，第3054页。
	粟特康	后赵冉闵潜于襄国行宫，与十余骑奔邺。降胡粟特康等执冉胤及左仆射刘琦等送于石祗。		《晋书》卷107《石季龙载记附冉闵传》，第2795页。
	康宦	扬武安乡侯康宦驱白鹿原氏胡数百家奔上洛。		《晋书》卷118《姚兴载记下》，第2991页。

续表

国籍	姓名	主要事迹	先辈及后裔	文献出处
康国 （康居）	康猥	后秦时北中郎将。		《魏书》卷95《羌姚苌传》，第2084页。
	康妙	前凉时奉节将军。		《晋书》卷86《张轨附天赐传》，第2251页。
	康宁	后凉吕光西平太守，自称匈奴王，阻兵以叛，光屡遣讨之不捷。		《晋书》卷122《吕光载记》，第3057—3058页。
	康儿	前秦时期，在凉州、长安一带活动的互市人。		《出三藏记集》卷9《渐备经十住胡名并书序》，第333页。
	康维摩	北魏时拥率羌、胡，守锯谷，断鹦棠桥，被魏将源子雍击破。		《魏书》卷41《源子雍传》，第930页。
	康业	康国王之苗裔。魏大统十年（544），车骑大将军、雍州呼药翟门及西国胡豪望等举为大天主，乃降诏许。死后被北周皇帝诏赠为甘州刺史。	其父为魏大天主、罗州使君。	程林泉、张翔宇、［日］山下将司：《北周康业墓志考略》，《文物》2008年第6期。
	康虎儿	齐显祖（即宣帝高洋）时，常使胡人康虎儿保护太子。		《资治通鉴》卷168"陈文帝天嘉元年"条，第5197页。
	康买	周武帝遭太后丧，诏侍中薛孤、康买等为吊使。		《北齐书》卷9《穆后传》，第128页。

续表

国籍	姓名	主要事迹	先辈及后裔	文献出处
康国 （康居）	释道仙	本康居国人，以游贾为业。梁周之际，往来吴蜀。	其先康居人。汉灵帝时移附中国。献帝末乱，移止吴兴。	《续高僧传》卷26《释道仙传》，《高僧传合集》，第327页。
	康阿驮	北齐邺都一带的胡人富家子。		《北史》卷92《恩幸传》，第3055页。
	康德汪	北齐宦者，开府封王。		《北史》卷92《恩幸传》，第3054页。
安国	安法华	前秦时期长安佛僧。		《出三藏记集》卷9《渐备经十住胡名并书序》，第333页。
	安吐根	安息胡人。魏末充使蠕蠕（柔然），因留塞北。天平初，蠕蠕主使至晋阳，吐根密启本蕃情状，神武（高欢）得为之备。蠕蠕果遣兵入掠，无获而返。神武以其忠款，厚加赏赍。其后与蠕蠕和亲，结成婚媾，皆吐根为行人也。文襄（高澄）嗣事，以为假节、凉州刺史、率义侯，稍迁仪同三司，食永昌郡幹。皇建中，加开府。	曾祖入魏，家于酒泉。	《北史》卷92《安吐根传》，第3047页。
	安诺般槃陀	西魏大统十一年（545），太祖遣酒泉胡安诺般槃陀出使突厥。		《周书》卷50《突厥传》，第908页。
	安伽	君讳伽，字大伽，姑臧昌松人。除同州萨保，俄除大都督，北周大象元年（579）五月遘疾终于家，春秋六十二。厝于长安之东，距城七里。	父突建,冠军将军、眉州刺史。	陕西省考古研究所：《西安北周安伽墓》，文物出版社2003年版，第61—62页。

续表

国籍	姓名	主要事迹	先辈及后裔	文献出处
安国	安同	辽东胡人也。北魏登国初,魏征兵慕容垂,安同频使称旨,遂见宠异,以为外朝大人,迭典庶事。后太宗即位,命同与南平公长孙嵩并理民讼,世祖监国,临朝听政,以同为佐辅。太宗征河南,拜同右光禄大夫,世祖出镇北境,同与安定王弥留镇京师。世祖即位,进爵高阳公,拜光禄勋。	其先祖曰世高,汉时以安息王侍子入洛。历魏至晋,避乱辽东,遂家焉。安同子有安原,太宗朝因功被赐爵武原侯,加鲁兵将军。安原弟安颉,辩慧多策略。太宗初,为内侍长,令察举百僚。	《魏书》卷30《安同传》,第712—717页。
	安备	字五相,阳城县龙口乡曹刘里人。种类虽胡,入夏世久,与汉不殊,善于白圭之术,蕴而不为;弦高之业,弃而不慕。武平之末,齐许昌王幕府初开,牒为长,兼行参军。一参府寮,备经驱使,北周代齐,遂还旧庐,归田二顷。	其先出于安居耶尼国,上世慕中夏之风,大魏入朝,名沾典客。父知识,齐车骑大将军、直荡都督,千乘县散男。	葛承雍:《祆教圣火艺术的新发现——隋代安备墓文物初探》,《美术研究》2009年第3期。
	安末弱	北齐伶人,因技艺而被封王开府。		《隋书》卷14《音乐志》,第331页。
	安马驹	同上。		同上。

国籍	姓名	主要事迹	先辈及后裔	文献出处
史国	史君	史国人也，本居西域，后迁于长安，授凉州萨宝，大象元年（579）薨于家，年八十六，妻康氏。	有三子：长子毗沙，次子维摩，三子富□多。	西安市文物保护考古所：《西安北周凉州萨宝史君墓发掘简报》，《文物》2008年第6期。
	史宁	少以军功，拜别将。迁直阁将军、都督，宿卫禁中。西魏大统十二年（546），以军功转凉州刺史，后加车骑大将军，大都督，凉、西凉二州诸军事。西魏废帝元年（551），复除凉、甘、瓜三州诸军事，凉州刺史。北周武帝保定三年（563）卒于凉州。	曾祖豫，仕沮渠氏为临松令。魏平凉州，祖灌随例迁于抚宁镇，因家焉。父遵，初为征房府铠曹参军，随率县公。以先人绪余，备职宿卫。乡里二千家奔恒州，其后恒州为贼所败，遵复归洛阳，后追赠散骑常侍、征西大将军、凉州刺史。其子，史祥，少有文武才干，仕周太子车右中士，袭爵武遂。	《周书》卷28《史宁传》，第465页。《隋书》卷63《史祥传》，第1493—1495页。
	史丑多	北齐伶人，能舞工歌及善音乐。		《北史》卷92《恩幸传》，第3055页。
	史万岁	少英武，善骑射，骁捷若飞。豪读兵书，武帝时，释褐侍伯上士。及平齐之役，其父战殁，万岁以忠臣子，拜开府仪同三司，袭爵太平县公。		《隋书》卷53《史万岁传》，第1393页。

续表

国籍	姓名	主要事迹	先辈及后裔	文献出处
罽宾	李诞	字陁娑，赵国平棘人。北魏正光中自罽宾归阙，太祖以其婆罗门种，屡赐赏。保定岁次甲申（564），薨万季里宅。皇帝授君邯州刺史。	祖冯何，世为民酋，考傍期，不颓宗基。长子槃提。	程林泉：《西安北周李诞墓的考古发现与研究》，载西北大学考古系等编《西部考古》第 1 辑，三秦出版社 2006 年版，第 393—398 页。
国籍不详	翟突婆	讳突婆，字薄贺比多，并州太原人。春秋七十，大业十一年（615）岁次乙亥正月十八日疾寝，卒于河南洛阳县崇业乡嘉善里。	父娑摩诃，大萨宝。	赵万里：《魏晋南北朝墓志集释》卷 9《翟突婆墓志》，科学出版社 1956 年版，图版 484。
	虞弘	公讳弘，字莫潘，鱼国尉纥麟城也。年十三，任莫贺弗，衔命波斯、吐谷浑。转莫缘，仍使齐国（北齐）。北周武帝建德间，由齐入周，在北周大象末年（约580），领并、代、介乡团，检校萨宝府。	祖□栖，鱼国领民酋长。父君陁，茹茹国莫贺去汾达官，使魏□□□朝州刺史……	太原市文物考古研究所编：《太原隋虞弘墓》，文物出版社 2005 年版，第 89—93 页。
	穆叔儿	北齐邺都一带的胡人富家子。		《北史》卷 92《恩幸传》，第 3055 页。
曹国	曹僧奴曹妙达	北齐伶人，善弹琵琶，因技艺而封王开府。	曹僧奴与曹妙达为父子。	《隋书》卷 14《音乐志》，第 331 页；《北史》卷 92《恩幸传》，第 3055 页。

续表

国籍	姓名	主要事迹	先辈及后裔	文献出处
何国	何朱弱	北齐伶人，能舞工歌及善音乐，至仪同开府。		《北史》卷 92《恩幸传》，第 3055 页。
	何永康	北周宣政元年（578），前定州赞治，并州总管府户曹参军、博陵人崔子石，萨甫下司录商人何永康二人，同赎得北魏七帝旧寺。		王仲荦：《北周六典》卷 4 所录《惠郁造像记》，中华书局 1979 年版，第 163 页。
	何海	北齐伶人，因技艺开府封王。		《北史》卷 92《恩幸传》，第 3055 页。
	何洪珍	同上。		同上。
	何猥萨	北齐后主宠胡。		《北齐书》卷 12《南阳王绰传》，第 160 页。
月氏	支富①	蜀汉建兴五年（227），诸葛亮率军北伐，蜀主刘禅下诏令凉州诸国王各遣月氏、康居胡侯支富、康植等二十余人诣受节度，大军北出。		《三国志》卷 33《蜀书·后主传》裴松之注引《诸葛亮集》，第 895 页。

---

　　① 马雍先生认为，这里的月氏胡侯支富应是小月氏在凉州一带的部落酋长之一。马雍：《西域史地文物丛考》，第 56 页。

附录三

魏晋南北朝时期来华之中亚译经僧一览表

国籍	姓名	主要事迹	先辈及后裔	文献出处
康国 （康居）	康僧铠	嘉平之末来至洛阳，译出《郁伽长者》等四部经。		《高僧传》卷1《译经上·昙柯迦罗传》，第13页。
	康僧会	其先康居人也，世居天竺。明解三藏，博览六经，天文图纬，多所综涉。时吴地初染大法，风化未全。僧会欲使道振江左，兴立图寺，乃仗锡东游。以吴赤乌十年（248），初达建业。营立茅茨，设像行道。孙权为其建塔，以始有佛寺，故号建初寺。会于建初寺译出众经，所谓《阿难念弥陀经》《镜面王》《察微王》《梵皇经》等。	其父因商贾移于交趾。	《高僧传》卷1《译经上·康僧会传》，第14—18页。
	康僧渊	本西域人也，生于长安。晋成之世，与康法畅、支敏度等俱过江。后于豫章山立寺……名僧胜达，响附成群，常以持《心梵经》，空理悠远，故偏加讲说。尚学之徒，往还填委，后卒于寺焉。		《高僧传》卷4《义解一·康僧渊传》，第151页。

国籍	姓名	主要事迹	先辈及后裔	文献出处
康国（康居）	康法畅	晋成之世，与康僧渊、支敏度等俱过江。有才思，善为往复，著《人物始义论》等。		《高僧传》卷4《义解一·康僧渊传》，第151页。
	宝意	梵言阿那摩低，本姓康，康居人，世居天竺。以宋孝武孝建中，来止京师瓦官禅房。时人亦号三藏。常转侧数百贝子，立知凶吉。善能神咒，以香涂掌，亦见人往事。四远道俗，咸敬而异焉。齐文慧、文宣及梁太祖并敬以师礼焉。		《高僧传》卷3《译经下·求那跋陀罗传》，第134页。
	释昙谛	姓康，其先康居人，汉灵帝时移附中国。献帝末乱，移止吴兴。谛后游览经籍，过目斯记。晚入吴虎丘寺讲《礼》《易》《春秋》各七遍，《法华》《大品》《维摩》各十五遍。又善属文翰，集有六卷，亦行于世。	父肜，尝为冀州别驾。	《高僧传》卷7《义解四·释昙谛传》，第379页。
	释慧明	姓康，康居人。少出家，止章安东寺。齐建元中与沙门共登赤城山石室。齐竟陵文宣王请出京师，敬以师礼。少时辞还山，以建武之末卒于山中，春秋七十。	祖世避地于东吴。	《高僧传》卷11《习禅·释慧明传》，第425—426页。
	释明达	姓康氏，其先康居人也。以梁天监初，来自西戎，至于益部。时巴峡蛮夷，鼓行抄劫。州郡征兵，克期诛讨。达愍其将苦，志存拯拔。达乃教具千灯，祈诚三宝。故达化行蜀楚，德服如风之偃仆也。后以天监十五年（516）随始兴王还荆州。		《续高僧传》卷30《蜀部沙门释明达传》，第366页。

续表

国籍	姓名	主要事迹	先辈及后裔	文献出处
康国 （康居）	邵硕	本康居国人。时时从酒徒入肆酤饮。后为沙门，号硕公。游益州诸县，皆以滑稽言事，能发人欢笑，因劝以善，家家喜之。其活动时间大概在北魏时期。		（元）念常集：《佛祖历代通载》卷9，《大正新修大藏经》第49册，第540页。
	释智嶷	本康居王胤也。国难东归，魏封于襄阳，因累居之，十余世矣。携帙洛滨，依承慧远，传业《十地》及《涅槃》，皆可敷导。后入关中，住静法寺。仁寿置塔，敕召送舍利于瓜州崇教寺。		《续高僧传》卷28《释智嶷传》，《高僧传合集》，第351页。
安息	昙（无）谛	安息沙门，魏正元（254—255年）中，来游洛阳，出《昙无德羯磨》。		《高僧传》卷1《译经上·昙柯迦罗传》，第13页。
	安法贤	西域人，艺业克深，慧解尤峻，振锡游邦，自远而至，译《罗摩伽》等经二部。群录并云魏世。		（唐）智升：《开元释教录》卷1，《大正新修大藏经》第55册，第487页。
	安法钦	晋武帝太康二年（281）至惠帝光熙元年（306），在洛阳译《道神足无极变化经》四卷、《阿育王传》七卷。		《开元释教录》卷2，《大正新修大藏经》第55册，第497页。

续表

国籍	姓名	主要事迹	先辈及后裔	文献出处
月氏	支谦	亦名支越，字恭明，原籍月氏。十三学胡书，备通六国言。东汉末，汉室乱，避乱至吴，为孙权所闻，拜为博士，使辅导东宫。吴孙权赤乌四年（241），太子登卒，退隐山中，从沙门竺法兰受持五戒。后卒于山中。支谦自黄武至建兴中所出《维摩诘》《大般泥洹》《法句》等，凡数十卷。	其祖父法度在汉灵帝时率国人数百归化，拜率善中郎将。	《出三藏记集》卷13《支谦传》，第516—517页。
	竺法护	年八岁出家，事外国沙门竺高座为师，笃志好学，万里寻师。是以博览六经，游心七籍。晋武（265—290 年）之世，寺庙图像，虽崇京邑，而《方等》深经，蕴在葱外，护乃慨然发愤，志弘大道。遂随师至西域，游历诸国。大赍梵经，还归中夏。自敦煌至长安，沿路传译，写为晋文。所译佛经为175部，354卷。	其先月氏人，本姓支氏，世居敦煌郡。	《高僧传》卷1《译经上·竺昙摩罗刹（竺法护）传》，第33页。《开元释教录》卷2，《大正新修大藏经》第55册，第496页。

续表

国籍	姓名	主要事迹	先辈及后裔	文献出处
月氏	支法度	于西晋惠帝永宁元年（301）译出《逝童子经》一卷、《善生子经》一卷等四部五卷经。		《开元释教录》卷2，《大正新修大藏经》第55册，第501页。
	支敏度	聪哲有誉，著有《译经录》。晋惠帝时，以三国吴支谦所译《首楞严经》为主，附以晋竺法护和竺叔兰的两种译本，著《合首楞言经》八卷，又把这三人分别所译的《维摩诘经》合为一部，为《合摩诘经》五卷。		《出三藏记集》卷2、卷7，第45页、第270—271页。
	支疆梁接	又名强梁娄至，晋言真喜。志情旷放，弘化在怀，晋武帝太康二年（281）于广州译出《十二游经》一卷。		《开元释教录》卷2，《大正新修大藏经》第55册，第501页。
	支施仑	月支居士，于东晋宁康元年（373）在凉州诵出《首楞严经》《须赖经》《上金光首经》。		《出三藏记集》卷7《首楞严经后记》，第271页。
	支昙仑	晋孝武帝在执政之初，邀请月氏人支昙仑进京，止建业寺。并从受五戒，敬以师礼。		《高僧传》卷13《经师·支昙仑传》，第498页。
罽宾	竺候征若	晋武帝太康五年（284），罽宾文士竺候征若携《修行道地经》至敦煌，与竺法护共演之。		《出三藏记集》卷7《出经后记》，第274页。
	智山	雅习禅颂，晋永嘉末到达中夏，分卫自资，语必弘道，建武元年（317）还返罽宾。		（南朝梁）宝唱：《比丘尼传》卷1并序，《大正新修大藏经》第50册，第934页。

国籍	姓名	主要事迹	先辈及后裔	文献出处
罽宾	沙门耶舍	前秦建元十八年（382），有罽宾沙门耶舍，诵出《鼻奈耶经》。由鸠摩罗佛提写梵文，竺佛念译出，昙景笔受。		（晋）释道安：《鼻奈耶序》，《大正新修大藏经》第24册，第851页。
	僧迦跋澄	又名众现，罽宾国人。历寻名师，备习三藏，博览众典，特善数经，善暗诵《阿毗昙毗婆沙》。前秦建元十七年（381）至关中，是时秘书郎赵整崇仰大法，尝闻外国宗习《阿毗昙毗婆沙》，而跋澄讽诵，乃请出之，与道安等集僧宣译。		《高僧传》卷1《译经上·僧伽跋澄传》，第33页。
	僧迦提婆	也作"僧伽提和""僧伽禘婆"，本姓瞿昙，罽宾人。远求名师，学通三藏。尤善《阿毗昙心》，常诵《三法度论》，乃有部《毗昙》之大家。前秦建元十九年（383）到长安。应法和之请，诵出并参与译经。其所译有《阿毗昙八犍度论》，即《发智论》。		《高僧传》卷1《译经上·僧伽提婆传》，第37页。《出三藏记集》卷10《阿毗昙序》，第277页。
	佛若多罗	罽宾僧佛若多罗在后秦弘始年间进入关中，受到姚兴礼遇。弘始六年（404），在长安寺中诵出《十诵律》梵本，与鸠摩罗什译为汉文，但译到全律三分之二时去世。		《高僧传》卷2《译经中·佛若多罗传》，第60、61页。
	卑摩罗叉	曾于龟兹弘阐律藏，闻鸠摩罗什在长安大弘经藏，乃于后秦弘始八年（406）东入长安。鸠摩罗什以师礼待之。卑摩罗叉晚年住寿春，大弘《十诵》，江南人宗之。		《高僧传》卷2《译经中·卑摩罗叉传》，第63—64页。

续表

国籍	姓名	主要事迹	先辈及后裔	文献出处
罽宾	佛陀耶舍	罽宾僧人，鸠摩罗什在西域时曾从罽宾僧人佛陀耶舍受学，鸠摩罗什到长安后，劝后秦王姚兴派人前去姑臧迎请。佛陀耶舍到长安后，曾助鸠摩罗什译《十住经》。弘始十二年（410），又受司隶校尉姚爽之请，译出《四分律》四十五卷；弘始十五年（413），译出《长阿含经》。		《高僧传》卷2《译经中·佛陀耶舍传》，第65—67页。《出三藏记集》卷14《佛陀耶舍传》，第537—538页。
	僧伽难陀识	罽宾禅师，自蜀地来荆州。		《高僧传》卷5《义解二·释昙翼传》，第199页。
	昙摩耶舍	罽宾沙门，由广州入长安，与天竺沙门昙摩崛多译出《舍利弗阿毗昙》，至东晋义熙十六年（414）译成，共二十二卷。南朝宋元嘉年间（424—453），辞还西域。		《高僧传》卷1《译经上·昙摩耶舍》，第41—42页。
	僧伽罗叉	罽宾沙门，善诵"四含"，东晋隆安元年（397），诵出《中阿含经》。		《高僧传》卷6《义解三·慧持传》，第299页。
	佛驮什	罽宾沙门，宋少帝景平元年（423）七月，京师诸僧请佛驮什译出法显自天竺所得《弥沙塞律》。遂以其年冬十一月，集于龙光寺，译出三十四卷，称为《五分律》。		《高僧传》卷3《译经下·佛驮什传》，第96页。

国籍	姓名	主要事迹	先辈及后裔	文献出处
罽宾	求那跋摩	罽宾僧人，本刹利种，治在罽宾国，累世为王，后弃位入道，洞明经律，妙精禅法，号为三藏法师。泛船至狮子国。又至阇婆，其王甚重之。时京师名德沙门慧观、慧聪等，求请迎跋摩。跋摩以宋元嘉八年（431）正月达于建业，敕住祇洹寺，供给隆厚，王公英彦，莫不宗奉。不久于此寺开讲《法华》及《十地》。		《高僧传》卷3《译经下·求那跋摩传》，第105—109页。
	昙摩蜜多	意译法秀，罽宾人。博览群经，特深禅法，其东游至龟兹、敦煌、凉州。宋元嘉元年（424），辗转入蜀，后到荆州，又南下达建康，时宋文哀皇后及皇太子、公主，莫不设斋桂宫，请戒椒掖，参候之使，旬日相望。蜜多乃禅师，译有《禅经》《禅法要》等。		《高僧传》卷3《译经下·昙摩蜜多传》，第120—122页。《开元释教录》卷5，《大正新修大藏经》第55册，第524页。
	师贤	乃罽宾国王种人。出家后先东游于凉；北凉灭后，徙于平城。北魏太武帝灭佛时还俗行医，文成帝复兴佛法，被任为道人统，与弟子昙曜致力于佛教的恢复和发展。		《魏书》卷114《释老传》，第3036—3037页。

国籍	姓名	主要事迹	先辈及后裔	文献出处
兜法勒	昙摩难提	即法喜，兜法勒人。博识恰闻，靡所不综，是以国内远近，咸共推服。远冒流沙，怀宝东入。以苻氏建元（365—385 年）中，至于长安。苻坚深见礼接。先是中土群经，未有"四含"。坚臣武威太守赵正欲请出经。请安公等于长安城中，集义学僧，请难提译出《中增一二阿含》，并先所出《毗昙心三法度》等，凡一百六十卷。后辞还西域。		《高僧传》初集卷 1《译经上·昙摩难提传》，第 34—35 页。
优禅尼国	真谛	梵音"婆罗末陀"；又名亲依，梵音"拘那罗陀"，西天竺优禅尼国人。后游学扶南，梁大同（535—546 年）中受命抵梁，真谛于梁大同十二年（546）到南海（广州），二年后，进入京邑，梁武帝请他译经。此后直到陈太建四年（569），相继译出《十七地经》《摄大乘论》《唯识论》等。		《续高僧传》卷 1《拘那罗陀传》，《高僧传合集》，第 109—110 页。

附录四

隋唐时期长安地区中亚胡人一览表

国籍	姓名	入唐身份	主要事迹	先辈及后裔	文献出处
康国	康谦	蕃将	本一商胡，天宝中为安南都护，肃宗时为鸿胪卿。		《新唐书》卷225上《孙孝哲传》，第6425页。
	康萨陀	画家	唐初善画奇禽异兽之名画家。		向达：《唐代长安与西域文明》，河北教育出版社2001年版，第57页。
	康昆仑	伶人	唐代琵琶演奏家，号"长安第一手"。		（唐）段安节：《乐府杂录·琵琶》，丛书集成初编，商务印书馆1936年版，第22页。
	康老胡雏	伶人			（唐）李白：《上云乐》，《全唐诗》卷162，第1687页。
	康野	蕃将	将军，陪葬昭陵。		《唐会要》卷21"陪陵名位"条，第482页。

国籍	姓名	入唐身份	主要事迹	先辈及后裔	文献出处
	康磨伽 康留买	蕃将	康磨伽以平突厥有功授游击将军、上柱国,永淳元年(682)卒于长安之私第,后返葬于洛阳。其弟康留买亦因平突厥有功,被诏授游击将军,守左清道率平阳府果毅北门上。康磨伽死后,他送榇归葬洛阳,同年亦死于洛阳。	其先为北周时入居中国之康国人。曾祖康感,为凉州刺史;祖康近德,为安西都护果毅;父康洛,为唐之上柱国。康磨伽有子阿善,康留买有子伏度。	《康磨伽墓志》《康留买墓志》,《唐代墓志汇编》,第694、695页。《全唐文补遗》第3辑,第454—455页。
康国	康植	蕃将	康植,灵州人。开元时缚康待宾,平六胡州,擢左武卫将军、天山县男。	孙康日知,德宗时,擢为深赵观察使,光元元年(784)徙奉诚军节度使,贞元初卒。曾孙康志睦,隶右神策军,累迁大将军。康承训,推门功累进左神武将军。宣宗擢天德军防御使,徙义武节度使。康志达系康日知第四子,为幽州卢龙节度使衙前兵马使、朝散大夫、检校光禄卿兼监察御史,终于长安永乐里官舍。康志宁为日知之后,宪宗时,被甄录。	《新唐书》卷148《康日知传》,第4779页。《康志达墓志》,《全唐文补遗》第5辑,第431—432页。《全唐文》卷60《授康志宁等诏》,第646—647页。

国籍	姓名	入唐身份	主要事迹	先辈及后裔	文献出处
康国	安禄山 安庆绪	蕃将	安禄山,本姓康氏,幼随母在突厥中,其母后嫁安波注兄延偃。安禄山其后与安波注的子孙一起入唐,于是冒姓为安,"安史之乱"爆发前,数度来长安,活跃于宫庭之中,深受玄宗赏识,赐第在亲仁坊。 安庆绪,安禄山次子。本名仁轨,玄宗赐名庆绪。为安禄山都知兵马使。至德二载(757),杀安禄山,自立为帝。后为史思明所杀。	安禄山父为康氏,母为阿史德氏,营州柳城胡。子安庆宗、安庆绪等。	(唐)姚汝能:《安禄山事迹》,上海古籍出版社1983年版,第1—45页。《新唐书》卷225上《安禄山传》,第6412—6424页。
	康阿义屈达干	蕃将	柳城人,其先为北蕃十二姓之贵种,天宝元年(742),后突厥汗国灭亡,其率四子随突厥贵族及五千余众迁入中原。至京师,玄宗封其为左威卫中郎将。"安史之乱"爆发后,其率四子及孙侄冒死南奔入唐,拜右金吾大将军,加特进。至德二载(757)死于上都胜业坊之私第。	其有四子,长子康没野波,次子康英俊,三子康屈弥施,四子康英玉。"安史之乱"爆发,皆随父南奔入唐,康没野波被封云麾将军,左金吾卫大将军、上柱国,左武卫大将军兼鸿胪卿等,英俊等封官爵各有差。	(唐)颜真卿:《康公神道碑铭》,《全唐文》卷342,第3474—3476页。

续表

国籍	姓名	入唐身份	主要事迹	先辈及后裔	文献出处
康国	康法藏	僧侣	康法藏字贤首，姓康，风度奇正，利智绝伦。薄游长安，弥露锋颖。咸亨元年（670）削染于太原寺，其后历住崇福寺，先天元年（712）圆寂于西京大荐福寺，被后代尊为华严宗的祖师之一。	其祖自康国来朝；父谧，唐赠左侍中。其弟宝藏，中宗朝议郎行统万监。	《宋高僧传》卷5《法藏传》，中华书局1997年版，第89—90页。
	康阿禄山		调露初年雍州万年县人，居士。		（唐）法藏：《华严经传记》，《大正新修大藏经》第51册，第171页。
	康洽		酒泉康姓，黄发，好饮，后寄居长安。		（唐）李端：《赠康洽》，《全唐诗》卷284，第3238页。
	康遒	伶人	玄宗大中初之乐府中人，善弄婆罗门。		（唐）段安节：《乐府杂录·俳优》，第21页。
	康夫人		大游击将军、上柱国康府君夫人康氏。乾元三年（760），葬于长安城西龙首原。		《大唐故康夫人墓志》，《全唐文补遗》第3辑，第107页。
	康夫人		史诃耽之原配妻，贞观四年（630），终于雍州长安县之延寿里。		《史诃耽墓志》，载罗丰编著《固原南郊隋唐墓地》，文物出版社1991年版，第68—72页。
	康夫人		何国人何文哲之原夫人及二夫人。		《何文哲墓志》，《全唐文补遗》第1辑，第282—286页。

续表

国籍	姓名	入唐身份	主要事迹	先辈及后裔	文献出处
康国	康伽跋摩	僧侣	康国人也，少出流沙，游涉京辇，显庆年间（656—660）奉使礼觐西国。		（唐）义净撰，王邦维校注：《大唐西域求法高僧传校注》卷上，中华书局 2000 年版，第 93 页。
	康苏密	蕃将	贞观四年（630），在平定东突厥的过程中，有胡酋康苏密等以隋萧后、杨正道降，后被任命为北安州都督。		《旧唐书》卷 194 上《突厥传》，第 5159 页。
	康老子	胡商	长安富家子。		（唐）段安节：《乐府杂录·康老子》，第 37 页。
	康处贞	蕃将	太宗时中郎将。吐谷浑国主伏允为子求婚不至，太宗下诏止婚，遣康处贞临谕。		《新唐书》卷 221 上《西域传》，第 6225 页。
	康海源	蕃将	开元二年（714）讨吐蕃，以左金吾将军康海源为左武卫大将军。		《册府元龟》卷 118《帝王部·亲征》，第 1407 页。
	康訾素	匠人	开元二十五年（737），为将作大匠。		《资治通鉴》卷 214 "玄宗开元二十五年"条，第 6831 页。
	康成	蕃将	贞元二年（786）吐蕃游骑至好畤，以左监门将军康成使焉。		《新唐书》卷 216 下《吐蕃传下》，第 6094 页。

续表

国籍	姓名	入唐身份	主要事迹	先辈及后裔	文献出处
康国	康艺全	蕃将	长庆四年（824），染坊工人张韶等作乱，大将康艺全将骑卒入宫讨之。		《资治通鉴》卷243"穆宗长庆四年"条，第7836页。
	康僚	文官	文宗朝官考功郎中。		《全唐文》卷757《康僚》，第7860页。
	康文通	处士	青州高密郡人也，武周万岁通天元年（696）终于安邑里私第。	祖和，隋上柱国；父鸾，唐朝散大夫。	《唐康文通墓发掘简报》，《文物》2004年第1期。
	康令恽	蕃将	字善厚，其先汲人也。为唐范阳节度副使、都知兵马使、冠军大将军、左威卫大将军、上柱国、山阴县开国子。天宝四载（745），迁葬瀤陵原。	祖慈感，孝廉擢第，解褐拜西平郡椽曹。子承献，积石军副使、昭武校尉、右骁卫翊府中郎将、内供奉、上柱国。	王育龙：《唐长安城东出土的康令恽等墓志跋》，载《唐研究》第六卷，北京大学出版社2000年版，第396—397页。
	康守商	医官	宣宗女同昌公主有疾，汤药不效而损，医官韩崇昭、康守商等数家皆诛。		（五代）孙光宪：《北梦琐言》卷6"同昌公主事"条，中华书局2006年版，第127页。
	康郎	蕃将	字善庆，魏州贵乡人也。则天圣历元年（698），为同州隆安府左果毅都尉。长安二年（702），卒于冯翊县太平乡府之官舍。		《康郎墓志》，《全唐文补遗》第6辑，第362页。

国籍	姓名	入唐身份	主要事迹	先辈及后裔	文献出处
康国	康晖	蕃将	门荫出身吏部常选,赠左武卫翊府左郎将。	祖仕斤,江州别驾。父弘哲,左领军卫将军。长子升朝,江、淮两道都统团练兵马使。次子朝秀,右金吾引驾仗判官、昭武校尉、守右威卫京兆府真化府折冲都尉。	《康晖墓志》,《全唐文补遗》第5辑,第408页。
	智嵲	僧侣	姓康,本康居王胤也。国难东归,魏封于襄阳,因累居之十余世矣。天台宗之宗首,隋开皇十一年(591)在扬州为杨广授"菩萨戒",杨广尊之为师。后入长安,住延康坊静法寺。		《续高僧传》卷28《隋京师静法寺释智嵲传》,《高僧传全集》,第351页。
	曹惠琳 曹景琳	蕃将	曹惠琳出酋豪之右,未龀龄,舅氏绵州刺史元裕见而奇之,毓为后嗣,遂称曹氏。广德二年(764)被敕以宿卫,后授游击将军、左领军卫翊府郎将、上柱国。葬于通化里之私第。其表弟景琳,因护肃宗有功,授右骁卫将翊府中郎,加云麾将军、左龙武将军。建中三年(782),葬于万年县浐川。	本望敦煌康氏。曾祖皇,秦州清德府果毅。父宁,为游击将军。	《曹惠琳墓志》《曹景琳墓志》,《全唐文补遗》第1辑,第209页、212—213页。

续表

国籍	姓名	入唐身份	主要事迹	先辈及后裔	文献出处
康国	康国安	文官	以明经高第直国子监，教授三馆进士，注《驳文选异议》二十卷。		《新唐书》卷60《艺文志》，第1602、1622页。
安国	安咄汗安附国	蕃将	安附国之父安咄汗率五千人入朝，唐置维州，以咄汗为维州刺史。安附国于贞观四年（630）与父俱诣阙下，封左领军府左郎将，后封上柱国、邹县开国男。调露二年（680），葬于雍州万年县孝悌乡之原。	其先出安息，以国为姓。祖乌唤，为突厥颉利吐发，蕃中官品称为第二。附国有二子，长子安思祗为右铃卫将军、北平县公，次子安思恭为鲁州刺史。	《唐维州刺史安侯神道碑》，《全唐文》卷435，第4434—4436页。
	安叱奴	舞胡	武德元年（618），高祖以舞胡安比（叱）奴为散骑将军，李刚切谏不听。		《新唐书》卷99《李刚传》，第3908页。
	安辔新	舞胡	昭宗时长安舞胡，曾斥李茂贞。		《北梦琐言》卷15"披褐至殿门"条，第290页。

续表

国籍	姓名	入唐身份	主要事迹	先辈及后裔	文献出处
安国	安兴贵 安修仁 安元寿	蕃将	武德二年（619）李轨将安修仁兄兴贵，仕长安，表请说轨。兴贵至武威，说轨不听，于是退与修仁阴接诸胡起兵击轨。五月庚辰，兴贵执之以闻，河西悉平，以安兴贵为右武侯大将军、上柱国、凉国公，安修仁为左武侯大将军、申国公。安兴贵子安元寿十六岁即追随李世民，任秦王府右库真。太宗登基后，拜千牛备身。高宗时历任折冲都尉、右骁卫郎将、左监门卫中郎将、忠武将军等，死后陪葬昭陵。	西魏安难陀，为其曾祖。其祖弼，为周朝服侯。父罗方大，为周开府仪同三司，隋石州刺史。至其曾孙安抱玉时，改姓李氏。乾元二年（759），徙籍京兆长安县。李抱玉之从弟李抱真在仆固怀恩反叛时，挺身归京师，后选殿中少监，陈郑泽潞节度留后。李抱玉、李抱真之后，多有在朝为官者，李抱真之子李缄为殿中侍御史、少府监。李抱玉之孙李绪、李纵为京兆府参军、宝鼎主薄。	《资治通监》卷187"武德二年"条，第5856页。《安元寿夫妇墓发掘简报》，《文物》1988年第12期。《元和姓纂》卷4《安姓》。《旧唐书》卷132《李抱玉传》，第3645—3647页。《新唐书》卷138《李抱真传》，第4620—4623页；卷75下《宰相世系表》，第3445—3448页。
	安令节	蕃将	武威姑臧人。以长安四年（704）终于醴泉坊之私第。	安令节其先出自安息国王子，入质于汉，因而家焉。历后魏、周、隋，仕于京洛。祖瞻为唐左卫潞川府左果毅。父生，上柱国。安令节有子如岳、国臣、武臣等。	《安令节墓志》，《全唐文补遗》第3辑，第36—37页。

国籍	姓名	入唐身份	主要事迹	先辈及后裔	文献出处
安国	安万善	乐人			（唐）李颀：《听安万善吹觱篥歌》，《全唐诗》卷133，中华书局1985年版，第1354页。
	安调遮	蕃将	贞观二十一年（646），突厥遣子沙钵罗特勤献方物，且请身入朝。帝遣云麾将军安调遮、右屯卫将往迎之。		《新唐书》卷215《突厥传上》，第6041页。
	安庆云	蕃将	中唐时有摩尼师自回鹘入朝，帝令帝德将军安庆云供养师僧。		（唐）白居易：《与回鹘可汗书》，《全唐文》卷665，第6760页。
	安万通	蕃将	唐初授五品之官。永徽五年（654），终于长安普宁坊，葬于城西龙首原。	先祖本生于西域安息，高祖安但于北魏初奉使入朝，位至摩诃萨宝。父巡，隋任上开府、通义郎。	《唐安万通墓志》，《全唐文补遗》第2辑，第129—130页。
	安金藏	蕃将	京兆长安人，原为太常工籍。武后时曾引刀破腹，以明睿宗不反。后迁右武卫中郎将、右骁卫将军，大历中赠兵部尚书。	其子承恩为庐州刺史，远孙敬则为太子右谕德。	《新唐书》卷191《安金藏传》，第506—507页。
	安菩	蕃将	唐定远将军，六胡州大首领。麟德元年（664），卒于长安金城坊之私第，后葬于龙首原南平郊。	其先为安国大首领，同京官五品。	赵振华、朱亮：《安菩墓志初探》，《中原文物》1982年第3期。《全唐文补遗》第4辑，第402—403页。

国籍	姓名	入唐身份	主要事迹	先辈及后裔	文献出处
安国	安度	蕃将	唐初因功授陪戎副尉，后未仕。	祖陀，齐滁州青林府鹰击郎将。父定，隋河阳郡镇将。	《安度墓志》，《全唐文补遗》第 2 辑，第 161 页。
	吉藏	僧侣	俗姓安，本安息人也。开皇末，晋王杨广于扬州置四道场，召而居之。后奉命入京，住青龙坊日严寺。	祖世避仇移居南海，因遂家于交广之间。后迁金陵而生藏焉。	《续高僧传》卷 11《唐京师延兴寺释吉藏传》，《高僧传全集》，第 193—194 页。
	智凯	僧侣	姓安，江表杨都人，吉藏弟子。及藏入京，因倍同住。		《续高僧传》卷 31《唐京师定水寺释智凯传》，第 379—380 页。
	安波主安贞	蕃将	都知兵马使、左羽林大将军。先锋副使、郎将。		《文苑英华》卷 648《河西破蕃贼露布》，第 3333 页。
	李国珍	蕃将	本姓安氏，讳嘷，武威郡人也。天宝中，以忠勇见进，武艺知名。"安史之乱"爆发后，因奉事肃宗有功，被特赐嘉名，改姓皇姓，后又改名曰国珍。代宗即位后，因功获宝应功臣的称号，并累迁卿监。德宗兴元元年（784），薨于长安县光德里。		《李国珍墓志》，《全唐文补遗》第 2 辑，第 30—31 页。

续表

国籍	姓名	入唐身份	主要事迹	先辈及后裔	文献出处
安国	李元谅	蕃将	李元谅,本安氏,少为宦官骆奉仙养息,冒姓骆,名元光,以宿卫积劳,试太子詹事。贞元三年(787)吐蕃劫盟,因解围有功,因赐姓名,死前所任官职为陇右节度使。	其先本安息王室之胄,曾祖羡,皇左骁卫将军;祖延,左武卫朔府中郎将;考塞多,易州遂城府折冲、幽州大都督。有子二人,长子李平,前太子右赞普大夫;次子李萃,朝请郎、前将作监主薄。	《新唐书》卷156《李元谅传》,第4901—4903页。《李元谅墓志》,《全唐文补遗》第3辑,第128—130页。
	安思顺安元贞	蕃将	本为漠北突厥部中胡将安波注之二子,开元初,俱逃出突厥入唐,授官。天宝十四年(755),思顺以朔方节度使为户部尚书,元贞为太仆卿,后被诬与安禄山通,皆死。		(唐)姚汝能:《安禄山事迹》卷上。《代郭令公请安思顺表》,《全唐文》卷452,第4623—4624页。
曹国	曹保曹善才曹纲	伶人	祖孙三代俱以琵琶著称当世。	北齐曹妙达、曹仲达之后。	向达:《唐代长安与西域文明》,第60—61页。
	曹供奉	伶人	善弹琵琶。	似与曹纲为一家。	同上。
	曹触新	伶人	善弄婆罗门。		同上。
	曹明照		谯郡夫人。开元十一年(723)终于居德里之私第,后葬于金光坊龙首原。	曾祖继代,金河贵族,父兄归化。	《谯郡夫人曹明照墓志》,《唐代墓志汇编》上。
	曹闰国	蕃将	试光禄卿。		《唐代墓志汇编》,第1787—1788页。

国籍	姓名	入唐身份	主要事迹	先辈及后裔	文献出处
曹国	曹钦	蕃将	字毛良,京兆好畤人。唐初,拜正议大夫、北门长上。太宗朝因功先后拜上仪同三司、将军、新城府别将、昆山道总管、交河道总管、灵武道总管、监门中郎将。永徽六年（655）拜葱山道总管。麟德二年（665）,拜左骁卫将军,封云中县开国公。乾封二年（667）卒。	曾祖义,周镇东将军、仪同三司、宁远大将军、使持节、并汾晋沂四州诸军事、并州总管、华阳郡公。祖宝,隋开府仪同三司。父整,隋上开府仪同三司,唐赠使持节缘州诸军事、缘州刺史。	《曹钦墓志》,《全唐文补遗》第3辑,第404—406页。
	曹令中	蕃将	建中二年（781）,伊西、北庭节度使遣使间道至,上嘉之,元忠姓名,朝廷所赐,本姓曹,字令中。		《资治通鉴》卷227"建中二年"条,第7303页。
米国	米嘉荣 米和	伶人	宪宗、穆宗两朝著名的父子乐师。		向达:《唐代长安与西域文明》,第30页。
	米禾稼 米万槌	伶人	太和初,长安教坊善弄婆罗门者。		同上。
	米都知	伶人	长安教坊伶人。		（宋）钱易:《南部新书》癸集,中华书局2002年版,第176页。
	米萨宝	传教士	公讳萨宝,米国人,天宝元年（742）卒于长安县崇化里。		向达:《唐代长安与西域文明》,第30页。

续表

国籍	姓名	入唐身份	主要事迹	先辈及后裔	文献出处
米国	米亮	胡商	长安胡人，工于览玉，助窦义致富，居崇贤里。		向达：《唐代长安与西域文明》，第 31 页。
	米遂	文官	著有《明堂论》一卷。		《新唐书》卷 59《艺文志》，第 1566 页。
	康野	蕃将	将军，陪葬昭陵。		《唐会要》卷 21，第 482 页。
	米继芬	蕃将	米继芬为米国质子，唐授为左神策军散副将、游骑将军、守左武卫大将军同正兼太常卿、上柱国。永贞元年（805）终于醴泉里之私第，后葬于长安县龙门乡龙首原。	其先米国人，祖伊□任本国长史。父突骑施，远慕皇化，来于王庭，历任辅国大将军、行左领军卫大将军。米继芬夫人米氏，有二子，长曰国进，右神威军散将、宁远将军、京兆府折冲都尉同正；幼曰僧思圆，住大秦寺。	《米继芬墓志》，《全唐文补遗》第 3 辑，第 143 页。
	米吉炎	文官	京兆进士。		《全唐文补遗》第 3 辑，第 98 页。
何国	何妥何稠	文官	何妥先仕北周，入隋后为国子博士，终国子祭酒。其侄何稠于隋开皇时为太府丞，归唐后，授将作少匠，后以军功授开府，兼领少府监。	其先为西域胡。	《隋书》卷 75《何妥传》，第 1709—1715 页。《隋书》卷 68《何稠传》，第 1596—598 页。

国籍	姓名	入唐身份	主要事迹	先辈及后裔	文献出处
何国	释僧伽	僧侣	释僧伽者，葱岭北何国人。自言俗姓何氏，在本国三十年，化唐土五十载。景龙二年（708）终于长安荐福寺。		《宋高僧传》卷18《僧伽传》，第448—449页。
	何禄	传教士	贞观三年（631），有传法穆何禄，将祆教诣阙闻奏，敕令长安崇化坊立祆寺，号大秦寺，又名波斯寺。		（宋）姚宽：《西溪丛语》卷上"论穆护歌"条，中华书局2006年版，第42页。
	何潘仁	胡商兼蕃将	西域胡人，隋初始居周至，家富于财，后助李渊起义有功，封左屯卫将军。	父浑邪，通商中国。	《册府元龟》卷345《将帅部·佐命第六》，第4090页。
	何满子	伶人	天宝中何国歌者，后以名命曲，为《何满子》。		（唐）元稹：《何满子歌》，《全唐诗》卷421，第4118页。
	何戡	伶人	长安歌者。		（唐）刘禹锡：《与歌者何戡》，《全唐诗》卷365，第4632页。
	何懿	伶人	长安歌者。		《新唐书》卷119《武平一传》，第4295页。
	何道	蕃将	将军，陪葬昭陵。		《唐会要》卷21"陪陵名位"条，第482页。

国籍	姓名	入唐身份	主要事迹	先辈及后裔	文献出处
何国	何夫人		定远将军安菩夫人，何大将军之女。		《安菩墓志》，《全唐文补遗》第4辑，第402—403页。
	何处罗拔	蕃将	贞观中，罽宾献马，太宗遣果毅何处罗拔厚赐其国。		《新唐书》卷221《西域传》，第6241页。
	何迦密	蕃将	开耀元年（681）为裴行俭裨将，击突厥。神功元年（697）为右豹韬卫将军，击契丹。		《资治通鉴》卷202"高宗开耀元年"条、卷206"神功元年"条，第6404页、6517页。
	何羯达	蕃将	开元二十二年（734）突骑施大首领何羯达来朝，授镇副，留宿卫。		《册府元龟》卷975《外臣部·褒异第三》，第11455页。
	何清朝	蕃将	会昌元年（841），回纥乌介可汗扰边，唐武宗令蕃将契苾通、何清朝各领兵讨之。		《请契苾通等分领沙陀、退浑马军共六千人状》，《全唐文》卷705，第7239页。
	何少直	蕃将	曾事右神策军鱼骠骑，后徙河南府同轨府折冲，改福王府功曹，拜襄王府咨议。大中九年（855），终于长安万年县长乐里。	父惟升，任银青光禄大夫、检校太子宾客、试太常卿、陈留县开国侯。	《何少直墓志》，《全唐文补遗》第2辑，第581页。

续表

国籍	姓名	入唐身份	主要事迹	先辈及后裔	文献出处
何国	何溢	蕃将	字处休，京兆鄠杜人也。初为太子通事舍人，充义彰军从事。后为蔡州别驾、太子左谕德、越州别驾、昭州刺史、循州刺史、陵州刺史等。大中四年（850），终于长安郡舍。	曾祖弘敬，任左武卫将军；祖慎言，太原府少伊；父崇光，任右领军卫将军，赠太子少保。	《何溢墓志》，《全唐文补遗》第 1 辑，第 347—348 页。
	何夫人		石忠政之妻。		《石忠政墓志》，《唐代墓志汇编》下，第 2086 页。

国籍	姓名	入唐身份	主要事迹	先辈及后裔	文献出处
何国	何文哲	蕃将	何文哲为何国质子后裔，历肃、代、德、顺、宪、穆、敬、文八朝，参与过册立穆宗，敬宗时镇压张韶起义，及册立文宗等政治活动，位至银青光禄大夫、检校工部尚书、守右领军卫上将军兼御史大夫、上柱国、庐江县开国公等，太和四年（830），卒于长安县义宁里。	何文哲，本何国王丕之五代孙，前祖以永徽初款塞来附，曾祖怀昌，皇中大夫、守殿中少监。祖彦诠，皇正议大夫、行丹州别驾、上柱国。父游仙，开府仪同三司、行灵州都督府长史、上柱国，赠尚书右仆射。何文哲有子六人，长子公贵，皇琼王府参军、庐江郡开国公；次子公质，朔方兵押衙兼节院兵马使、监察御史；三子公贞，前行和王府参军；四子公赏，右神策军押衙知将事、银青光禄大夫、检校太子宾客；五子公试，太常寺协律郎；六子公赞，行安王府参军。	《何文哲墓志》，《全唐文补遗》第 1 辑，第 282—286 页。 魏光：《何文哲墓志考略》，《西北史地》1983 年第 3 期。 李鸿宾：《唐宫廷内外胡人侍卫——从何文哲墓志谈起》，《中央民族大学学报》1996 年第 6 期。
	何盛	处士		祖德，齐仪同三司；父那，北道和国大使。	《何盛墓志》，《全唐文补遗》第 4 辑，第 332 页。

国籍	姓名	入唐身份	主要事迹	先辈及后裔	文献出处
何国	何德	蕃将	讳德，字伏德，庐江潜人也。在平定"韦氏之乱"中，何德立下大功，被授京兆平乡府折冲，累迁左威卫朔府中郎将、云麾将军、上柱国。天宝六年（747），被封庐江县开国伯，食邑七百户。天宝十三载（754），终于金光里之私第。	太夫人酒泉安氏，赠酒泉县太君。父罗，以子功追赠朝散大夫、普安郡司马。子神想，右金吾卫安乐府长上果。	《全唐文补遗》第3辑，第97—98页。
	何弘达	术士	玄奘法师自长安前往西方取经前夕，曾有术人何弘达者，诵祝占观，多有所中。法师令占行事，达曰："师得去。去状似乘一老赤瘦马，鞍鞯桥前有铁。"法师既睹胡人所乘马瘦赤，鞍鞯有铁，与何言合，心以为当，遂即换马。		（唐）慧立、（唐）彦悰著，孙毓棠、谢方点校：《大慈恩寺三藏法师传》卷一，中华书局2000年版，第13页。
石国	释神会	僧侣	俗姓石，本西域人，祖父徙居，因家于岐，遂为凤翔人，后入蜀。贞元十年（794），坐灭于成都景净寺。		《宋高僧传》卷9《释神会传》，第209—210页。

续表

国籍	姓名	入唐身份	主要事迹	先辈及后裔	文献出处
石国	石崇俊	蕃将	石崇俊曾以奉使至自西域，寄家于秦，今为张掖郡人，贞元十三年（791），终于群贤里之私第。	祖讳宁芬，本国大首领。皇考思景，泾州阳府果毅。有子清，荐授左威卫司戈。	《石崇俊墓志》，《全唐文补遗》第4辑，第472页。
	石诚直	译语人	为武宗时在京回鹘之译语人。		（唐）李德裕：《论译语人状》《论回鹘石诚直状》，《全唐文》卷701、705，第7198、7234页。
	石宝山	伶人	长安教坊中人，善弄婆罗门。		向达：《唐代长安与西域文明》，第30页。
	石演芬	蕃将	本西域胡人，为李怀光部将，李怀光军三桥，欲与朱泚联合，石演芬遣使告之，被李怀光所杀，德宗赠其为兵部尚书。		《新唐书》卷193《石演芬传》，第5555页。
	石氏		康阿义屈达干妻。	祖珍，左卫中郎将；父石三奴，左金吾大将军。	（唐）颜真卿：《康公神道碑铭》，《全唐文》卷342，第3474—3476页。
	石忽那	蕃将	乾陵六十一宾王相中有"石国王子石忽那"衔名。		陈国灿：《唐乾陵石人像及其衔名的研究》，载《文物集刊》第2辑，文物出版社1980年版，第198页。

国籍	姓名	入唐身份	主要事迹	先辈及后裔	文献出处
康国	石忠政		京兆万年县人，邑崇仁里，清闲不仕，自居其家，终于长庆二年（822），葬于城西小严村。	长子石义，亡后亦葬于小严村。	《石忠政墓墓》，《唐代墓志汇编》下，第2086页。
史国	史思礼	蕃将	史思礼为武威人，因功累授平阳郡仁寿府左果毅都尉、冯翊郡唐安府右果毅都尉、京兆神鼎府折冲都尉、壮武将军、上柱国。天宝三年（744），终于兴宁里之私第，后葬于京兆府万年县浐川乡白鹿之原。	曾祖爽，任翊麾校尉。祖感，任昭武校尉、右卫司戈。父岳，赠青州司马。史思礼有三子，长子元柬，为宣节副上宿卫；次子元亮，御侮校尉、右武卫绛郡神泉府别将；三子元忠，翊麾校尉、右武卫绛郡仁寿府别将。	《史思礼墓志》，《全唐文补遗》第3辑，第75—76页。
	史婆陁史颉利	胡商兼蕃将	长安县商胡，资产巨富，身有勋官骁骑尉，有亲弟颉利，家贫，兄亦不分给。		敦煌写本P.3813号《唐（七世纪后半）判集》，载唐耕耦、陆宏基编《敦煌社会经济文书释录》第2辑，全国图书馆文献缩微中心，1990年，第604—605页。

国籍	姓名	入唐身份	主要事迹	先辈及后裔	文献出处
史国	史万宝	蕃将	曾为京师大侠。后为唐大丞相府功曹参军、左光禄大夫、右卫将军等。	祖归，魏骠骑将军、陇西道都督、原州刺史、灵武郡开国公。父静，宇文朝开府仪同三司、泾州总管、太平县开国公等。	《史怀训墓志》，《全唐文补遗》第6辑，第356—357页。
	史曜		字慕伶，汲郡人也。不仕。	高祖幼都，唐朝□□□□荆州司马、龙州刺史。曾祖□□，行秦王府侍读、司农寺主簿。祖思庄，朗州别驾、凉州长史、□州长史。父贻列，不仕。天宝二年(743)，终于胜业里私第。	《史曜墓志》，《全唐文补遗》第6辑，第70页。
	史诃耽	译语人	史国王之苗裔，隋开皇中，为平原郡中正，后拜上骑都尉，授朝请大夫。武德中，奉敕直中书省，翻译朝会，禄赐一同京职，后加授宣德郎、朝义郎等。乾封元年(666)，除虢州刺史。后告老还乡，总章二年(669)，卒于原州平高县劝善里。	曾祖尼，魏摩诃大萨宝，张掖县令。祖思，周京左师萨宝，酒泉县令。父陀，隋左领军、骠骑将军。	《史诃耽墓志》，载罗丰编著《固原南郊隋唐墓地》，文物出版社1991年版，第68—72页。

国籍	姓名	入唐身份	主要事迹	先辈及后裔	文献出处
史国	史氏		河东薛君夫人，武昌人也，洎周室衰微，迁于陇右。史氏后薨于醴泉里之寝室。	祖藏，右骁卫将军、摄肃州刺史。父，夏州长史。兄思谦，右领军卫大将军。	《大唐故右骁卫大将军雁门县开国公上柱国左万骑使河东薛君（莫）故武昌郡夫人史氏合葬墓志铭》，《全唐文补遗》第5辑，第349—350页。
	史氏	蕃将	唐故契苾夫人，丈夫为唐右金吾将军，常山县开国公。		《唐故契苾夫人墓志铭》，《全唐文补遗》第2辑，第442页。
吐火罗国	释弥陀山	僧侣	睹货逻人，自幼出家，游诸印度，遍学经论，天授中，与沙门法藏等，译《无垢净光陀罗尼经》一卷，译毕进内，寻辞帝归乡，天后以厚礼饯之。		《宋高僧传》卷2《释弥陀山》，第34页。
	罗昊	蕃将	年在志学，以冠军平戎功，授右武卫执戟。寻加游击将军、左领军卫邠州万敌府果毅。转拜宁远将军、范阳郡英乐府折冲都尉，后为右威卫朔府左郎将。天宝二载（743），终于光德里私第。	曾祖逸，左玉卫大将军。祖麾，云麾将军、右领军将军。父守忠，冠军大将军、左骁卫大将军、密云郡开国公、上柱国。	《罗昊墓志》，《全唐文补遗》第7辑，第49页。

续表

国籍	姓名	入唐身份	主要事迹	先辈及后裔	文献出处
吐火罗国	仆罗	蕃将	吐火罗叶护那都泥利弟，于神龙元年（705），授左领军卫翊府中郎将，十四年不迁，愤其苦屈，上书自述。		《仆罗诉官不当上书》，《全唐文》卷999，第10355页。
	罗氏		石国人石崇俊夫人，洛阳罗氏。		《石崇俊墓志》，《全唐文补遗》第4辑，第472页。
	伊斯	施主	德宗建中二年（781），立《大秦景教流行中国碑颂》，以颂大施主伊斯，伊斯即吐火罗斯坦王舍城故景教僧珉瓅之子。		向达：《唐代长安与西域文明》，第34—35页。
	羯达健	蕃将	乾陵六十一宾王相衔名中有"吐火罗王子羯达健"。		陈国灿：《唐乾陵石人像及其衔名的研究》，载《文物集刊》第2辑，第198页。
勃律	苏失利芝	蕃将	天宝七年（748），勃律国王苏失利芝来朝，赠紫袍金带，留宿卫，给官宅。		《册府元龟》卷975《外臣部·褒异第二》，第11458页。
护密	罗真檀	蕃将	天宝八年（749），护密国王罗真檀来朝，授左武卫将军，留宿卫。		同上。
陀拔	自会罗	蕃将	天宝十四年（755），陀拔国王子自会罗来朝，授右武卫员外中郎将，赐紫袍金带，留宿卫。		同上。

国籍	姓名	入唐身份	主要事迹	先辈及后裔	文献出处
罽宾	释般若	僧侣	释般若，罽宾国人，在京师充义学沙门，宪宗敦崇佛教，深思翻译，于醴泉寺译《华严经》等，赐紫衣。		（宋）赞宁：《宋高僧传》卷3《唐醴泉寺般若传》，中华书局1987年版，第49—50页。
宁远国	薛裕	蕃将	天宝十三年（754），宁远国王忠节遣子薛裕入朝，请留宿卫，习华礼，听之，授左武卫将军。		《新唐书》卷221下《西域传》，第6250页。
穆国	穆聿（穆详）	商胡兼蕃将	开元中，有商胡穆聿，别识图画，遂直集贤，告讦搜求。至德中，白身授金吾长史，改名详。		（唐）张彦远：《历代名画记》卷2"论鉴识收藏购求阅玩"条，人民美术出版社2004年版，第27页。
不详	支茂	蕃将	字德荣，京兆华原人。隋初，因功授康义尉，后加授朝请大夫，仍除本县户曹。高宗永徽二年（651）卒。	祖和，父元集。	《支茂墓志》，《全唐文补遗》第3辑，第350—351页。
	鱼俱罗	蕃将	冯翊下邽人也。曾从杨广平陈，以功拜开府。炀帝时，拜叠州刺史、丰州刺史等，后被斩。		《隋书》卷64《鱼俱罗传》，第1517—1518页。
	鱼赞	蕃将	鱼俱罗弟。炀帝时，因功拜车骑将军。		同上。

国籍	姓名	入唐身份	主要事迹	先辈及后裔	文献出处
不详	虞庆则	蕃将	本姓鱼，其先仕于赫连氏。开皇元年（587），进位大将军，迁内史监、吏部尚书、京兆尹等，迁尚书右仆射。转为右卫大将军、右武侯大将军等。后伏诛。	父虞祥，周灵武太守。子虞孝仁，坐父事除名。炀帝嗣位，以藩邸之旧，授候卫长史兼领金谷监，监禁苑，后被诛。子虞澄道，东宫通事舍人，坐除名。	《隋书》卷 40《虞庆则传》，第 1174—1176 页。
波斯	卑路斯泥涅师	蕃将	高宗咸亨年间（670—674），波斯王子卑路斯避难前来长安，授右武卫将军，后客死长安。其子泥涅师曾在唐军护送下归国未果，寄寓吐火罗二十年，于中宗景龙二年（708）返回长安，授左威卫将军，后客死长安。	卑路斯为萨珊波斯国王伊嗣俟之子，伊嗣俟后在木鹿为大食所杀。	《新唐书》卷 221 下《西域传》，第 6258—6259 页。
	李苏沙	胡商	穆宗长庆四年（824），波斯大商贾李苏沙进沉香亭子材，以钱一千贯文、绢一千匹赐之。		《旧唐书》卷 17 上《敬宗本纪》，第 512 页。

国籍	姓名	入唐身份	主要事迹	先辈及后裔	文献出处
波斯	李素	文官	李素，字文贞，西国波斯人，本国王之甥，幼随父在广州。大历中，征召入京，任职司天台，授司天监兼晋州长史，翰林待诏。元和十二年（817）终于静恭里，享年七十有四，后葬于万年县浐川乡尚传村。	李素祖益初，天宝中来唐，纳充质子，拜银青光禄大夫、检校左散骑常侍兼右武卫将军，赐紫金鱼袋，特赐姓李。父志皇，任朝散大夫、守广州别驾、上柱国。大夫人王氏有三子，长子早亡；仲子景佖，为朝请大夫、试太常卿、上柱国，守河中散兵马使；季子景伏，朝散大夫、试光禄卿、晋州防御押衙使。二夫人卑失氏有四子，长子景亮，袭先君之艺业；次子景弘，为朝议郎、试韩王府司马；少子景文，前太庙斋郎；幼子景度，前丰陵挽郎。	《李素墓志》《卑失氏墓志》，《隋唐五代墓志汇编》陕西卷第4册；天津古籍出版社1991年版，第79、87页；《全唐文补遗》第3辑，第179—180页。荣新江：《一个入仕唐朝的波斯景教家族》，载叶奕良编《伊朗学在中国》第2辑，北京大学出版社1998年版，第82—83页。
	穆沙诺	蕃将	开元十三年（725）及十八年（730），波斯首领穆沙诺两次来朝，授折冲，留宿卫。		《册府元龟》卷975《外臣部·褒异第三》，第11450、11453页。

国籍	姓名	入唐身份	主要事迹	先辈及后裔	文献出处
波斯	苏谅马氏	蕃将	波斯人苏谅，入唐为左神策散兵马使，其妻马氏于咸通十五年（874）卒于长安。		夏鼐：《唐苏谅妻马氏墓志跋》，《考古》1964年第9期。刘迎胜：《唐苏谅妻马氏汉巴列维文墓志再研究》，《考古学报》1990年第3期。《全唐文补遗》第2辑，第583页。
	南昧	蕃将	乾陵六十一宾王相中有"波斯大首领南昧"之衔名。		陈国灿：《唐乾陵石人像及其衔名的研究》，载《文物集刊》第2辑，第198—199页。

附录五

隋唐时期洛阳地区中亚胡人一览表

国籍	姓名	入唐身份	主要事迹	先辈及后裔	文献出处
康国	康敬本	蕃将	字延宗，康居人也。贞观中，授文林郎、三水县尉。后迁授虢州录事参军事。	元丰内迁，家张掖郡。曾祖默，周甘州大中正；祖仁，隋上柱国，左骁卫三川府鹰扬郎将；父凤，隋授右亲卫，加朝散大夫。	《康敬本墓志》，《全唐文补遗》第2辑，第234页。
	康婆		字季大，博陵人也。本康国王之裔。不仕。贞观二十一年（647）终于洛阳之私第。	高祖罗，以北魏孝文帝时，举国内附，故为洛阳人。祖陀，父和，隋定州萨宝。子须达。	《康婆墓志》，《全唐文补遗》第6辑，第240—241页。
	康元敬	处士	字留师，相州安阳人。处士。咸亨初年卒于洛阳陶化里。	祖乐，魏骠骑大将军。父忤相，齐九州摩诃大萨宝、龙骧将军。子宋生。	《康元敬墓志》，《唐代墓志汇编》，第571页。《全唐文补遗》第4辑，第371—372页。
	康威	蕃将	字宾，河南人也。封下管令、二品上柱国。开元十年（722）终于郑州荥阳私第。	曾祖远，后魏左龙骧将军、寿阳县开国公。祖满，隋右卫将军、寿阳侯。父达，唐金谷府统军。	《康威墓志》，《全唐文补遗》第6辑，第399—400页。

续表

国籍	姓名	入唐身份	主要事迹	先辈及后裔	文献出处
康国	康达	蕃将	字文则，河南伊阙人也。上骑都尉。总章二年（669）卒于洛阳思顺里第。	曾祖勋，齐上柱国；祖逵，齐雁门郡上仪同；父洛，隋许州通远府鹰击郎将。	《康达墓志》，《全唐文补遗》第5辑，150—151页。
	康武通	蕃将	字宏达，太原祁人也。唐初任大将军、阳城县开国子。贞观十二年（638）改授陪戎副尉。贞观二十三年（649）终于洛阳章善坊里第。	祖默，周上开府仪同大将军；父仁，隋左卫三川府鹰扬郎将。	《康武通墓志》，《全唐文补遗》第2辑，第243页。
	康续	蕃将	字善，河南人也。唐授平州平夷戍主。调露元年（679）归葬洛阳。	曾祖德，齐梁州都督；祖逻，齐京畿府大都督；父老，左屯卫翊卫。子忠素。	《康续墓志》，《全唐文补遗》第3辑，第448—449页。
	康杕	蕃将	河南巩县人，唐初委为陪戎副尉。显庆元年（656）卒。	祖安，父陁。子善义、善恭、善行。	《康杕墓志》，《全唐文补遗》第3辑，452—453页。
	康留买	蕃将	本即西州之茂族，后为河南人也。唐初授游击将军，守左清道率频阳府果毅、北门长上一守右威卫龙西府果毅都尉。永淳元年（682）终于洛阳私第。	曾祖感，凉州刺史；祖延德，安西都护府果毅；父洛，皇朝上柱国。子伏度。	《全唐文补遗》第3辑，第453—454页。
	康宣德	蕃将	字有邻，西域康居国人也。唐初为右卫翊府翊卫。	祖良，定州刺史、上柱国。父寿，鄌州洛川府左车骑将军、上柱国。	《康宣德墓志》，《全唐文补遗》第6辑，第336—337页。

国籍	姓名	入唐身份	主要事迹	先辈及后裔	文献出处
康国	康氏		安师夫人。龙朔三年（663）终于洛阳嘉善里第。	父为隋三川府鹰扬、邢州都督康府君。	《安师墓志》，《全唐文补遗》第 6 辑，第 294—295 页。
	康氏		丈夫为安禄山游击将军，守左威卫朔府左郎将员外郎曹彦环。至德二载（757）终于洛阳嘉善里第。		《康氏墓志铭》，《全唐文补遗》第 6 辑，第 88 页。
	康氏		康国人首领之女，以本国为氏。丈夫为安国首领。万岁通天二年（697）终于洛阳私第。	子义节。	《康氏墓志铭》，《全唐文补遗》第 5 辑，第 231—232 页。
	康老师	文官	其先康居人也。唐为登仕郎。垂拱二年（686）卒于洛阳私第。	曾祖宝，康国王第九子，周游击将军、以西诸国首领。祖和，周明威将军。父祗，隋鹰扬郎将。	《康老师墓志》，《全唐文补遗》第 8 辑，第 294—295 页。
	康远	蕃将	字迁迪。唐左监门校尉、上柱国。长寿元年（692）终于私第，开元九年（721）迁葬洛阳。	子贞固。	《康远墓志》，《全唐文补遗·千唐志斋新藏专辑》，第 136—137 页。
	康智	蕃将	字感。唐游击将军。长寿二年（693）终于洛阳思顺里私第。	祖仁基，陈宁远将军；父玉，隋朝散大夫。子元陳。	《康智墓志》，《全唐文补遗》第 2 辑，第 330 页。

国籍	姓名	入唐身份	主要事迹	先辈及后裔	文献出处
康国	康敦		其先康居国人也。垂拱二年（686）卒于洛阳旗亭里第。		毛阳光：《新见四方唐代洛阳粟特人墓志考》，《中原文物》2009 年第 6 期。
	康仙昂	蕃将	魏郡昌乐人也。初为解褐灵武郡鸣沙府别将，改冯翊郡连邑府左果毅都尉，后转河南府慕善府右果毅都尉。天宝八载（749）卒于洛阳私第。	祖瑱，酒泉郡司马；父芬，上党郡无恤府果毅。	同上。
	康氏		罗甑生夫人。		《罗甑生墓志》，《全唐文补遗》第 2 辑，第 274—275 页。
	康赞羡	蕃将	字翊圣。以父荫授弘文馆校书。后授金紫光禄大夫、检校司空、左金吾卫将军兼御史大夫。约天成元年（926）卒于洛阳。	曾祖，检校工部尚书；祖琮，检校司徒；父怀英，检校太尉兼中书令。子汴哥。	《康赞羡墓志》，《全唐文补遗》第 5 辑，第 60 页。
	康庭兰	蕃将	壮武将军，行右威卫翊府左郎将、上柱国。开元二十八年（740），卒于东都温柔里之私第。	曾祖匿，游击将军，守左卫翊府中郎将。祖宁，归德将军，行右领军卫将军。父烦陀，云麾将军、上柱国。	《康庭兰墓志》，《全唐文补》第 4 辑，第 438 页。

国籍	姓名	入唐身份	主要事迹	先辈及后裔	文献出处
安国	安神俨		河南新安人。不仕。调露二年（680）终于洛阳嘉善里第。	祖君恪，隋永嘉府鹰扬；父德，左屯卫别将。子敬宗。	《安神俨墓志》，《全唐文补遗》第3辑，第449页。
	安延	蕃将	字贵薛，河西武威人也。唐初，授上开府大将军。卒于贞观十六年（642）。	祖真健，后周大都督；父列失，隋上仪同、平南将军。	《安延墓志》，《全唐文补遗》第4辑，第328页。
	安师	蕃将	君讳师，字文则，河南洛阳人。蜀王府队正。显庆二年（657）终于洛阳嘉善里第。	十六代祖西华国君，东汉永平中，遣子仰入侍，求为蜀国，乃以仰为并州刺史，因家洛阳。曾祖哲，齐武贲郎将；父豹，隋骁果校尉。	《安师墓志》，《全唐文补遗》第6辑，第294—295页。
	安孝臣	蕃将	太原郡人也。为唐朔卫副尉、泽州太行镇将、骑都尉。	子：兴宗、承宗、荣宗。	《安孝臣墓志》，《全唐文补遗》第2辑，第503页。
	安度	蕃将	字善通，长沙人也。唐初为陪戎副尉。显庆四年（659）终于洛阳敦厚里之第。	祖陀，齐任滁州青林府鹰击郎将。父定，隋任河阳郡镇将。	《安度墓志》，《全唐文补遗》第2辑，第161页。
	安思节	蕃将	家世西土，后业东周，今为河南人也。为歧山府果毅。开元四年（716）卒于洛阳。	曾祖瓒，隋左卫大将军；祖遮，左金吾卫弘仁府折冲；父暕，上柱国。子嘉□。	《安思节墓志》，《全唐文补遗》第2辑，第426—427页。
	安怀	蕃将	河西张掖人。祖隋朝因宦洛阳，遂即家焉。唐为陪戎副尉。	曾祖，周甘州司马；祖智，隋洛州府左果毅；父昙度，文林郎。子长龄。	《安怀及夫人史氏合葬墓志》，《全唐文补遗》第2辑，第325—326页。

国籍	姓名	入唐身份	主要事迹	先辈及后裔	文献出处
安国	安静	处士	字处冲，河南洛阳人，处士。显庆二年（657）卒于洛阳私第。	祖巎，齐河阳镇将；父远，隋文林郎。子行。	《安静墓志》，《全唐文补遗》第 2 辑，第 149—150 页。
	安公	处士	康敦丈夫。唐处士。仪凤三年（678）卒于洛阳旗亭里第。		毛阳光：《新见四方唐代洛阳粟特人墓志考》，《中原文物》2009 年第 6 期。
	安思温		洛阳人。不仕。开元九年（721）终于河南巩县，天宝十载（751），迁葬于洛阳平阴乡。		《安思温夫人史氏墓志》，《全唐文补遗·千唐志斋新藏专辑》，第 221 页。
何国	何氏		太原人也，远祖因宦，家洛阳。咸亨五年（674）终于洛阳章善里第。	祖湛，隋河内令；父乐，上柱国、朝散大夫、游骑将军、邓川府果毅。子感。	《曹君妻何氏墓志》，《全唐文补遗》第 7 辑，第 294 页。
	何摩诃		字迦，未仕。调露二年（680）卒于洛阳嘉善里第。	曾祖瞻，齐为骠骑；祖陀，梁充校尉；父底，隋授仪同。	《何摩诃墓志》，《全唐文补遗》第 2 辑，第 276 页。
	何澄		迁为洛阳人也。不仕。贞元十八年（802）终于洛阳嘉善里第。	子何绾。	毛阳光：《新见四方唐代洛阳粟特人墓志考》，《中原文物》2009 年第 6 期。

续表

国籍	姓名	入唐身份	主要事迹	先辈及后裔	文献出处
曹国	曹氏		康枕夫人。永隆二年（681）卒。		《康枕墓志》，《全唐文补遗》，第3辑，452—453页。
	曹氏		陇西县人。康远夫人。神龙三年（707），终于洛阳毓财里私第。		《康远墓志》，《全唐文补遗·千唐志斋新藏专辑》，第136—137页。
	曹琳	处士	其先高平人。处士。元和十五年（820）终于洛阳县北市里之私第。	祖从雅，高蹈不仕。父元颖。子忠义、弘庆，并职居禁园。	《曹琳墓志》，《全唐文补遗》第5辑，429—430页。
不详	翟突娑		君讳突娑，字薄贺比多，并州太原人也。春秋七十，大业十一年（615）卒于河南洛阳。	父娑摩诃，大萨宝、薄贺比多。	赵万里：《魏晋南北朝墓志集释》卷九，科学出版社1956年版，图版484。
	翟氏		康国大首领因使入朝检校折冲都尉康公夫人。天宝八载（749），终于洛阳福善坊。	曾祖瓒，隋朝义郎、检校马邑郡司马。祖君德，唐朝散大夫、太常寺丞。父方裕，清河郡清河县尉。子从远。	《康君妻翟氏墓志》，《全唐文补遗》第5辑，第382—383页。
吐火罗	罗甑生	蕃将	阴山人也。陪戎副尉。显庆四年（659）卒。	祖日光，□任秦州都督，谥曰盘和公；父季乐，隋鹰扬将军。子神符等。	《罗甑生墓志》，《全唐文补遗》第2辑，第274—275页。

续表

国籍	姓名	入唐身份	主要事迹	先辈及后裔	文献出处
史国	史氏		安怀夫人，陇西人。长寿二年（693）卒于洛阳广信坊。	祖盘陀，唐任扬州新林府车骑将军。父师□为左□卫。	《安怀及其夫人史氏合葬墓志》，《全唐文补遗》第2辑，第325—326页。
	史怀训	蕃将	字仲晦，济北人也。解褐东宫右千牛备身。龙朔二年（662）终于洛州。	曾祖归，魏骠骑将军、陇西道都督、原州刺史、灵武郡开国公。祖静，周开府仪同三司、泾州总管、原兰河渭等六州诸军事、六州刺史、太平县开国公。父万宝，唐大丞相府功曹参军、左光禄大夫、右卫将军、袭封太平县开国公、检校洛州都督、原国公等。子元璋。	《史怀训墓志》，《全唐文补遗》第6辑，第356—357页。
	史氏		安神俨夫人。咸亨五年（674）卒。		《安神俨墓志》，《全唐文补遗》第3辑，第449页。
	史氏		康老师夫人，垂拱三年（687）与康老师合葬洛阳北邙山。	曾讳□，祖讳□，父讳□，任洪州别驾。	《康老师墓志》，《全唐文补遗》第8辑，第294—295页。
	史然	蕃将	康城郡人也。朱泚作乱，封定难功臣。后授左金吾卫大将军员外兼试太常卿，封建康郡开国公。元和六年（811）葬于洛阳城南。		毛阳光：《洛阳新出土唐代粟特人墓志考释》，《考古与文物》2009年第5期。

国籍	姓名	入唐身份	主要事迹	先辈及后裔	文献出处
史国	史氏		安思温夫人。天宝八载（749）终于陈留，天宝十载（751）迁葬洛阳平阴乡。		《安思温夫人史氏墓志》，《全唐文补遗·千唐志斋新藏专辑》，第221页。
	史氏		洛州洛阳人也。显庆六年（661）终于洛阳私第。	祖□陀，呼伦县开国公、新林府果毅。父英，左卫郎将。	《康氏妻史氏墓志》，《全唐文补遗》第2辑，第171页。
	史氏		郯人。咸亨五年（674）终于洛阳嘉善里第。	祖诃，隋陈州刺史；父仁，朝议郎。子敬忠。	《史氏墓志》，《全唐文补遗》第5辑，第171—172页。
	史庭		字南山，河南伊阙人也。不仕。天宝八载（749）葬于洛阳。	祖对，太原府长史；父华州定城府左果毅。	《史庭墓志》，《全唐文补遗》第2辑，第544页。
波斯	阿罗憾	蕃将	波斯国人也。高宗显庆中，因功授北门右领使，并充拂林国诸蕃招慰大使，于拂林西界立碑。后为则天后造立天枢。为右屯卫将军、上柱国、金城郡开国公。景云元年（710）卒于洛阳私第。	子俱罗。	《阿罗憾墓志》，《全唐文补遗》第5辑，第300页。
	支氏		康智夫人。长寿三年（694）与康智合葬于洛阳北邙山。		《康智墓志》，《全唐文补遗》第2辑，第330页。

附录六

隋唐时期两京之外中亚胡人一览表

地区	国籍	姓名	主要事迹	先辈及后裔	文献出处
伊州	石国	石万年	唐贞观四年（630），伊吾首领石万年率七城来降。		S.367《沙州伊州地志》，载唐耕耦、陆宏基编《敦煌社会经济资料真迹释录》第一册，书目文献出版社1986年版，第40—41页。
	不详	翟槃陀	祆主。高昌未破以前，因入朝至京，即下祆神。有司奏闻，制授游击将军。		同上。
西州、(吐鲁番)庭州	粟特		粟特聚落		姜伯勤:《敦煌吐鲁番文书与丝绸之路》，文物出版社1994年版，第150—272页。
若羌(鄯善)	康国	康艳典	康国大首领，贞观中东来，居鄯善石城镇，胡人随之，因成聚落。先后修筑新城、蒲桃城、萨毗城。		S.367《沙州伊州地志》，载唐耕耦、陆宏基编《敦煌社会经济资料真迹释录》第一册，第39页。

续表

地区	国籍	姓名	主要事迹	先辈及后裔	文献出处
若羌（鄯善）	康国	康拂耽延地舍拨	大周年间石城镇将。地舍拨为康拂耽延弟。		P. 2005《沙州图经》,《敦煌社会经济资料真迹释录》第一册,第21页。
敦煌	粟特		粟特聚落。		[日]池田温:《8世纪中叶におゐ敦煌のソダド聚落》,《ユーラシア文化研究》第1号,1965年,第50页。姜伯勤:《敦煌吐鲁番文书与丝绸之路》,第189—192页。
张掖	康国	康老和	隋大业十三年（617）凉州李轨起兵反隋,张掖康老和举兵反。		《隋书》卷5《恭帝纪》,第100页。
	曹国	曹戎	隋西戎使者,曾平定康老和叛乱。		《隋书》卷5《恭帝纪》,第100页。
凉州（武威）	安国	安门物	至德二载（757）,凉州九姓商胡安门物与河西兵马使盖庭伦聚众六万,杀节度使周泌,不久兵败。		《资治通鉴》卷219"肃宗至德二载"条,第7015页。
	不详	翟舍集	公讳舍集,姑臧人也。生蕴奇志,长负大才。躬擐甲胄,率先艰苦。授上柱国。久视年（700）五月八日卒于私第。	曾祖呼末,周历内散都督,隋赠甘州刺史。祖文殊、父沙,并上柱国。	《翟舍集及其夫人安氏墓志》,载王其英编《武威金石录》,兰州大学出版社2011年版,第46—47页。

地区	国籍	姓名	主要事迹	先辈及后裔	文献出处
凉州（武威）	安国	安氏	翟舍集夫人，凉国公之孙，西域康国人也。开元十四年（726）八月八日卒。	凉国公据考证为唐初功臣安兴贵，其子应为安元寿。	同上。
		雪献法师	凉州大云寺寺主，俗姓安氏，姑臧人，骠骑大将军安公子孙。		张维：《陇右金石录》卷2，甘肃文献征集委员会印。
	康国	康阿达	西域康国人也。上仪同。	祖拔达，梁使持节骠骑大将军、开府仪同三司、凉甘瓜三州诸军事、凉州萨宝。父莫量，同葬安乐里。	《康阿达墓志》，《全唐文补遗》第7辑，第250页。
河州	安国	安文光	唐中散大夫、河州别驾。		《康氏墓志》，《全唐文补遗》第6辑，第466页。
	康国	康氏	其先会稽人也。安文光夫人。建中三年（782）卒。	祖校尉，隋朝左武卫大将军；父石，皇朝左金吾卫大将军、开国男、长州长史。	同上。
鄯州	安息	安忠敬	字某，武威人也。安息王子，以国为姓。始以良家子为仆射韦公待价引于帐下，安息军建奇绩，解褐授游击将军、临洮府右果毅。后迁左司御率兼河西节度副大使、临洮军使，转鄯州都督。开元十四年（726）卒于鄯州都督任上，后归葬凉州先茔。	祖兴贵，右武侯大将军、凉州刺史，徙封荣、凉、归三国公。父文生，不仕。子仲璋、如璋、季璋、金璋、重璋。	（唐）张说：《河西节度副大使鄯州都督安公神道碑》，《全唐文》卷230，第2331—2332页。

续表

地区	国籍	姓名	主要事迹	先辈及后裔	文献出处
原州（固原）	史国	史射勿	公讳射勿，字槃陀，平凉平高县人。其先出自西国。幼而明敏，勇力绝人。保定四年（564），从晋荡公东讨。大业五年（609）薨于私第。	曾祖妙尼、祖波波匿，并仕本国，俱为萨宝。父认愁，舛此宦途。世子诃耽、次子常乐、次子安乐，朝请大夫，次子长兴、次子胡郎、次子道乐、次子据达。	罗丰编著：《固原南郊隋唐墓地》，文物出版社1996年版，第17—19页。
		史铁棒	史射勿之孙。字善集，原州平高县人。贞观二十三年（649），授右勋副。显庆三年（658），授司驭寺右十七监。乾封元年（666）终于原州平高县劝善里第。	曾祖多思，周京师摩诃萨宝、酒泉县令。祖槃陀，唐左领军骠骑将军。父大兴，上骑都尉，左卫安化府军头。子孝忠、孝义。	《固原南郊隋唐墓地》，第82—84页。《史铁棒墓志》，《全唐文补遗》第7辑，第285—286页。
		史索岩	公讳索岩，字元贞，建康飞桥人。其先从宦，因家固原。仁寿四年（604），乃从辇驾于东宫，即除大都督、长上宿卫。大业元年（605），炀帝握图御历，先录宫城，拜公左御卫，安丘府鹰扬郎将。显庆元年（656）薨于原州万福里第。	曾祖罗，后魏宁远将军、西平郡公。祖嗣，镇远将军，袭爵西平郡公、鄯廓二州诸军事、鄯州刺史。父多，周三命三士、旷野将军、殿中司马等。子法僧、德僧、德威、神义。	《固原南郊隋唐墓地》，第45—47页。《史索岩墓志》，《全唐文补遗》第7辑，第260—261页。
		史道德	字万安。其先建康飞桥人。龙朔三年（663），除兰池监。总章二年（669），拜给事郎，迁玉亭监。仪凤三年（678）终于原州平高县。	曾祖度，河渭鄯三州诸军事；祖多，隋开府仪同、左卫安化府骠骑将军；父，唐正议大夫、平凉县开国侯。子文环。	《固原南郊隋唐墓地》，第93—96页。《史道德墓志》，《全唐文补遗》第4辑，第376—377页。

续表

地区	国籍	姓名	主要事迹	先辈及后裔	文献出处
原州（固原）	安国	安娘	史索岩夫人。岐州岐阳人，安息王之苗裔也。龙朔元年（661）终于原州平高县。	祖显，周上仪同，掌设府将军。父石生，隋上开府，本州中正。	《固原南郊隋唐墓地》，第47—49页。
孟州	安国	安珍	先祖安，世为东平人也。为内五坊使押衙、银青光禄大夫、试鸿胪卿、上柱国。大中四年（850）终于孟州河阴县私第。	父昌。	《安珍墓志》，《全唐文补遗》第4辑，第186—187页。
灵州	史国	史宪诚	其先奚也，内徙灵武，为建康人。从田弘正讨李师道，以功兼御史大夫。文宗时，为魏博节度使。后累进检校司徒兼侍中、太尉。大和三年（829）卒。	三世署魏博将，祖及父爵皆为王。	《新唐书》卷210《史宪诚传》，第5937—5938页。
		史孝章	史宪诚子。累授假魏州大都督府参军、本府士曹参军兼监察御史、检校太子左谕德兼侍御史、工部尚书、礼部尚书、右金吾将军、鄜坊丹延等州节度观察处置等使、右领军卫大将军，赠尚书右仆射。	祖周洛，银青光禄大夫、检校太常卿兼御史中丞；父宪诚，魏博节度使、河中晋绛慈等州节度观察使、检校司徒兼侍中、河中尹等。	（唐）刘禹锡：《唐故邠宁庆等州节度观察处置使朝散大夫检校户部尚书兼御史大夫赐紫金鱼袋赠右仆射史公神道碑》，《全唐文》卷609，第6153—6155页。

地区	国籍	姓名	主要事迹	先辈及后裔	文献出处
灵州	何国	何进滔	灵武人。事节度使田弘正，为衙内都知兵马使，以功授兼侍御史。太和三年（829）因功授左散骑常侍、魏博等州节度观察处置等使。累官至司徒、平章事，开成五年（840）卒。	曾祖孝物，祖俊，并本州军校。父默，夏州衙前兵马使，检校太子宾客，试太常卿。	《旧唐书》卷181《何进滔传》，第4687—4688页。
		何弘敬	字子肃，庐江人也。事文宗、武宗、宣宗、懿宗四朝。累迁大理卿副戎事、御史中丞、上柱国、金吾大将军、银青光禄大夫，封开国公，后为魏博节度使、检校太尉兼中书令，赠太师等。卒于咸通六年（865），后葬于魏州贵乡县。	九代祖妥，仕隋为国子祭酒。曾祖俊，赠左散骑常侍；祖默，太保；父进滔，太师。长子全皞，云麾将军，守金吾将军，充魏博节度观察等使。次子全绰，奉义郎，行贝州司仓参军；三子全昇，文林郎；四子全卿，奉义郎，行魏州大都督府户曹参军。	《何弘敬墓志》，《全唐文补遗》第5辑，第39—43页。
	安国	安氏	何弘敬夫人，出自武威安氏。	祖梓，宁远将军，河东中军将、上柱国。父珍宝，魏博节度诸使，检校国子祭酒兼御史大夫。	同上。

续表

地区	国籍	姓名	主要事迹	先辈及后裔	文献出处
灵州	米国	米文辨	自长庆初年至大中二年（848），历任排衙将、亲事将、山河将、贝州临清镇遏都虞候兼将、武城镇遏都虞候兼将、左前冲副兵马使兼将、左前冲都知兵马使、左亲事马步厢虞候兼节度押衙、步兵左厢都知兵马使等。		孙继民、李伦、马小青：《新出唐米文辨墓志铭试释》，《文物》2004年第 2 期。《米文辨墓志》，《全唐文补遗》第 9 辑，三秦出版社 2007 年版，第 408—409 页。
六胡州	康国	康待宾	兰池州叛将。开元九年（721），诱诸降户同反，攻陷六胡州，进逼夏州，后被朔方大总管王晙击败，生擒之，腰斩于长安西市。		《资治通鉴》卷 212 "玄宗开元九年"条，第 6645—6646 页。
		康愿子	康待宾余党。开元十年（722）反，自称可汗，张说发兵追讨擒之，其党悉平。		《资治通鉴》卷 212 "开元十年"条，第 6752 页。
		康铁头	兰池州叛将。		《旧唐书》卷 8《玄宗纪》，第 182 页。
		康□康丑胡	鲁州人士，唐景云二年（711）授勋。契州人士，唐景云二年（711）授勋。		《曹闰国墓志》，《唐代墓志汇编》，第 1787—1788 页。

续表

地区	国籍	姓名	主要事迹	先辈及后裔	文献出处
六胡州	石国	石神奴	兰池州叛将。		《旧唐书》卷8《玄宗纪》,第182页。
		石氏	曹闰国夫人。		《旧唐书》卷8《玄宗纪》,第182页。
	何国	何黑奴	兰池州叛将。		《旧唐书》卷8《玄宗纪》,第182页。
		何府君	大夏月氏人也。久视元年(700)终于鲁州如鲁县私第。	祖乙未,唐上柱国。父盘池,□□都尉。	《何府君墓志》,《全唐文补遗》第7辑,第349页。
	安国	安慕荣	兰池州叛将。		《旧唐书》卷8《玄宗纪》,第182页。
		安神庆	含州人士,唐景云二年(711)授勋。		朱雷:《跋景云二年张君义勋告》,载《中国古代史论丛》,第331—341页。
	曹国	曹饭陀	依州人士,唐景云二年(711)授勋。		同上。
夏州	安国	安旻	字敬爱,夏州朔方县人。不仕。武周万岁通天二年(697)卒于夏州私第。	曾祖德,隋鹰扬郎将;祖达,隋仪同三司。父勋,唐上护军。	康兰英编著:《榆林碑石》,三秦出版社2003年版,第211—212页。
	曹国	曹恽	字德恽。后代因官,遂家于夏府。神龙四年(708)授上柱国,行化州司户参军事。开元十四年(726)卒于夏州私第。	曾祖徹,隋车骑将军、豫章都尉、臻州道行军总管;祖祥,左武卫郎将、会稽都尉,并州道行军总管;父雄,千人主、沃野镇将。长子元□,次子元倩。	《曹恽墓志》,《全唐文补遗》第8辑,第369页。

地区	国籍	姓名	主要事迹	先辈及后裔	文献出处
盐州	安国	李国臣	本姓安，河西人。以折冲从收盐海五城，迁中郎将。后为朔方将，擢云麾大将军，赐姓李。大历八年（773）为盐州刺史。卒赠扬州大都督。		《新唐书》卷136《李国臣传》，第4592—4593页。
并州（太原）	不详	龙润	字恒伽，并州晋阳人也。唐初因功授朝散大夫、萨宝府长史。永徽二年（651）薨于安仁坊之第。	曾祖康基，高齐青莱二州刺史。祖盆生，元魏冀州刺史。父求真，北周拜仪同三司。子龙义，授骑都尉。	《龙润墓志》，《全唐文补遗》第5辑，第111页。《龙义墓志》，《全唐文补遗》第6辑，第293页。
	何国	何氏	龙润夫人。		同上。
魏州	康国	康固	字义感，正议大夫、易州遂城县令、上柱国。开元二十八年（740）终于魏州馆陶县之别业。	子融、简等。	《康固墓志》，《全唐文补遗》第8辑，第359页。
雍州	安国	安范	字兴孙。雍州鳌至人也。龙朔（661—663年）中，以军功授上骑都尉。	曾祖建，周骠骑大将军；祖子，隋歧州雍北府车骑；父贵，唐上护军高四府校尉。	《安范墓志》，《全唐文补遗》第7辑，第320页。

地区	国籍	姓名	主要事迹	先辈及后裔	文献出处
邺城	康国	康哲	敦煌郡人。处士。神龙元年（705）卒。	曾祖□，北齐金紫光禄大夫；祖君政，父积善。	《康哲墓志》，《全唐文补遗》第5辑，第280—281页。
	安国	安氏	康哲夫人。		同上。
	曹国	曹谅	济阴定陶人。起家隋朝请大夫、泾州西城府鹰扬、诏加正议大夫、平州留守。大业十年（614）卒于平州。	晋西平太守曹祛之后。父林，北齐定州刺史。	《曹谅墓志》，《全唐文补遗》第4辑，第318页。
	安国	安氏	曹谅夫人。		同上。
	不详	支隆	雍州京兆人。显庆三年（658），与夫人合葬邺城西。	祖亮，齐紫州录事参军；父佰，隋洛州洛川府队正。子孝英、孝瑞。	《支隆墓志》，《全唐文补遗》第4辑，第350页。
恒州	史国	史善法	君讳善法，字丑仁，济北郡人。唐版授恒州中□（山）□（县）令。长安二年（702）终于私第。	祖、父咸任昭武校尉，并雄才拔众。	《史善法及其妻康氏墓志》，《全唐文第补遗》第5辑，第270页。
	康国	康氏	史善法夫人。		同上。

续表

地区	国籍	姓名	主要事迹	先辈及后裔	文献出处
定州	石国	石神福	生于雄武，长在蔚州。遇安史作乱，漂泊至恒阳。频经战伐，累效疆场。后为成德军节度下左金吾大将军、试殿中监。元和八年（813）卒。	父何罗烛，试云麾将军、蔚州衙前大总管。	《石神福墓志》，《唐代墓志汇编》，第1991页。
		石默啜	义武军节度，易州高阳军马军都知兵马使、银青光禄大夫兼监察御史。元和十一年（816）卒。	祖考雄义，并名光玉櫭。子少琳、少清。	《全唐文补遗》第4辑，第481页。
	康国	康氏	石默啜夫人。		同上。
幽州	何国	何千年何思德	安禄山部将。		《新唐书》卷225上，第6414—6415页。
	史国	史定芳	同上。		同上。
	安国	安守忠 安太清 安史臣	同上。 同上。 同上。		《安禄山事迹》，第6411—6425页。
	石国	石火胡	幽州艺妓。敬宗生日时曾表演竿技，技惊四座，上赐物甚厚。		（唐）苏鄂：《杜阳杂编》卷中，《笔记小说大观》第一册，江苏广陵古籍刻印社1983年版，第147页。

续表

地区	国籍	姓名	主要事迹	先辈及后裔	文献出处
幽州	不详	翟铣	辽西柳城人。唐授冠军大将军、行左屯卫翊府中郎将、幽州郡节度副使。开元二十二年（734）终于幽州私第。	曾祖逸，新安府右果毅都尉。祖奴子，左玉钤卫将军。子滔。	《翟铣及妻李氏墓志》，《全唐文补遗》第 2 辑，第 503—504 页。
营州	史国	史思明	营州杂种胡，初名窣干，玄宗赐其名。天宝初，累功至将军，知平卢军事。安禄山叛乱，被任命为范阳节度使。后杀安庆绪，在范阳称帝，国号大燕，建元顺天。上元二年（761）被子史朝义及部将谋杀。	子史朝义、史朝清。	《新唐书》卷 225 上《史思明传》，第 6426—6434 页。《旧唐书》卷 200 上《史思明传》，第 5376—5382 页。
	石国	石世则	营州人。高祖武德四年（621）曾执总管晋文衍，举州叛，奉靺鞨突地稽为主。		《资治通鉴》卷 189 "高祖武德四年"条，第 5920 页。
扬州	米国	米九娘	会昌六年（846）终于扬州江阳县布政里之第。	父讳宁。	《米宁女九娘墓志》，《唐代墓志汇编》下，第 244—2245 页。
洪州	曹国	曹赞	优胡，凡诸谐戏，曲尽其能。又善为水嬉，百尺墙上不解衣，投身而下，若在茵席。		《因话录》卷 6《羽部》，上海古籍出版社 1957 年版，第 111 页。

续表

地区	国籍	姓名	主要事迹	先辈及后裔	文献出处
突厥地区	史国	史蜀胡悉	突厥毕始可汗宠臣。曾被裴炬诱至马邑互市，后被杀。		《隋书》卷67《裴炬传》，第1582页。
	康国	康鞘利	突厥柱国，曾受始毕可汗派遣来太原互市。		《大唐创业起居注》卷1，上海古籍出版社1983年版，第13—14页。
	曹国	曹般陀	突厥臣。曾说唐杀唐将刘世让。		《资治通鉴》卷190"高祖武德六年"条，第5972页。

附录七

五代十国时期中亚胡人后裔一览表

姓名	时间	出身及籍贯	主要事迹	先辈及后裔	文献出处
康思立	后唐	本出阴山诸部	署河东亲骑军使，后唐庄宗时，因屡立战功，累承制加检校户部尚书，赐忠勇拱卫功臣，加检校尚书右仆射，此后历任应州、岚州刺史，北面诸蕃部族都监，昭武军节度使，后累官至检校太傅，封会稽郡开国侯，入为右神武统军。		《旧五代史》卷70《康思立传》，第932页。
史俨	后唐	代州雁门人	以便骑射给事于李克用，为帐中亲将，骁果绝众，所向皆捷，随李克用转战各地，以功授检校右散骑常侍。在与后梁作战时，其与骑将安福顺等，每以数千骑直犯营垒，左俘右斩，汴军为之披靡。		《旧五代史》卷55《史俨传》，第733—734页。

续表

姓名	时间	出身及籍贯	主要事迹	先辈及后裔	文献出处
张承业	后唐	同州人	本姓康。咸通中，内常侍张泰畜为假子。光启中，主邠阳军事。庄宗在魏州垂十年，太原军国政事，一委承业，而集聚庚帑，收兵市马，招怀流散，劝课农桑，成是霸基者，承业之忠力也。		《旧五代史》卷 72《张承业传》，第 949—951 页。
安元信	后唐	代北人	幼事李克用，后唐庄宗继位后，因功先后被授辽州刺史、武州刺史、博州刺史、大同军节度使、横海军节度使。后唐明宗时，被授归德军节度使，后唐末帝时为潞州节度使，加检校太尉。	父顺琳，为降野军使。有子六人。	《旧五代史》卷 61《安元信传》，第 816—818 页。
康义诚	后唐	代北三部落	唐庄宗时为突骑都指挥使，明宗继位后，总突骑如故，先后领富州刺史、邠州刺史，后授河阳节度使。		《旧五代史》卷 66《康义诚传》，第 879 页。
康延孝	后唐	塞北部落人	曾仕后梁，后唐庄宗时归附，以为捧日军使兼南面招讨指挥使，曾助庄宗平汴有功，授郑州防御使、保义军节度使。又助庄宗平定两川，其功绩最大。		《旧五代史》卷 74《康延孝传》，第 967—970 页。

姓名	时间	出身及籍贯	主要事迹	先辈及后裔	文献出处
安重霸	后唐前蜀	云州人	曾事李克用,后负罪奔梁,又奔前蜀,安重霸在前蜀时曾镇秦州,后唐明宗时归附,被授为阆中团练使,后又授同州节钺、西京留守、京兆尹,终致仕云州节度。	弟重进,重霸奔蜀,随其为龙武小将。子怀甫,晋天福中为禁军指挥使。	《旧五代史》卷61《安重霸传》,第818—820页。
史敬熔	后唐	太原人	曾事李克用,唐庄宗时,因助后唐平定李克宁叛乱,以功累历州郡。曾为华州节度使,明宗时,为金吾上将军,复授邓州节度使,死后赠太尉。		《旧五代史》卷55《史敬熔传》,第747页。
石敬瑭石重贵石延熙	后晋	阴山	石敬瑭即晋高祖。自后唐明宗天成元年(926)起担任保义军(陕州)节度使,后又任天雄(魏博)节度使。长兴三年(932)出任河东节度使兼大同、振武、彰国、威塞等军蕃汉马步总管。后起兵造反,并求援于契丹,割让幽云十六州,自做儿皇帝。灭后唐,建立后晋。	父臬捩鸡,本出于西夷,后入居阴山。有六子,五子早死。兄子石重贵,即出帝,继承帝位。后石重贵和孙石延熙都被契丹掠至辽阳地区。	《新五代史》卷8《高祖本纪》,第77—86页;卷9《出帝本纪》,第89—98页。
安元信	后唐后晋	马邑人	累从后唐明宗征讨有功,明宗继位后,被授奉圣军使,后唐末帝时,迁雄义都指挥使,屯代州。后率部以归晋高祖,高祖登位后,授耀州团练使,后镇洺州,后晋出帝时,授复州防御使。		《旧五代史》卷90《安元信传》,第1189—1190页。

续表

姓名	时间	出身及籍贯	主要事迹	先辈及后裔	文献出处
安重荣	后唐后晋	朔州人	后唐明宗长兴中（930—933 年），为振武道巡边指挥使，晋高祖继位，使人在代北诱之，安重荣率千骑归附，高祖登位后，被授成德军节度使。后谋反被杀。	祖从义，利州刺史。父全，胜州刺史、振武蕃汉兵马军都指挥使。	《旧五代史》卷98《安重荣传》，第1301页。
何建	后晋后蜀	代北人	在后晋高祖时，由曹州刺史迁延州兵马留后，后历泾邓贝潭孟五镇节度使。后契丹入侵，投后蜀，被授阆中保宁军节度使。	祖何庆、父何怀福俱事李克用。	《旧五代史》卷94《何建传》，第1245—1246页。
何君政	后晋	大同人	后晋鸡田府部落长史。长兴三年（932）卒于代州横水镇。	夫人为安氏。有子五人。	《何君政墓志》，《全唐文补遗》第7辑，第439—440页。
安重海安重绪安重赞	后唐	代北人	其先本北部豪长。后唐明宗登基之前就供事左右，随从征讨，历十余年。明宗登基以后，其领枢密使，俄迁左领军卫大将军。安重海为枢密使四五年间，独绾大任，臧否自若，环卫、酋长、贵戚、近习，无敢干政者。	父福迁，为河东将。安重海二子安重绪、安重赞，也曾宿卫京师。安重海后因恃功骄宠而被杀，其二子也下狱。	《旧五代史》卷66《安重海传》，第873页。《新五代史》卷24《安重海传》，第251—257页。

姓名	时间	出身及籍贯	主要事迹	先辈及后裔	文献出处
安叔千	后唐后晋	沙陀三部落之种	因善骑射随后唐庄宗南征北战，曾任先锋都指挥使、泰州刺史、振武节度使等，后晋高祖石敬瑭登位，加同平章事，后任邠沧邢晋四镇节度使，左金吾上将军等职。至后汉时，以太子太师致仕。	父怀盛，事李克用，以骁勇闻。	《旧五代史》卷123《安叔千传》，第1622页。
安从进	后唐后晋	振武索葛部人	初事后唐庄宗，为护驾马军都指挥使，领贵州刺史，明宗时为保义、彰武军节度使。晋高祖即位，加同中书门下平章事，后谋反失败自杀。	祖、父皆事唐为骑将。	《新五代史》卷51《杂传·安从进传》，第586—587页。
史弘肇	后晋后汉	郑州荥阳人	后晋高祖时，曾为控鹤小校。后汉高祖刘知远坐镇太原时，为牙校。高祖践祚，因征讨叛军王晖有功，授许州节度使，充侍衙步军都指挥使、侍衙亲军都指挥使。后汉隐帝嗣位后，加其检校太师兼侍中。后河中、凤翔等地叛乱，都辖禁军，警卫都邑，专行刑杀，因功被授中书令。后因自恃功高，被诛。	父潘，本田家。子德统，乾祐中授检校司空，领中州刺史。弟史福，周太祖继位，累迁闲厩使。	《旧五代史》卷107《史弘肇传》，第1403—1407页。

姓名	时间	出身及籍贯	主要事迹	先辈及后裔	文献出处
安金全	后唐后汉后晋后周	代北人	世为边将，后唐庄宗时，数有战功，累为刺史。明宗时授同平章事，充振武军节度使。	其子安审琦性骁果，善骑射，后唐末帝时，为捧圣指挥使，领顺化军节度使。后晋高祖继位，加检校太傅、同平章事、检校太尉；后晋少帝时，加检校太师兼侍中。后汉、后周时，因功被封为齐国公、南阳王、陈王等，加授太尉、太师等。安金全的另一子名安审晖，也历任后唐、后晋、后周等政权的节度使，后以太子太师致仕，封鲁国公。	《旧五代史》卷61《安金全传》，第815—816页；卷123《安审琦传》《安审晖传》，第1614—1618页。
安审信	后晋后汉后周	代北人	安审琦的从兄，也即安金全兄弟安金祐之次子。后晋高祖时，被授汾州刺史、河中节度使、华州节度使。后汉初，移镇同州，入为左卫上将军，后周时以太子太师致仕。	其父安金祐，世为沙陀部偏裨，名闻边塞。	《旧五代史》卷123《安审信传》，第1617—1618页。

姓名	时间	出身及籍贯	主要事迹	先辈及后裔	文献出处
史建瑭	后唐后晋后汉后周	雁门人	以荫少仕军门，后唐庄宗时因累立战功，被授外衙骑军都将，贝相二州刺史。	父史敬思因保卫李克用而战死。其子史懿仕后唐、后晋、后汉、后周四朝，历任诸州刺史，后汉时，拜检校太尉、同平章事，后周时，进封邠国公。另一子史匡翰也历后唐、后晋两朝，并娶后晋高祖石敬瑭之妹，即鲁国长公主。其子史彦荣在后晋时曾为宫苑使及濮、单宿三州刺史。	《旧五代史》卷55《史建瑭传》，第740—742页；卷124《史懿传》，第1631页；卷88《史匡翰传》，第1150—1152页。
康福	后唐后晋	蔚州人	后唐庄宗时为马坊使，明宗时为飞龙使。因善诸蕃语，明宗时常以蕃语奏之。后任朔方、河西等军节度，灵威雄警甘肃等州观察处置，后授彰义军节度。后晋加检校太尉、开国公、同平章事，开府仪同三司。	祖康嗣为蕃汉都知兵马使，累赠太子太师。父康公政历职至平塞军使，累赠太傅。康福长子康延沼，历隰泽二州刺史；次子、三子康延泽、康延寿亦历内职。	《旧五代史》卷91《康福传》，第1199—1201页。

姓名	时间	出身及籍贯	主要事迹	先辈及后裔	文献出处
何福进	后唐 后晋 后汉	太原人	曾在后唐庄宗、明宗、末帝时，为宿卫军校、捧圣军校、慈州刺史、郑陇二州防御使。后晋出帝时，曾逐契丹，据镇阳。汉高祖践祚，以其为北面行营马步都虞候、曹州防御使，后拜忠武军节度使，移领镇州。		《旧五代史》卷124《何福进传》，第1627—1628页。
史彦超	后汉	云州人	后汉初，曾与虎捷都指挥使何征戍晋州。因克契丹及刘崇有功，授郑州防御使、华州节度使。		《旧五代史》卷124《史彦超传》，第1630—1631页。
米志诚	杨吴	太原人	少娴骑射，以骁勇闻。乾宁四年（897），奔于杨行密。		（宋）路振：《九国志》卷2《米志诚传》，《笔记小说大观》第五册，江苏广陵古籍刻印社1983年版，第10—11页。
史俨 史建章	杨吴	太原人	乾宁四年（897），有泰宁节度使朱瑾率部将侯瓒来归，太原将李承嗣、史俨、史建章亦来奔。		《新唐书》卷188《杨行密传》，第5455页。
安仁义	杨吴	代北人	初事李国昌于塞上，以过南奔，后投奔杨行密。曾任润州刺史，后谋反被擒。		《九国志》卷3《安仁义传》，第14页。

姓名	时间	出身及籍贯	主要事迹	先辈及后裔	文献出处
史公铢	南唐	朔方人	便弓马，习戎事，有名父之风；刺郡部，近民勤，知良吏之节。	其弟史公镐，曾任南唐扬子县尉。	（南唐）陈致雍：《龙卫军副统军史公铢谥议》，《全唐文》卷874，第9147页。（宋）吴淑：《江维异人录》，清乾隆李调元辑本，第265页。
李珣李玹	前蜀	其先波斯人	梓州李珣有诗名。秀才预宾贡，事蜀主衍。	祖世朔方，捍藩显功，为唐名将。其妹为衍昭仪，亦能词，有"鸳鸯瓦上忽然声"句。其弟李玹以鬻香药为业，善弈棋，好摄养，以金丹延驻为务。	（清）彭遵泗：《蜀故》卷17"著作"条，《四库未收书辑刊》第1辑第27册，北京出版社2000年版，第684页。（宋）黄休复：《茅亭客话》卷2"李四郎"条，《文渊阁四库全书》第1035册《子部·小说家类》，商务印书馆2005年版，第887页。

续表

姓名	时间	出身及籍贯	主要事迹	先辈及后裔	文献出处
石潨	前蜀		唐昭宗时，善弹琵琶，号"石司马"。后唐末战乱入蜀，不隶乐籍，多游诸大官家，皆以宾客待之。		（五代）孙光宪：《北梦琐言》卷6，中华书局2002年版，第144页。
安悉香	前蜀		前蜀废太子王元膺所用伶人。		《新五代史》卷63《前蜀世家》，第789页。
石钦若	前蜀		曾为后梁将领刘知俊判官，随其入蜀，后被诛。		《北梦琐言》卷7，第159页。
石处温	前蜀后蜀	万州人	本波斯种。仕前蜀，为利州司马。同光中（923—926年），孟知祥入蜀，补万州管内诸坛点检指挥使，率义兵同收峡路。孟昶袭位，授万州刺史。		《九国志》卷7《石处温传》，第30—31页。
安思谦	后蜀	并州人	幼事孟知祥于太原，后随其入蜀，补为军校。孟昶继位后，颇见亲信。曾为匡圣马步军都指挥使、山南节度等，后被杀。	有三子，安宬、安嗣、安裔。	《九国志》卷7《安思谦传》，第30页。

姓名	时间	出身及籍贯	主要事迹	先辈及后裔	文献出处
穆昭嗣	南平	巴东人	波斯种也，幼好药术。后以医药有效，南平王高从诲令其去道从儒，简授摄府衙推。		《宋高僧传》卷22《晋巴东怀濬传》，第562—563页。

参考文献

一

（汉）司马迁：《史记》，中华书局 1959 年版。

（汉）班固：《汉书》，中华书局 1962 年版。

（南朝宋）范晔：《后汉书》，中华书局 1965 年版。

（晋）陈寿：《三国志》，中华书局 1959 年版。

（唐）房玄龄等：《晋书》，中华书局 1974 年版。

（唐）姚思廉：《梁书》，中华书局 1973 年版。

（南朝梁）沈约：《宋书》中华书局 1974 年版。

（唐）李百药：《北齐书》，中华书局 1972 年版。

（南朝梁）萧子显：《南齐书》，中华书局 1996 年版。

（北齐）魏收：《魏书》，中华书局 1997 年版。

（唐）李延寿：《北史》，中华书局 1974 年版。

（唐）令狐德棻等：《周书》，中华书局 1971 年版。

（唐）魏征等：《隋书》，中华书局 1997 年版。

（五代）刘昫等：《旧唐书》，中华书局 1975 年版。

（宋）欧阳修、（宋）宋祁等：《新唐书》，中华书局 1975 年版。

（宋）欧阳修撰，（宋）徐无党注：《新五代史》，中华书局 1974 年版。

（元）脱脱等：《宋史》，中华书局 1976 年版。

（汉）刘珍等撰，吴树平校注：《东观汉记校注》，中华书局 2008 年版。

（三国）康僧会：《佛说大安般守意经》序，《大正新修大藏经》第 15 册。

（北魏）杨衒之撰，范祥雍校注：《洛阳伽蓝记》，上海古籍出版社 1978

年版。

（晋）王嘉撰，（梁）萧绮录，齐治平校注：《拾遗记》，中华书局 1981
　　年版。

（晋）释道安：《鼻奈耶序》，《大正新修大藏经》第 24 册。

（南朝梁）萧统编，（唐）李善注：《文选》，中华书局 1977 年版。

（南朝梁）慧皎撰，汤用彤校注：《高僧传》，中华书局 1992 年版。

（南朝梁）释僧祐撰，苏晋仁、萧炼子点校：《出三藏记集》，中华书局
　　2003 年版。

（梁）宝唱：《比丘尼传》，《大正新修大藏经》第 55 册。

（唐）道宣：《续高僧传》，《高僧传合集》，上海古籍出版社 1991 年版。

（唐）韦述、（唐）杜宝撰，辛德勇辑校：《两京新记辑校·大业杂记辑
　　校》，三秦出版社 2006 年版。

（唐）慧立、（唐）彦悰撰，孙毓棠、谢方点校：《大慈恩寺三藏法师
　　传》，中华书局 2000 年版。

（唐）义净撰，王邦维校注：《大唐西域求高僧传校注》，中华书局 1988
　　年版。

（唐）玄奘、（唐）辩机撰，季羡林等校注：《大唐西域记校注》，中华书
　　局 1985 年版。

（唐）姚汝能撰，曾贻芬校点：《安禄山事迹》，上海古籍出版社 1983
　　年版。

（唐）刘肃撰，许德楠、李鼎霞点校：《大唐新语》，中华书局 1984 年版。

（唐）长孙无忌：《唐律疏议》，中华书局 1983 年版。

［日］广池千九郎训点，［日］内田智雄补订：《大唐六典》，广池学园事
　　业部，1973 年。

（唐）李肇：《唐国史补》，上海古籍出版社 1979 年版。

（唐）段成式撰，方南生点校：《酉阳杂俎》，中华书局 1981 年版。

（唐）张鷟撰，赵守俨点校：《朝野佥载》，中华书局 1979 年版。

（唐）杜佑：《通典》，中华书局 1984 年版。

（唐）欧阳询等编，汪绍楹校：《艺文类聚》，中华书局 1965 年版。

（唐）林宝撰，岑仲勉校记，郁贤皓、陶敏整理：《元和姓纂》（附四校
　　记），中华书局 1994 年版。

（唐）李吉甫：《元和郡县图志》，中华书局 1983 年版。

（唐）智升：《开元释教录》，《大正新修大藏经》第 55 册。

（唐）苏鹗：《杜阳杂编》，《笔记小说大观》第 1 册，江苏广陵古籍刻印社 1983 年版。

（五代）孙光宪：《北梦琐言》，中华书局 2002 年版。

（宋）李昉等：《太平御览》，中华书局 1963 年版。

（宋）司马光等撰，（元）胡三省注：《资治通鉴》，中华书局 1956 年版。

（宋）王钦若等编：《册府元龟》（全十二册），中华书局 1960 年版。

（宋）宋敏求编：《唐大诏令集》，商务印书馆 1959 年版。

（宋）赞宁撰，范祥雍点校：《宋高僧传》（一、二），中华书局 1987 年版。

（宋）宋敏求著，（清）毕沅校正：《长安志》（一、二），台湾成文出版社有限公司 1970 年版。

（宋）李昉等编：《太平广记》，中华书局 1961 年版。

（宋）李昉等编：《文苑英华》，中华书局 1982 年版。

（宋）王溥：《唐会要》，上海古籍出版社 1991 年版。

（宋）乐史：《太平寰宇记》，台湾文海出版社 1980 年版。

（宋）志磐：《佛祖统纪》，《大正新修大藏经》第 49 册。

（宋）黄休复：《茅亭客话》，《文渊阁四库全书》第 1035 册《子部·小说家类》，商务印书馆 2005 年版。

（宋）路振：《九国志》，《笔记小说大观》第 5 册，江苏广陵古籍刻印社 1983 年版。

（元）念常集：《佛祖历代通载》，《大正新修大藏经》第 50 册。

（清）彭遵泗：《蜀故》，《四库未收书辑刊》第 1 辑第 27 册，北京出版社 2000 年版。

（清）严可均辑，许振生审订：《全后汉文》，商务印书馆 1999 年版。

（清）徐松撰，张穆校补：《唐两京城坊考》，中华书局 1985 年版。

（清）董浩等编：《全唐文》（全十一册），中华书局 1983 年版。

（清）彭定求编：《全唐诗》（全二十五册），中华书局 1985 年版。

陈直校证：《三辅黄图校证》，陕西人民出版社 1980 年版。

唐长孺主编：《吐鲁番出土文书》第 6 册，文物出版社 1985 年版。

唐长孺主编：《吐鲁番出土文书》第7册，文物出版社1986年版。

唐长孺主编：《吐鲁番出土文书》第3册，文物出版社1996年版。

唐耕耦、陆宏基：《敦煌社会经济文献释录》，书目文献出版社1986年版。

张星烺主编，朱杰勤校订：《中西交通史料汇编》（全四册），中华书局2003年版。

赵万里：《魏晋南北朝墓志集释》，科学出版社1956年版。

周绍良、赵超主编：《唐代墓志汇编》（上、下），上海古籍出版社1992年版。

陕西省古籍整理办公室、吴钢主编：《全唐文补遗》第1—9辑，三秦出版社1994—2007年版。

二

毕波：《中古中国的粟特胡人——以长安为中心》，中国人民大学出版社2011年版。

蔡鸿生：《唐代九姓胡与突厥文化》，中华书局1998年版。

蔡鸿生：《仰望陈寅恪》，中华书局2004年版。

常任侠：《丝绸之路与西域文化艺术》，上海文艺出版社1981年版。

陈垣：《陈垣学术论集》（第一集），中华书局1980年版。

陈寅恪：《隋唐制度渊源略论稿》，上海古籍出版社1982年版。

陈寅恪：《唐代政治史述论稿》，上海古籍出版社1997年版。

陈寅恪：《金明馆丛稿初编》，三联书店2001年版。

陈海涛、刘惠琴：《来自文明十字路口的民族——唐代入华粟特人研究》，商务印书馆2006年版。

程喜霖：《唐代过所研究》，中华书局2000年版。

冯承钧：《西域地名》，中华书局1982年版。

樊文礼：《唐末五代代北集团》，中国文联出版社2000年版。

韩香：《隋唐长安与中亚文明》，中国社会科学出版社2006年版。

胡平生、张德芳编撰：《敦煌悬泉汉简释粹》，上海古籍出版社2001年版。

黄永年：《文史探微》，中华书局 2000 年版。

姜伯勤：《敦煌吐鲁番文书与丝绸之路》，文物出版社 1994 年版。

姜伯勤：《中国祆教艺术史研究》，三联书店 2004 年版。

蒋英炬主编：《中国画像石全集》第一卷，山东美术出版社 2000 年版。

林梅村：《汉唐西域与中国文明》，文物出版社 1998 年版。

林梅村：《古道西风——考古新发现所见中西文化交流》，三联书店 2000
　　年版。

林悟殊：《摩尼教及其东渐》，中华书局 1987 年版。

林悟殊：《波斯拜火教与古代中国》，台湾新文丰出版公司 1995 年版。

林悟殊：《唐代景教再研究》，中国社会科学出版社 2003 年版。

林悟殊：《中古三夷教辨证》，中华书局 2005 年版。

李健超：《增订唐两京城坊考》（修订版），三秦出版社 2006 年版。

黎大祥：《武威文物研究文集》，甘肃文化出版社 2002 年版。

刘统：《唐代羁縻府州研究》，西北大学出版社 1998 年版。

罗丰编著：《固原南郊隋唐墓地》，文物出版社 1996 年版。

罗新：《中古北族名号研究》，北京大学出版社 2009 年版。

罗丰：《胡汉之间——"丝绸之路"与西北历史考古》，文物出版社 2004
　　年版。

吕一飞：《胡族习俗与隋唐风韵——魏晋北朝北方少数民族社会风俗及其
　　对隋唐的影响》，书目文献出版社 1994 年版。

马汉国主编：《微山汉画像石选集》，文物出版社 2003 年版。

满达人：《中亚史地文献综述》，兰州大学出版社 1994 年版。

马雍：《西域史地文物丛考》，文物出版社 1990 年版。

马长寿：《碑铭所见前秦至隋初的关中部族》，中华书局 1985 年版。

马驰：《唐代蕃将》，三秦出版社 1990 年版。

丘进：《中国与罗马——汉代中西关系研究》，黄山书社 2008 年版。

任继愈主编：《中国佛教史》第三卷，中国社会科学出版社 1988 年版。

荣新江：《归义军史研究——唐宋时代敦煌历史考索》，上海古籍出版社
　　1996 年版。

荣新江：《中古中国与外来文明》，三联书店 2001 年版。

荣新江主编：《唐代宗教信仰与社会》，上海辞书出版社 2003 年版。

荣新江、张志清主编：《从撒马尔干到长安——粟特人在中国的文化遗迹》，北京图书馆出版社 2004 年版。

荣新江、李孝聪主编：《中外关系史：新史料与新问题》，科学出版社 2004 年版。

荣新江：《粟特人在中国——历史、考古、语言的新探索》，中华书局 2005 年版。

荣新江：《中国中古史研究十论》，复旦大学出版社 2005 年版。

荣新江：《中古中国与粟特文明》，三联书店 2014 年版。

苏北海：《西域历史地理》，新疆大学出版社 1988 年版。

石云涛：《早期中西交通与交流史稿》，学苑出版社 2004 年版。

孙机：《中国圣火——中国古文物与东西文化交流中的若干问题》，辽宁教育出版社 1996 年版。

陕西省考古研究所编著：《西安北周安伽墓》，文物出版社 2003 年版。

山西省考古研究所编著：《太原隋虞弘墓》，文物出版社 2005 年版。

沈福伟：《中西文化交流史》，上海人民出版社 1985 年版。

汤用彤：《汉魏两晋南北朝佛教史》（上、下），中华书局 1988 年版。

唐耕耦、陆宏基：《敦煌社会经济资料真迹释录》第一册，书目文献出版社 1986 年版。

王建中、闪修山：《南阳两汉画像石》，文物出版社 1990 年版。

王静：《中国古代中央客馆制度研究》，黑龙江教育出版社 2002 年版。

王小甫：《唐·吐蕃·大食关系史》，北京大学出版社 1992 年版。

王自力、孙福喜编著：《唐金乡县主墓志》，文物出版社 2002 年版。

王子今：《秦汉边疆与民族问题》，中国人民大学出版社 2011 年版。

王治来：《中亚史纲》，湖南教育出版社 1986 年版。

王仲殊：《汉代考古学概说》，中华书局 1984 年版。

王仲荦：《魏晋南北朝史》，上海人民出版社 1980 年版。

吴焯：《佛教东传与中国佛教艺术》，浙江人民出版社 1991 年版。

向达：《唐代长安与西域文明》，河北教育出版社 2001 年版。

谢海平：《唐代留华外国人生活考述》，台湾商务印书馆 1978 年版。

姚微元：《北朝胡姓考》，科学出版社 1958 年版。

姚崇新：《中古艺术宗教与西域历史论稿》，商务印书馆 2011 年版。

余太山：《两汉魏晋南北朝与西域关系史研究》，中国社会科学出版社
　　1995 年版。

余太山：《两汉魏晋南北朝正史西域传研究》，中华书局 2003 年版。

余太山：《两汉魏晋南北朝正史西域传要注》，中华书局 2005 年版。

章群：《唐代蕃将研究》，台湾联经出版事业公司 1986 年版。

章群：《唐代蕃将研究续编》，台湾联经出版事业公司 1990 年版。

张广达、王小甫：《天涯若此邻——中外文化交流史略》，香港中华书局
　　1988 年版。

张广达：《西域史地丛稿初编》，上海古籍出版社 1995 年版。

张鸿修：《中国唐墓壁画集》，岭南美术出版社 1995 年版。

张庆捷：《民族汇聚与文明互动——北朝社会的考古学观察》，商务印书
　　馆 2010 年版。

张小贵：《中古华化祆教考述》，文物出版社 2010 年版。

曾问吾：《中国经营西域史》，商务印书馆 1936 年版。

郑炳林主编：《敦煌归义军专题史研究》，兰州大学出版社 1997 年版。

周伟洲：《中国中世西北民族关系研究》，西北大学出版社 1992 年版。

中国社会科学院考古所编：《殷墟玉器》，文物出版社 1982 年版。

中国社会科学院考古研究所编：《唐长安城郊隋唐墓》，文物出版社 1980
　　年版。

三

毕波：《粟特文古信札汉译与注释》，《文史》2004 年第 2 辑。

蔡鸿生：《唐代九姓胡礼俗丛考》，载《文史》第 35 辑，中华书局 1992
　　年版。

程喜霖：《〈唐垂拱元年康尾义罗施等请过所案〉考释》，载《魏晋南北朝
　　隋唐史资料》第 11 辑，武汉大学出版社 1991 年版。

程越：《粟特人在突厥与中原交往中的作用》，《新疆大学学报》1994 年
　　第 1 期。

程越：《从石刻史料看入华粟特人汉化》，《史学月刊》1994 年第 1 期。

程林泉、张翔羽：《第七座有围屏石榻的粟特人墓葬——北周康业墓》，

《文物》2008 年第 6 期。

程林泉、张翔宇、［日］山下将司：《北周康业墓志考略》，《文物》2008
　　年第 6 期。

程林泉、张小丽、张翔宇：《谈谈对北周李诞墓的几点认识》，《中国文物
　　报》2005 年 10 月 21 日。

程林泉、张翔宇、张小丽：《西安北周李诞墓初探》，载《艺术史研究》
　　第 7 辑，中山大学出版社 2005 年版。

程林泉：《西安北周李诞墓的考古发现与研究》，载西北大学考古系、西
　　北大学文化遗产与考古学研究中心编《西部考古》第 1 辑，三秦出版
　　社 2006 年版。

陈国灿：《唐乾陵石人像及其衔名研究》，载《文物集刊》第 2 辑，文物
　　出版社 1980 年版。

陈国灿：《魏晋至隋唐河西人的聚居与火祆教》，《西北民族研究》1988
　　年第 1 期。

陈勇：《佛教在魏晋南北朝的传播——据僧人出生地加以研究》，《南方论
　　刊》2007 年第 2 期。

邓小南：《论五代宋初“胡/汉”语境的消解》，《文史哲》2005 年第
　　5 期。

葛承雍：《祆教圣火艺术的新发现——隋代安备墓文物初探》，《美术研
　　究》2009 年第 3 期。

郭平梁：《突骑施苏禄传补阙》，《新疆社会科学》1988 年第 4 期。

冯承钧：《唐代华化蕃胡考》，载《西域南海史地考证论文汇辑》，中华书
　　局 1957 年版。

冯培红：《敦煌曹氏族属与曹氏归义军政权》，《历史研究》2001 年第
　　1 期。

胡耀飞：《吴、南唐政权境内沙陀人考》，载杜文玉主编《唐史论丛》，陕
　　西师范大学出版总社有限公司 2012 年版。

姜伯勤：《敦煌与波斯》，《敦煌研究》1990 年第 3 期。

金维诺：《“职贡图”的时代与作者》，《文物》1960 年第 1 期。

林梅村：《贵霜大月氏人流寓中国考》，《西域文明：考古、民族、语言和
　　宗教新论》，东方出版社 1995 年版。

林梅村：《稽胡史迹考——太原新出土隋代虞弘墓的几个问题》，《中国史研究》2002 年第 1 期。

李鸿宾：《唐宫廷内外胡人侍卫——从何文哲墓谈起》，《中央民族大学学报》1996 年第 6 期。

李健超：《唐代长安洛阳的西域人》，《西北历史研究》1988 年号。

李孝聪：《唐代城市的形态与地域结构——以坊市制的演变为线索》，载李孝聪主编《地域结构与运作空间》，上海辞书出版社 2003 年版。

李铁匠：《安世高身世辨析》，《江西大学学报》1989 年第 1 期。

黎大祥：《武威大唐上柱国翟公墓清理简报》，《陇右文博》1998 年第 1 期。

刘迎胜：《唐苏谅妻马氏汉巴列维文墓志再研究》，《考古学报》1990 年第 3 期。

刘铭恕：《洛阳出土的西域人墓志》，《洛阳——丝绸之路的起点》，中州古籍出版社 1992 年版。

刘淑芬：《中古都城坊制的崩解》，《六朝的城市与社会》，台湾学生书局 1992 年版。

罗丰：《一件关于柔然民族的重要史料——隋〈虞弘墓志〉考》，《文物》2002 年第 6 期。

罗新：《虞弘墓志所见柔然官制》，载《北大史学》第 12 辑，北京大学出版社 2007 年版。

马小鹤：《七一二年的粟特》，《新疆大学学报》1986 年第 1 期。

毛阳光：《两方唐代史姓墓志考略》，《文博》2006 年第 2 期。

毛阳光：《新见四方唐代洛阳粟特人墓志考》，《中原文物》2009 年第 6 期。

马雍：《东汉后期中亚人来华考》，《新疆大学学报》1984 年第 2 期。

钱伯泉：《〈职贡图〉与南北朝时期的西域》，《新疆社会科学》1988 年第 3 期

仁华、长山：《南阳县王寨汉画像石墓》，《中原文物》1982 年第 1 期。

荣新江：《敦煌归义军曹氏统治者为粟特后裔说》，《历史研究》2001 年第 1 期。

荣新江：《北周史君墓石椁所见之粟特商队》，《文物》2005 年第 3 期。

荣新江：《安史之乱后粟特胡人的动向》，载纪宗安、汤开建主编《暨南史学》第 2 辑，暨南大学出版社 2003 年版。

荣新江：《西域粟特移民聚落补考》，《西域研究》2005 年第 2 期。

荣新江：《魏晋南北朝时期流寓南方的粟特人》，载韩昇主编《古代中国：社会转型与多元文化》，上海人民出版社 2007 年版。

荣新江：《北朝隋唐粟特人的迁徙及其聚落补考》，载《欧亚学刊》第 6 辑，中华书局 2007 年版。

荣新江：《何谓胡人？——隋唐时期胡人族属的自认与他认》，载樊英峰主编《乾陵文化研究》（四）《丝路胡人与唐代文化交流学术讨论会论文集》，三秦出版社 2008 年版。

芮传明：《五代时期中原地区粟特人活动探讨》，《史林》1992 年第 3 期。

芮传明：《唐代"酒家胡"述考》，《上海社会科学院学术季刊》1993 年第 2 期。

陕西省文物管理委员会：《西安发现晚唐祆教徒的汉、婆罗钵文合璧墓志——唐苏谅妻马氏墓志》，《考古》1964 年第 10 期。

尚永琪：《鸠摩罗什译经时期的长安僧团》，《学习与探索》2010 年第 1 期。

盛会莲：《唐代坊市制度的发展变化》，《西北师大学报》2000 年第 3 期。

唐长孺：《南北朝期间西域与南朝的陆道交通》，《魏晋南北朝史论拾遗》，中华书局 1983 年版。

唐长孺：《魏晋杂胡考》，《魏晋南北朝史论丛》，河北教育出版社 2002 年版。

王邦维：《安息僧与早期中国佛教》，载叶奕良编《伊朗学在中国》，北京大学出版社 2009 年版。

王青：《汉魏六朝文学中所见的西域商贸》，《西域研究》2003 年第 2 期。

王维坤：《论西安北周粟特人墓和罽宾人墓的葬制和特点》，《考古》2008 年第 10 期。

王万盈：《北魏时期的周边贸易述论》，载《北朝研究》第 2 辑，北京燕山出版社 2001 年版。

王育龙：《唐长安城东出土的康令晖等墓志跋》，载《唐研究》第 6 卷，北京大学出版社 2000 年版。

王子今：《汉代的"商胡"、"贾胡"、"酒家胡"》，《晋阳学刊》2011 年第 1 期。

魏光：《何文哲墓志考略》，《西北史地》1983 年第 3 期。

魏明孔：《唐代对外政策的开放性与封闭性及其评价》，《社会科学》1989 年第 2 期。

翁俊雄：《唐代胡商的足迹》，载《九州学林》1 卷 2 期，复旦大学出版社 2003 年版。

吴玉贵：《凉州粟特胡人安氏家族研究》，载《唐研究》第 3 卷，北京大学出版社 1997 年版。

夏鼐：《唐苏谅妻马氏墓志跋》，《考古》1964 年第 9 期。

夏鼐：《外国字铭文的汉代（？）铜饼》，《西安汉城故址出土一批带铭文的铅饼》，《夏鼐文集》下册，社会科学文献出版社 2000 年版。

西安市文物保护考古研究所：《西安北周凉州萨保史君墓发掘简报》，《文物》2005 年第 3 期。

西安市文物保护考古研究所：《西安北周康业墓发掘简报》，《文物》2008 年第 6 期。

徐庭云：《内迁中原以前的沙陀及其族源》，《中央民族学院学报》1993 年第 6 期。

姚崇新：《中古时期巴蜀地区的粟特人踪迹》，载《西域文史》第 2 辑，科学出版社 2007 年版。

阎文儒：《米继芬碑铭墓志考释》，《西北民族研究》1989 年第 2 期。

［日］伊藤义教：《西安出土汉婆合璧墓志婆文语言学的试释》，《考古学报》1964 年第 2 期。

曾玲玲：《唐代酒家胡的身份和技艺》，载林中泽主编《华夏文明与西方世界》，香港博士苑出版社 2003 年版。

昭陵博物馆：《唐安元寿夫妇墓发掘简报》，《文物》1988 年第 12 期。

张广达：《唐代六胡州等地的昭武九姓》，《北京大学学报》1986 年第 2 期。

张广达：《唐代中外文化汇聚和晚清的中西文化冲突》，《中国社会科学》1986 年第 3 期。

张广达：《论隋唐时期中原与西域文化交流的几个特点》，《北京大学学报》1985 年第 9 期。

张广达：《唐代长安的波斯人与粟特人——他们各方面的活动》，《唐代史
　　研究》第 6 号，2003 年。

赵振华、朱亮：《安菩墓志初探》，《中原文物》1982 年第 3 期。

朱雷：《跋敦煌所出〈唐景云二年张君义勋告〉》，《中国古代史论丛》
　　1982 年第 3 辑。

周伟洲：《略论碎叶城的地理位置及其作为安西四镇之一的历史事实》，
　　《新疆历史论文集》，新疆人民出版社 1978 年版。

周伟洲：《康代六胡州与"康侍宾之乱"》，《民族研究》1989 年第 3 期。

胡耀飞：《吴、南唐政权境内沙陀人考》，载杜文玉主编《唐史论丛》，陕
　　西师范大学出版总社有限公司 2012 版。

四

［俄］V. V. 巴托尔德著，耿世民译：《中亚简史》，新疆人民出版社 1981
　　年版。

［日］白鸟库吉著，傅勤家译：《康居粟特考》，文史小丛书，商务印书馆
　　1936 年版。

［日］白鸟库吉著，王古鲁译：《塞外史地论文译丛》第 1 辑，商务印出
　　馆 1938 年版。

［法］伯希和著，冯承钧译：《沙州都督府图经和蒲昌海的粟特聚落》，载
　　《西域南海史地考证译文汇辑》第二卷，商务印书馆 1995 年版。

［法］布尔努瓦著，耿昇译：《丝绸之路》，新疆人民出版社 1982 年版。

［日］长泽和俊著，钟美珠译：《丝绸之路史研究》，天津古籍出版社
　　1990 年版。

［日］池田温著，龚泽铣译：《中国古代籍帐研究》，中华书局 1984 年版。

［日］池田温著，辛德勇译：《八世纪中叶敦煌的粟特人聚落》，《日本学
　　者研究中国史论著选译》第九卷《民族交通》，中华书局 1993 年版。

［日］护雅夫著，陈翰译：《关于粟特人向东方发展的一个考古资料》，
　　《西北史地》1984 年第 4 期。

［日］荒川正晴：《唐帝国とソグト人の交易活动》，《东洋史研究》第 56

卷第 3 号，1997 年。陈海涛汉译为《唐帝国和粟特人的交易活动》，刊于《敦煌研究》2002 年第 3 期。

［美］加文·汉布里主编，吴玉贵译：《中亚史纲要》，商务印书馆 1994 年版。

［苏］Б. Г. 加富罗夫著，肖之兴译：《中亚塔吉克史》，中国社会科学出版社 1985 年版。

［日］吉田丰：《ソダド语杂录（III)》，《内陆アジア言语的研究》，1989 年。

［日］吉田丰：《ソダド语研究文献目录（1979—1984)》，《西南アジア研究》No. 23，1984 年。

［美］麦高文著，章巽译：《中亚古国史》，中华书局 1958 年版。

［美］劳费尔著，林筠因译：《中国伊朗编》，商务印书馆 1964 年版。

［法］雷纳·格鲁塞著，常任侠、袁音译：《近东与中东的文明》，上海人民美术出版社 1981 年版。

［日］妹尾达彦：《唐长安城の官人居住地》，《东洋史研究》第 55 卷第 2 号，1996 年。

［日］桑原骘藏：《隋唐时代来往中国之西域人》，《师大月刊》，1935 年第 22 卷。

［日］山田信夫：《ベルシャと唐》，载［日］榎一雄编《东西文明の交流》第 2 卷，平凡社 1971 年版。

［日］石田干之助：《长安の春》，讲谈社 1979 年版。

［美］谢弗著，吴玉贵译：《唐代的外来文明》，中国社会科学出版社 1995 年版。

［日］西谷正：《丝绸之路的考古学》，《新疆师范大学学报》1992 年第 2 期。

［荷］许理和著，李四龙、裴勇等译：《佛教征服中国》，江苏人民出版社 2003 年版。

［日］圆仁撰，顾承甫点校：《大唐求法巡礼记》，上海古籍出版社 1986 年版。

［日］羽田享著，耿世民译：《西域文化史》，新疆人民出版社 1984 年版。

［美］余英时著，邬文玲等译：《汉代贸易与扩张——汉胡经济关系研

究》，台湾联经出版事业公司 2008 年版。

［日］羽田明：《ソグト人の东方活动》，《岩波讲座·世界历史·6》，日本东京，1971 年。

［阿拉伯］伊本·胡尔达兹比赫著，宋岘译：《道里邦国志》，中华书局 1991 年版。

［日］足六喜六著，王双怀、淡懿诚、贾云译：《长安史迹研究》，三秦出版社 2003 年版。

A. Stein, *Serindia*, 3vols, Oxford：Clarendon Press, 1921.

A. Stein, *Innermost Asia*, Oxford, 1928.

V. V. Barthold, *Turkstan Dawn to the Mongol Invasion*, Cambridge, 1977.

H. W. Bailey, *Khotanese Texts*, VII, Cambideg Press, 1985.

Edwin G. Pulleyblank, "A Sogdian In Inner Mongolia", *T' ong Pao* Vol, 1952 .

A. Forte, *The Hostage An Shigao and his Offspring. An Iranian Family in China* (Italian School of East Asian Stduies Occasional Papers 6), Kyoto：Italian School of East Asian Studies, 1995.

W. B. Henning, "The Date of the Sogdian Ancient Letters", *Bulletin of the School of Oriental and African Studies*, XII, 1948, pp. 602 – 615.

J. Harmatta, "Prolegomena to the Sources on the History of Pre-Islamic Central Asia", Hurgary, Budapest, Academy of Science Press, 1979.

N. Sims-Williams, "The Sogdian Fragments of the British Library", *Indo-Iranian Journal*, 18, 1976.

N. Sims-willams, "The Sodian Merchant in China and India", *Cina e Iran Allessandro Magno Alla Dinastia Tang*, Edited by Alfredo Cadonna & Lionollo Lanciotti, Firenze：Leos Olschki Editore, 1996.

后　记

　　本书是我的国家社科基金青年项目成果，这里专门提到这个青年项目，是想说自己也曾经"青年"过。经过这些年的拖沓，当这本小书终于付梓，我早已跨入中年行列，惭愧和不安自不必说，心中曾经有的感慨与所经历的酸甜苦辣，在这时竟完全归于平淡与平静。我想这大概就是所谓的"岁月不饶人"吧。

　　平淡也罢，平静也罢，我还是想借此机会向这些年来给予我关怀和帮助的师友们表达我的感激之情。

　　感谢我的导师周伟洲先生，尽管我已毕业多年，但有幸一直留在先生身边，时时感受先生的勤勉治学的态度与高风亮节的精神。我很希望像先生的其他出众的弟子一样，取得让先生骄傲的成绩，然而由于我的愚钝与懒散，至今仍是平平淡淡。感谢先生不弃，一直给予学业、工作上的指导与生活上的关心，多年以来的师生情已逐渐转化为一种亲情，这种亲情就像大树一样给予我宽厚的庇护，我希望永远享受这种庇荫。

　　感谢西北室的王宗维先生、李健超先生、刘伯鉴先生，多年来在我的成长之路上他们始终给予我亲人般的关怀，这份恩情，我永远难忘。

　　感谢北京大学的荣新江先生。我很有幸于2006—2007年在北大中古史中心荣先生的门下做过一年访问学者，尽管时间短暂，但这在我的学业生涯中却是很重要的一环，北大浓厚的学术风气与荣先生严谨的治学态度与高深的学术造诣，使我受益终生。虽然离开北大已多年，但蒙先生不弃，仍能不时得到先生的指导与帮助，感恩之情，永铭于心。

　　感谢我在北大访学时给予我帮助的朱玉麒先生、孟宪实先生、罗新先生、雷闻先生、史睿先生等，感谢中国人民大学的毕波先生、王静先生等，感谢曾经一起读书的裴成国、文欣、季爱民、陈昊、林晓洁、苏玉敏诸君，北大那一年，虽然辛苦，但令我感到温馨而快乐。

2011—2012 年，我有幸去英国伦敦大学做过一年访问学者，感谢在英国期间给予我极大帮助的汪涛先生，在学业上给予我诸多帮助的 Tim Williams 教授、Roger Matthews 教授，Wendi Matthews 博士、庞瑞博士等。还有我亲爱的房东，已过百岁 Marjorie 女士，你给予我们全家的关怀和爱，是我在英国那一年最温暖的记忆。

感谢我所在的中国西部边疆研究院的诸位师友同仁：王欣教授、李琪教授、韩中义教授、王启龙教授、哈宝玉教授、马强教授、黄达远教授等；感谢同事兼好友吴洪琳博士、徐佰永博士、王超博士、杨东宇博士、尹伯涛博士等，还有张瑾老师、曹伯林老师，没有你们支持和帮助，有时候真的很难坚持。

本书的出版得到陕西师范大学出版基金的资助，在此表示诚挚的谢意！

感谢我的家人，尤其是我那正处于青春期的儿子，尽管你没少做让我头痛的事，但母子间的斗智斗勇的确为生活增添了不少乐趣。

最后还要感谢一些我在这里没有写出名字的人，也许有些事情对你们来说只是点滴之恩，或许早已忘记，但对于我却是永恒的。人到中年，这两年并不平坦，有时甚至感觉自己处于人生的低谷，但你们的帮助和理解让我能够坦然面对，并且走出困境，使我对生活时时充满感恩，我想这是比涌泉更好的回报。

韩　香

2014 年 12 年